国 家 社 会 科 学 基 金 项 目

(项目批准号 05BJL071)

目 录

第一章 绪论 / 1
  第一节 研究背景和意义 / 1
  第二节 城市化理论解读 / 5
  第三节 城市化水平测度 / 15
  第四节 城市化发展规律 / 18
  第五节 研究思路、方法和理论特色 / 26

第二章 区位、自然禀赋与区域发展 / 29
  第一节 区位理论概述 / 29
  第二节 四省区位、自然禀赋与文化比较 / 34
  第三节 禀赋差异与区域发展的现实考察 / 48
  第四节 本章小结 / 56
    案例:从文化与增长的视角解读"杨汛桥现象" / 58

第三章 人口流动与区域发展 / 74
  第一节 文献述评 / 74
  第二节 省内人口流动与区域发展 / 78
  第三节 省际人口流动与区域发展 / 84
  第四节 本章小结 / 93
    案例:昆山市人口流动与融合 / 95

第四章 产业结构演变与城市化 / 113
  第一节 产业结构演变与城市化的关系 / 113

第二节　四省产业结构演变与城市化的比较分析 / 118
第三节　工业化推动下的城市化弊端及化解对策 / 124
第四节　本章小结 / 128
　　案例：钢铁城市马鞍山的绿色转变之路 / 129

第五章　产业集聚扩散与城市化 / 140
第一节　产业集聚与城市化的互动 / 140
第二节　四省产业集聚扩散的比较研究 / 146
第三节　产业集聚与城市化的实证研究 / 155
第四节　本章小结 / 158
　　案例：浙江温岭市的产业集聚与城市发展 / 159

第六章　城市的专业性与多样性 / 171
第一节　城市专业性理论与实践 / 171
第二节　城市多样性与城市发展 / 177
第三节　四省城市发展的实证研究 / 180
第四节　本章小结 / 202
　　案例：宁波市的城市专业性和城市多样性 / 203

第七章　城市空间格局与区域发展 / 214
第一节　理论概述 / 214
第二节　四省城市空间格局比较 / 216
第三节　城市空间格局差异的影响因素 / 222
第四节　本章小结 / 226

第八章　制度发展与区域增长 / 228
第一节　区域发展的制度理论 / 228

第二节　四省制度发展比较研究 / 233

第三节　四省制度与增长的实证研究 / 244

第四节　本章小结 / 247

　　案例：嘉兴城市发展的制度分析 / 248

第九章　区域政策分析 / 259

第一节　区域经济政策功能 / 259

第二节　区域经济政策措施 / 262

第三节　区域发展政策、主体行为与区域绩效 / 265

第四节　本章小结 / 273

第十章　一体化的区域经济发展 / 275

第一节　区域经济一体化与增长极化 / 275

第二节　四省增长极化效应研究 / 280

第三节　四省区域协调增长的空间计量分析 / 285

第四节　本章小结 / 288

主要参考文献 / 291

后　记 / 297

第一章 绪 论

第一节 研究背景和意义

一、研究背景

城市是人们经济、政治和社会生活的中心。城市化是经济社会发展的一个自然历史过程,也是经济社会发展的必然阶段,故其是研究人类社会结构变革的一条重要线索。城市化水平的高低是衡量一个国家和地区经济、社会、文化、科技发展水平的重要标准,也是衡量国家和地区社会组织程度和管理水平的重要标准。中国的基本国情、特殊的发展阶段、大国特征以及相应的制度安排和文化底蕴,决定着中国城市化的内在特点。

改革开放以来,尤其是党的"十四大"以来,我国城乡发展形态发生了质的变化,城市经济取得了巨大进展,城市化进入持续快速发展时期。"十六大"以后,我国的城市化率更是以年均1个百分点左右的速度向前推进。截至2010年年底,中国的城市化率达47.5%,比1978年的17.92%提高了近29.58个百分点,比2001年的37.66%提高了近10个百分点。

1. 科学发展观视角下的中国城镇化道路选择

党的"十六大"把城镇化作为我国经济社会发展的一项重要任务,提出"要逐步提高城镇化水平,坚持大中小城市和小城镇协调发展,走中国特色的城镇化道路"。2003年,党的十六届三中全会首次提出"坚持以人为本,树立全面、协调、可持续的发展观",即科学发展观,要求"统筹城乡发展、统筹区域发展、统筹经济社会发展、统筹人与自然的和谐发展、统筹国内发展和对外开放"。2005年9月,中共中央政治局就国外城市化发展模式和中国特色的城镇化道路进行了集体学习。胡锦涛指出,我国正处在城镇化发展的关键时期,必须坚持以规划为依据,以制度创新为动力,以功能培育为基础,以加强管理为保证,推进城镇化健康、有序地发展。随后,党的十六届五中全会再次强调,要把解决好"三农"问题作为全党工作的重中之重,实行工业反哺农业、城市支持农村的政策,推进社会主义新农村建设,促进城镇化健康发展。

2007年,党的"十七大"将科学发展观写入党章。

科学发展观的第一要义是发展,核心是以人为本,基本要求是全面协调可持续,根本方法是统筹兼顾。在中国城镇化的道路选择上,强调"走中国特色城镇化道路,按照统筹城乡、布局合理、节约土地、功能完善、以大带小的原则,促进大中小城市和小城镇协调发展","以增强综合承载能力为重点,以特大城市为依托,形成辐射作用大的城市群,培育新的经济增长极","建立以工促农、以城带乡的长效机制,形成城乡经济社会发展一体化新格局"。2008年年底,党的十七届三中全会后,中央再次将城镇化提上议事日程。2009年12月召开的中央经济工作会议,提出要将符合条件的农业转移人口逐步在城镇就业和落户,作为推进城镇化的重要任务,放宽中小城市和城镇户籍限制。

2.城市化是未来时期中国经济发展的中心环节

未来中国以城市化为主要动力的工业化过程,就是将更多的农民转移到收入较高的非农产业中就业的过程。而收入提高的这一过程,也正是有效需求增加和市场扩大的过程,是近8亿农村人口逐步融入现代化经济增长和现代市场中来的过程。中国现代化进程中的城市化,不仅表现为人口由乡村向城市转移、城市人口的膨胀、城市区域的扩张,还表现为生产要素向城市集中、城市自身功能完善,以及社会经济生活由乡村向城市的转型。

我们时常在思考,改革开放以来,中国经济持续了30余年的快速增长,创造了人类历史的奇迹,问题是中国经济能否再保持30年乃至更长时期的又好又快地发展呢?拉动中国经济又好又快发展的动力源何在?现在人们逐渐把视线聚焦在中国的城市化上。城市化不仅是我们必须大力推进的一项战略,而且是未来时期中国经济增长的中心环节。抓住这个中心环节,我们就可能有就业的增长、工业竞争力的提高、城乡居民收入的不断增加、扩大内需的实现、教育水平的提高、卫生医疗保健的完善、环境保护的改善,就可能持续地保持经济又好又快地发展。

3.中国城市化形态是体现中国特色的区域发展变化要求的形态

受中国独特的自然环境、历史发展基础、区位条件、经济发展水平等因素的影响,中国的城市化进程存在着明显的地域差异,东部地区发展水平相对较高,中西部地区发展水平相对较低,自东向西呈梯度递减态势。

从区域城市化水平看,城镇和城镇人口相对集中于东部地区。东部沿海地区的城市化水平较高,城镇密度大;而在中西部地区,城市化水平较低,城乡二元结构明显。这种区域城市化水平的差异大体与工业化水平的差异一致。

从历史发展进程看,中国城市化水平的区域变化,与区域经济发展水平的变化是一致的。不同时期区域城市化的进展状况,既受自然禀赋、经济社会发展水平的影响,又受区域发展政策的影响,随区域经济发展重点的转移而有所差异。改革开放前,在传统的计划经济生产力布局思想指导下,同时出于备战的考虑,国家采取区域均衡政策,发展的重心在中西部,尤其是西部广袤地区,中西部地区的城市化速度相对较快,城市的建制增加较多;改革开放后,让一部分有条件的地区先发展起来的思路逐步成为共识。沿海发展战略的强力实施,使非均衡发展成为区域发展政策的主流,东部地区经济发展和城市化速度明显快于中西部地区。自20世纪80年代以来,城市化发展的地域差异逐渐扩大。

4. 社会主义市场经济城市化形态是科学发展的形态

区域是工业组织和科技、文化创新的空间形式,它由许多社会主体组成,各经济主体的利益和区域整体利益之间的关系既一致又矛盾,相互制约、相互促进、相辅相成。各经济主体的活动必须相互协调才能促进区域的持续发展。区域协调需要良好的政治制度和强有力的宏观调控来维系,但市场对区域协调的作用是有限的,而政府作为区域发展的参与者、指导者和协调者,其作用则尤为重要,政府不仅要协调各个参与者的经济利益,还要协调区域社会的平衡和发展。

区域经济发展和区域城市化关系密切。大量历史事实证明,区域经济发展水平与城市化水平的提高不可能完全同步,从而出现区域发展不平衡现象。城市化进程虽是一个客观的社会经济发展过程,但这一过程不可能脱离社会主体的能动性而存在。不同社会主体的利益不同,对同一事物作出的选择不同,所采取的政策也不同,有些可能与城市化的总体利益一致,有些可能与之相矛盾。这就要求政府必须根据区域总体利益进行调控,解决经济发展过程中出现的一些与城市化不相协调的问题和矛盾。

综上可见,按照科学发展观的要求,根据新世纪全党的中心工作,着眼于在21世纪前20年实现全面小康社会的目标,研究中国的区域发展与城市化的内在机理以及运行机制是一项十分迫切的任务。

二、研究意义

本课题的研究宗旨在于:学习江浙、寻求规律、服务决策、提升皖赣。具体来说,即分别从经验与实际以及理论与现实的关系角度进行概括。

1. 从发展实际中总结、梳理成功经验

江浙皖赣同属长江中下游区域,江浙属于东部地区,皖赣属于中部地区。20世纪80年代以来,江苏和浙江两省的经济获得了令人瞩目的高速增长。到2009年,江苏、浙江两省的人口占全国的1/11,但财政收入占全国财政收入的1/6,第二产业增加值占全国第二产业增加值的近1/5,国内生产总值则为全国的1/6。随着经济的快速发展,城市化水平迅速提高。1980年,江浙皖赣的城市化率大体上都在15%左右,2009年,江苏、浙江的城市化率分别为55.6%、57.9%,比安徽、江西分别高出15~18个百分点。江浙两省在20年左右的时间内,城市化率提高了近40个百分点。

江浙两省在改革开放的大背景下,根据自己的省情走出了一条既不同于广东、福建,也不同于"亚洲四小龙"的发展道路,该发展模式引起了美、日等国众多经济学家的广泛关注。学者们普遍认为,江浙的区域发展和城市化进程具有典型的"刘易斯模型"特征,但其丰富的内容则已突破"刘易斯模型"所能提供的理论分析框架。江浙主要依靠农村工业化带动区域经济增长,推进城市化;反过来,城市化又加速了农村非农化的进程,走出一条在城市和农村之间保持经济协调的高速增长之路。江浙的发展经验是中国特色城市化发展的一个典型。

从江浙近30年来的发展来看,虽然其城市化在城市数量和分布、城市化水平和速度上表现出不同的特点,动力机制有"内生"和"外向"的不同,但在区域发展和协调过程中遇到的问题却有很大的相似性。从江浙的实践经验来看,加快政府职能转变对区域的发展与协调意义重大。应该看到,区域发展与协调的过程是产业结构和区域结构调整优化的过程,因此需要建立适应不同区域特征的区域治理模式,通过统筹规划、加强合作,实现产业结构和区域布局的合理化。也就是说,通过资源、资金、技术、产业等形式的横向联系,逐步建立以劳动地域分工为基础、实行专业化协作和综合发展相结合的区域经济联合体系,对于一省一市或单一部门不能解决的一些问题,在拓展对外经济、加强基础设施建设、发展新兴产业以及治理江河湖泊流域等方面统一规划,重点发展跨地区、跨部门的企业集团,以形成规模经济,提高整体竞争能力,最终形成垂直型分工与水平型分工内在结合的区域经济生态。

2. 从社会现实中探索、寻求科学理论

当前,江浙皖赣存在较大的发展差异。该研究有助于通过典型案例深入剖析区域发展的内在动力及其机理。江浙皖赣四省邻近,其地形地貌、气象气候、历史文化、风土人情等大致相似,样本的同一性有助于研究目标的实现。

马克思在《资本论》序言中说过,"问题本身并不在于……生产的自然规律所引起的社会对抗的发展程度的高低","问题在于这些规律本身,在于这些以铁的必然性发生作用并且正在实现的趋势","工业较发达的……向工业较不发达的……所显示的,只是后者未来的景象"。也许,江浙过去所经历的发展过程,正是皖赣今天正在或明天将要经历的发展过程。故而深刻地比较江浙皖赣四省的区域发展与城市化的历史进程,具有以下意义:

第一,科学总结江浙的发展经验,为国家制定科学合理的宏观区域政策提供理论依据;

第二,为中西部省份加快工业化及城市化进程、提升其发展速度和水平,提供可以借鉴的经验,从总体上缩小业已存在的区域发展差距;

第三,研究中国特色的区域协调、区域发展,寻求城市化进程与区域协调发展的一般规律。

第二节 城市化理论解读

一、城市与城市化

城市是社会分工发展到一定阶段的产物。世界上最早的城市出现于死海北岸的古里乔,距今 9000 年左右。城市是人类文明的标志,是人们经济、政治和社会生活的中心。

"城市化"一词源于英文 urbanization。这一术语最早是在 1850 年左右由西班牙工程师塞尔门在《城市化的理论问题》一书中提出的,书中区分了"城市化"和"乡村化"。但"城市化"与"城市的产生"是两个不同的概念。城市是城市化的空间载体,没有城市,城市化就无从谈起,但城市的起源并不意味着城市化的发端。从历史上看,城市的出现与城市化的开始中间则有着漫长的距离。

关于城市化的起源,理论界存在两种看法:一种是"城乡分离论"。即认为自有城市之初就开始了城市化。如英国经济学家巴顿提出:在公元前6000年左右已经开始了城市化。另一种是"产业革命推动论"。即认为真正意义上的城市化只是在 18 世纪中叶的产业革命以后才出现的。城市化是工业化的产物,社会化机器大工业促进了城市化的发展(谢文蕙、邓卫,1996)。本书认为,城市化作为社会经济发展过程中的一种结构变迁或转换,它是伴随着工业革命的兴起而发展的。18世纪60年代,英国的产业革命可视为城市化进程的开端。马克思在《政治经济学批判》中使用了"城市化"的概念,提出了"现代的历史是乡村城市化,而不像在古代那样,是城市乡村化"的论断。

城市化是人类进步必然要经历的过程,是研究人类社会结构变革的重要线索。故完成了城市化,在一定意义上可以说是现代化目标的实现。

城市化是由以农业为主的传统乡村社会,向以工业和服务业为主的现代城市社会逐渐转变的历史过程。具体包括就业结构的转变、产业结构的转变、土地及地域空间的转变。不同的学科从不同的角度对城市化有不同的解释。就目前来说,国内外学者对城市化的概念分别从人口学、地理学、社会学、经济学等角度给予了不同的阐述。

人口学把城市化定义为农村人口转化为城镇人口的过程。其所说的城市化就是人口的城市化,指的是人口向城市集中,或农业人口变为非农业人口的过程。地理学所研究的城市化是一个地区的人口在城镇和城市相对集中的过程。城市化也意味着城镇用地的扩展,城市文化、城市生活方式和价值观在农村的扩散。社会学研究的城市化就是农村生活方式转化为城市生活方式的过程。

经济学是从工业化的角度来定义城市化,认为城市化是农村经济转化为工业化大生产的过程。一方面,工业化加快了农业生产的机械化速度,提高了农业生产率,同时,工业扩张为农村剩余劳动力提供大量就业机会;另一方面,农村的落后将制约城市的发展,从传统农业与现代工业并存的二元经济结构向一元经济结构转变,是经济发展的内在含义和全部要求。

不同的学科从不同的角度对"城市化"的含义做出解释。通过比较,可以发现他们对城市化的规定在内涵上是一致的:城市化是一个国家或地区的人口由农村向城市转移、农村地区逐步演变成城市地区、城市人口不断增多、经济效率不断提高的过程。简言之,城市化是社会生产力进步引起的人类生产方式、生活方式和价值观念历史转变的累积发展过程。

对于城市化的理解,关键点在于"过程"、"结构转换"及"空间"。

第一,从经济结构看,城市化就是"产业结构非农业化—就业结构非农业化—收入结构非农业化"的过程。城市化是第一产业人口不断减少和第二、第三产业人口不断增加的过程(克拉克,1940)。城市化源于工业化的发展。在农业社会进入鼎盛时期,随着收入水平的提高,人们的需求结构发生变化,即对非农产品的需求增加,从而促使非农产业发展,并逐渐成为国民经济的主导产业。而与产业结构变化相一致的则是就业结构的变化。由于农业的边际生产力下降,非农产业边际生产力上升,工资收入水平提高,农业的推力和非农产业的拉力促使劳动力向非农产业流动,从而引起就业结构的变化,与此相适应,家庭的收入来源也从以农业为主向以非农产业为主转变。

第二,从空间结构看,城市化就是"经济活动空间非农村化—就业空间非农村化—居住空间非农村化"的过程,其中也包括要素在不同规模城市之间的流动过程。库兹涅茨认为,城市化的过程就是"城市和乡村之间的人口分布发生了变化,为经济增长发生的结构变化之一";钱纳里也认为,"城市化可能是一系列事态发展的结果:开始是出现需求和贸易上的变化,这种变化导致工业化并引起劳动力从农村向城市职业的不断流动"。从抽象的经济层面看,城市化就是工业化,但从具体的地理空间看,要素的空间结构转换是城市化区别于工业化的主要所在,又是工业化的必然结果。因此,城市化的过程又是城市规模及结构不断发展的过程。

第三,城市化的过程是上述结构交替演化的过程。其表现形式首先是基于成本与收益比较的资本的集中,而后是劳动力的集中,最后是人口的集中。所以,从结构转换过程看,其次序依次为:产值结构转换(产业非农化)—就业结构转换(就业非农化)—收入结构转换(收入非农化)—空间结构转换(人居非农化)。

第四,从经济方面看,城市化的最终结果应该是非农产业和城市经济的总量、效率不断提高,从而取代农业和农村经济成为经济发展的主要载体和推动力量。而从社会福利总水平看,其结果应该是以城市经济发展为基础的大部分国民(市民)生活水平的不断提高。

总之,城市化就是要素分布的结构渐变的过程。从抽象的经济结构层面看,它是产业结构不断高级化进程中要素在产业间转移的过程(农业—工业—第三产业),即工业化构成了城市化的经济内涵;从空间层面看,它是要素从农村向城市不断集中和在城市间转移的过程,即产业的空间转移成为城市化的具体表现。没有经济结构演化的城市化为过度城市化,没有全部要素在空间转移的城市化为滞后型城市化,二者不是真正意义上的城市化。

二、城市化发展的初始条件

城市化是社会发展到一定历史阶段的必然产物。真正意义上的城市化起源于工业化开始之后,但影响城市化发展的因素是多方面的。

1. 资源存量及其结构构成城市化的初始发展条件

城市化以非农产业的发展为前提,以城市的崛起与扩张为空间载体,以要素向城市的集中为外在表现。在城市化水平提高的过程中,一方面对资源的需求增加,要求有足够的资源为发展基础;另一方面资源的利用方式和消耗结构也在发生着变化。因此,城市化的演进必然受到资源因素的制约。

资源存量。城市化的主要经济内涵是工业化的迅速发展,因此,与工业化发展有关的资源存量大小决定了城市化的发展规模。这些资源包括土地资源、不可再生资源(矿产等)、可再生资源(如水资源、环境资源和农副产品等)。其中,对城市化产生直接影响的资源包括土地资源、水资源和环境资源等。城市扩张需要土地建设住宅和生产用地,需要丰富的水资源满足生产和生活的需要。历史上的城市大多集中在交通发达的平原和临近江河湖海地区,就是基于土地和水资源的丰富。而今天,不但传统的地下水资源日渐枯竭,环境资源也已经变得稀缺,环境资源容量正日益成为制约城市化发展的重要因素。

资源结构。现代工业的发展首先是以资源的深加工为对象,如轻纺工业、采矿业以及与之相关的金属加工等。在工业化初期,企业基于节省运输成本的需要,一般在资源产地布局,因此,出现了煤城、钢铁城等资源型城市和纺织城、食品城等轻工业城市,资源结构及其稀缺程度决定了工业化的发展趋向和城市化水平。在工业化的发展和成熟阶段,由于交通运输等基础产业的发展和产业结构的变化,产业布局主要基于节省劳动力成本、靠近消费市场和信息搜集等方面的需要,向交通运输便利、人口集中的大城市转移。正是基于资源结构与地理条件的差异,导致各城市经济结构与空间扩展模式的不同,使城市发展各具特色。

2.产业结构的内部演进与发展水平构成城市化的内在发展机理

城市化是产业分工与产业结构演进的结果。因此,非农产业的发展规模及其结构不断从低水平向高水平的演进,就成为城市化发展的内在机理。

农业的发展是城市化的基础。农业作为人类社会发展的母体产业,是人类得以生存和繁衍的基础。发展经济学的二元结构理论就认为,"农业部门必然是任何实际可持续经济扩张的基础"(拉尼斯、费景汉,1992)。农业对城市化的作用体现在两个方面:

一方面为工业等非农产业的发展提供劳动力和农业剩余。所谓"农业剩余",指由于农业劳动生产率提高后产生的除用于自身消费之外的剩余,包括农产品剩余、劳动力剩余、资本剩余等。对城市化而言,农业的基本功能在于为非农产业发展提供满足其基本消费的粮食等,并且随着收入水平的提高,人们的食品消费总量和结构也会发生新的变化,要求农业的发展必须与之相适应。

另一方面为工业化的发展提供市场。随着农村工业化的发展以及农业劳动生产率的提高,农民收入增加,对工业品的需求上升,从而为非农产业的发展提供了更广阔的市场。对于那些农村人口众多的国家来说,农业与农村经济的发展对城市化的意义更显重要,因为农业与农村经济的衰落将导致大部分农民的收入水平下降,使人口大量涌入城市,造成贫困的转移。

3. 工业化是城市化的基本动力

工业化是指从以传统的农业和手工业为基础的经济结构向以现代工业为基础的经济结构转变的历史过程,是人类从传统社会走向现代社会的基础和主要标志之一。以现代工业为基础的工业化社会区别于农业经济社会的特征在于:

第一,在生产方式上,以广泛使用大机器为特征。德国经济史学家鲁道夫·吕贝尔特在其《工业化史》一书中就指出:只有"在机器时代破晓以后,随着纺织的机械化,随着蒸汽机作为一项新的能源,随着从单件生产过渡到系列生产,过渡到大规模生产,人类社会才开始了巨大的变化,我们称之为工业化的这种变化"。

第二,在产业空间布局上,以绝对流动性和相对集中性的结合为特征。在农耕社会时代,土地作为主要的资源,具有不可移动的特点。同时,农业的生产水平和价格在传统技术条件下很大程度上依赖降水、温度等自然条件。这就使人类在农业生产过程中缺少主动性,并且被牢牢地束缚在固定的区域范围内。工业化的到来使人类在很大程度上得以摆脱土地等自然要素的束缚,得以流动和集中。与农业相比,工业生产的特点很少受气候等条件的影响,可以基于比较优势进行合理布局,提高资源利用率。

第三,在产业组织方式上,以规模经济与专业化为特征。大机器及其生产技术的普遍应用使社会分工趋于精细化。工业部门不断被细分,单个厂商可以专门生产一种产品,使资源集中发挥优势,有利于其形成规模经济,从而降低生产成本和提高技术水平。与此同时,各企业的生产越来越依赖与之密切联系的专业化社会分工体系,从而实现规模集聚,因此,分工必然导致同类生产的集中。

第四,在发展路径上,以结构转换为特征。工业化的进程也是轻工业—重工业—第三产业的产业结构转换过程。在这一转换过程中,需求结构的变化、技术创新、比较优势的变化是导致其结构发生转换的主要因素。

第五,在结构体系上,以密切相关性为特征。工业成为决定其他产业发展和影响居民消费结构与水平的主导产业。

4. 工业化与城市化的关系

在工业化出现以前,人类就出现向城市缓慢集中的趋势,城市化开始起步。但此时的城市只具有政治行政中心和宗教中心的职能,没有独立的经济地位,在经济上完全依赖农业和农村经济。只有在工业化开始后,城市工业迅速发展,城市才具有独立的经济职能,并逐渐取代农村成为经济发展的主体,真正意义上的城市化才开始起步。因此,城市"对经济增长的重要性只有在分工与专业化成为可能之后,才能完全认识清楚。这种分工和专业化与许多技术上的变化结合在一起,共同创造了经济生产能力长期显著的增长"(库兹涅茨,1989)。

工业化对城市化的影响,主要体现在两方面。一方面,工业化带来城市的迅速发展和城市功能的提高。城市经济学认为,地方化经济与城市化经济共同作用的结果,导致了城市化过程。经济主体为了获得规模经济而必须在某地进行大规模生产,这就是经济活动的地方化过程。中间投入品生产的规模经济、劳动力生产共享和知识溢出的存在,使某个行业的企业生产成本随着行业总产量的提高而降低,相应就出现地方化经济。这个经济主体的雇员为了避免通勤成本(commuting cost)而在附近定居,这样就引起了人口的集中,在需求指向下,一些相关的经济活动及其从业人员也就近选址。聚集在一起的人口和经济活动又会产生积极的外部效应。聚集经济甚至吸引了那些与最初活动无关的人口和经济活动的进一步聚集,从而开始了城市化过程(冯云廷,2004)。另一方面,工业化通过不断的结构转换影响城市化的发展,即工业化导致非农产业发展和就业比重的提高,非农产业劳动力的增加导致非农产业人口的增加,从而提高了城市化水平。工业化对城市化发展的拉动来自其专业化、规模经济和聚集经济的优势,而推动城市化的不断提高来自其内部结构的不断演化和密切的相关性。工业化根据其发展进程可划分为起步期、扩张期和成熟期三个阶段。

在工业化初期(起步期),制造业的发展以劳动密集型为特征的轻工业化首先获得发展,非农产业劳动力增加,就业结构发生转变,农村劳动力和人口开始加速向城市的非农产业流动,城市化正式起步。但由于此阶段以轻工业为核心的制造业的发展仍以满足国民的基本生活需求为主要目标(衣和食),重工业刚刚起步,其发展带有局限性:一是产业规模有限,扩展相对缓慢;二是布局分散,集聚程度低;三是对其他产业的带动作用有限,等等。这些因素使增加的劳动力需求大部分依靠城市自身的劳动力增长就可以得到满足,对农村劳动力的吸纳能力有限,城市化率以平缓上升的态势发展。

在工业化中期(扩张期),工业的发展以资本和技术密集型的重工业化发展为特点。工业化扩张的主导产业为钢铁、化工、机械、耐用消费品等。在此阶段前期,制造业的进一步集聚使就业总量在全产业中所占比重大幅度提高,对城市化进程发挥直接推动作用。在这一阶段后期,技术进步带来生产的机械化和半自动化,资本有机构成提高,使工业就业人数随技术水平的提高出现相对甚至绝对下降。但与此同时,制造业的大规模集聚也促进了第三产业的进一步发展,第三产业作为劳动密集型产业逐渐在就业结构中超越第二产业并占主导地位。这时,产业结构升级和消费结构升级的作用超过了聚集效应的作用,城市化的演进不再主要表现为工业比重上升的带动,而更多地表现为由工业化带动的非农产业比重上升的拉动。

在工业化后期(成熟期),经济社会进入所谓的"后工业化社会时代",第二产业的布局不再单纯以城市的大小和人口的多少为前提,而是呈分散化趋势,在国民经济和就业结构中的比重也开始下降。而第三产业作为典型的城市产业,必须在消费集中地区布局,同时它已经摆脱了对第二产业的单纯依赖,上升为国民经济的主导产业,成为城市化进程的主要推动力量之一。因此,在城市化起步与发展阶段,表现为要素从农业向非农产业、从农村向城市的转移过程,而在城市化的高级阶段,则表现为非农产业乃至各具体产业内部的转移过程。

由此可见,城市化与工业化的关系是:工业化是城市化的内涵,城市化是工业化的表现形式,二者是内容和形式的关系;而从作用机制上说,工业化是因,城市化是果,同时,城市化又对工业化形成一定的反馈机制。

三、城市化发展的制度条件

1. 城市化发展中的"市场失灵"

城市化水平的提高是市场化发展的结果或表现。但发达国家的经济发展历史表明,单纯的市场化发展并不一定能带动经济的发展和城市化水平的提高。特别是在市场发育不完善的经济中,更需要政府进行必要的行政干预。

(1)市场机制无法组织和实现城市化进程中所需要的公共产品供给。在城市化进程中,由于工业化的发展和经济规模的扩大、收入水平的提高,对公共物品的需求也会相应增加。这些公共物品包括:产业发展所需要的基础设施,如投资巨大的公路、铁路、机场、桥梁、港口等跨地区的交通设施和市内的街道等；城市人口增加后的生活基础设施，包括供水、排水、垃圾清理、环境卫生、医疗、公共安全等；新的用于稳定公共秩序的政策法规，等等。这些私人没有能力或不愿意提供的，只能由政府部门提供。

（2）市场机制无法解决城市化进程中的外部性问题。在传统的农业社会，由于生产场所分散和由其决定的居住的分散，外部性问题并不明显。而进入工业化和城市化社会后，由于产业的集聚、产业间联系的密切、人口居住的密集，以及由于财产权利的界定通常变得更加困难，会产生更多和更复杂的外部性问题。具体城市化进程中的外部性可归纳为两类：一类是区域内经济主体之间的外部性问题，包括生产者之间的外部性、居民个人间的外部性和厂商与居民间的外部性等；一类是地区之间的外部性问题，包括城乡之间的外部性和城市之间的外部性等。解决外部性的方式是通过政府的税收和补贴，在"科斯世界"里还依赖于对产权进行清晰的界定。

（3）市场机制无法实现城市的有序发展。城市作为集生产、流通、生活为一体的社会综合体，必须进行合理的布局。其布局需要考虑到以下问题：一是农业用地与非农用地结构的合理性。土地是经济社会发展最重要的、不可再生的、无法替代的资源，在满足当代人需求的同时，也必须考虑后代人对土地的需求，做到代际公平。二是城市生产用地与生活用地比例的合理性。在城市土地利用上必须保持合理的生活用地比例，用于住宅、公共设施（学校、医疗卫生、娱乐设施、公园、绿地等）等方面的建设。三是生产场所、商业设施与生活居住布局的合理性，减少负外部性。四是城市最优规模问题。研究表明，城市的聚集经济和规模经济在城市规模达到一定水平后会逐渐递减，直至成为负效应。但在市场机制作用下，要素的流动和布局是厂商追求利润的结果，从而导致城市的不合理布局与无序发展，必须由政府在宏观上进行调控。

（4）市场机制无法解决城市化过程中的分配不平衡和贫富两极分化问题。城市化过程中，进入城市的农民由于受教育程度低、信息缺乏等因素，在经济上属于低收入阶层，是社会的弱势群体。因此，需要政府利用收入再分配政策给予必要的援助。

（5）市场机制无法尽快实现城市的可持续发展。在市场机制的单纯作用下，经济主体基于技术生产函数片面追求自身的效益最大化，其结果可能会导致社会总体效益的减少。在城市化进程中，表现为资源的过度消耗、环境上"公地的悲剧"等等，因此，需要政府通过相应的政策手段引导城市发展。

2. 城市化发展中的政府干预

政府的政策对城市化的影响程度一方面取决于该社会的政治经济体制决定下的对企业和消费者个人行为选择的影响、利益集团之间的博弈等;另一方面取决于政府干预经济社会发展的理念,包括:基于平等与效率的经济增长与社会福利水平提高之间的选择、短期增长与可持续发展的选择等。这种影响有时是直接的,有时是间接的。同时,在城市化的不同发展阶段,政府的政策也不同。在城市化起步阶段,政府对城市化的影响主要通过促进工业化的发展来实现,政府的政策目标主要为发展产业经济,即以大力发展工业化实现产业结构的优化和经济结构从二元走向一元;在城市化发展阶段,由于工业化已步入快速稳定的发展期,促进工业化发展的动力主要来自市场而不是政府,政府的主要政策目标为如何保持社会的和谐发展,如在产业发展上加强对农业和农村经济利益的保护,在区域发展上加强对落后地区的扶持等。

3. 城市化发展中的政策体系

(1) 区域发展政策。工业化的发展不仅带来城市与农村经济发展的不平衡,还会导致区域发展的不平衡。在此条件下,作为"经济人"的政府在利益的驱使下面临区域经济发展的均衡政策与非均衡政策的两种选择。在经济起飞阶段,无论对居民还是对政府而言,经济发展及提高收入水平都成为首要目标选择,因此,区域的非均衡发展将成为经济发展的区域优选方式;在经济发展到一定阶段后,随着极化效应负面作用的增强,平衡发展则成为政府不得不面临的政策选择。在此条件下,调控政策开始向均衡目标倾斜,转向抑制大城市的发展,促进资源向落后地区和中小城市的流动,城市化发展空间趋于分散化。

(2) 基础设施投资政策及其选择目标。政府干预区域发展的主要政策手段是公共投资的分配。对区域而言,来自政府基础设施投资的增加不仅带来直接的市场需求,更重要的是能降低企业的经营成本和居民的生活成本,促使企业集聚,形成新的人口集中区。

(3) 土地政策。土地是影响城市化发展的最主要资源,它不仅直接决定城市的扩张规模,而且对企业生产成本和居民生活成本产生直接影响。对政府来说,土地政策主要通过对土地权力的界定及对其交易的干预来实现,具体包括土地权力的设置、土地交易制度、土地登记制度、土地征用制度、土地估价制度、土地税收制度等。

(4) 住宅政策。城市化的最终结果是大量农村人口在城市定居,而人口转移的最终结果取决于转移成本的大小,其中住宅则成为影响转移成本最重要的因素,而住宅作为需要大量投资的消费品,在收入水平低下的情况下居民无力承担,这就需要政府进行各种方式的援助。

四、城市化发展的外部条件

在开放经济条件下,一个国家或地区的工业化和城市化进程还受到国际政治、经济乃至军事环境的影响。这些因素包括:国际经济环境、区域参与国际分工的能力、经济发展战略、国际资源的供给及区域的利用能力、国际(特别是周边)政治军事环境等。其中,开放条件下的对外经济联系的加强,使城市化的发展具有明显的外向型经济特征。

1. 内生因素与外生因素

区域内部环境的各因素综合结果对城市化施加的影响力合成为"内生因素"。在全球经济一体化的背景下,区域城市发展的动力不仅仅来自区域内的中心城市,而是区域城市发展地区与外部(国外、区域外)的比较优势和分工水平;外资的涌入成为城市化迅速发展的重要动力,从而使人口和物资的流动具有跨地区的特征。外界环境的综合作用也对城市化产生影响,可对应称为"外生因素"。外生因素与内生因素之间并不是简单、线性的关系,而是各因素相互联系、相互作用、互动的综合过程。外部力量通过内部系统的回应和吸收对城市化本身产生影响。内外力量之间只有保持平衡、协调一致,才能推动城市化的平稳、快速发展。

2. 全球化、信息化条件下的城市化

经济全球化具有以下特征:第一,跨国公司在世界经济中的主导地位越来越突出,管理控制—研究开发—生产装配三个基本层面的空间配置已经不再受到国界的局限。第二,各国的经济体系越来越开放,国际贸易额占各国生产总值的比重逐年上升。第三,各种发展资源(如信息、技术、资金和人力)的跨国流动规模不断扩大。第四,信息、通讯和交通的技术革命使资源跨国流动的成本降低,为经济全球化提供了强有力的技术支撑。第五,在全球化进程中,空间经济结构重组导致城市和区域体系的演化。

受经济全球化影响,城市从工业时代过渡到信息时代,第三产业成为城市发展的后续动力。随着工业化国家的产业结构调整,第三产业开始崛起,并逐渐取代工业而成为城市产业的主角,并由它继续推动城市的发展。这种推动作用主要表现在两个方面:生产性服务业和消费性服务业的增加。《世界发展报告》的统计表明:在1960~1980年期间,发达国家在制造业中就业的人数比重一直徘徊在30%左右,制造业产值比重则从40%降为37%,但同期城市化水平却从68%上升到78%。究其原因,正是第三产业的拉动所致,这一时期的第三产业就业人数比重从44%提高到56%,第三产业的产值比重也从54%提高到60%。

城市发展突破了传统的等级体系框架,形成新的城市网络体系。传统的城市体系基于国家的框架,分为首都、区域中心等级别,但随着经济全球化下生产、流通、交换系统机制的形成,传统城市体系的框架基础正在改变。随着生产性服务业的快速增长,主要城市的金融服务和专门化服务水平迅速提升,由银行、投资公司、法律机构、保险公司和证券交易所共同组成的金融综合体已经成为各部门的决策中心(Green,1993)。这些大都市的金融综合体正在成为日益增长的全球一体化系统的节点(Mitchelson,1994)。这样,城市作为城市系统的一部分,不是按照传统理论的领土连续性,而是建构在中心城市以及商品流、人流、资金流、信息流之上,不是简单的城市空间,而是社会网络组织的集结。

随着经济活动的全球化程度不断加深,从全球范畴而不是国家、地区的范畴认识城市化过程是十分必要的。客观认识经济全球化背景,对研究我国的城市化政策、制定城市化战略步骤富有现实指导意义。

第三节 城市化水平测度

一、国外学者的研究

国外关于城市化水平的研究一般有两种方法:单一指标法和复合指标法。在单一指标法中又有两种研究方法:

一是经验判定法。具有代表性的就是钱纳里通过对发展中国家工业化与城市化的研究得出的经验值。根据钱纳里的研究,当人均GNP为500美元、800美元、1000美元和1000美元以上时,城市化水平分别为52.7%、60.1%、63.4%和65.8%。

二是以城市化率与工业化率进行比较,以判定城市化的发展水平。其中基于工业化率计量方式的不同分为两类:一种方式是以产值计算工业化率,即工业化率为工业产值与国内生产总值之比。然后以城市化率与工业化率相比较(城市化率/工业化率),一般认为合理范围应在1.4至2.5之间。另一种方式为世界银行用"IU比率"衡量发展中国家的城市化水平。所谓"IU

比率"就是工业化率与人口城市化率之比。工业化率为工业部门就业人数占经济活动人口的比率。

在国外,用复合指标法来衡量城市化水平的系统研究的著述并不多见,大多分散于各种经济、社会发展理论中。作为测度城市化水平的一种改进方法,复合指标法的研究具有很高的学术价值和应用价值。纵观国外学者在复合指标法方面所做的研究,可以发现其基本模式是一致的,即先选出能反映城市化各方面特征的一组指标,然后根据这些指标计算出一个综合值,再衡量一个国家或地区的城市化水平。

由于不同学者的研究领域不同,所选取的指标也不相同,具体采用的计算方法也就多种多样。如日本东洋经济新报社在《地域经济总览》中,提出用10项指标来测算"城市成长力系数",包括区域总人口、地方财政年度支出总额、制造业从业人数、商业从业人数、工业生产总值、批发业总额、零售业总额、住宅建筑总面积、储蓄额、电话普及率。日本城市地理学家稻永幸男等则提出"城市度"的概念,用来研究东京郊区城市化推进情况。城市度是一个复合指标,主要由地域规模指标、位置指标、经济活动指标、静态人口结构指标以及动态人口结构指标共5类16个分指标构成,采用数理统计中的因子分析法计算得出。英国地理学家克劳克采用人口、职业、居住及距离城市中心远近等分类指标进行综合分析,建立城市化水平的复合指标体系。

二、国内学者的研究

1. 人口指标法

即用城市人口占总人口的百分比来测度,用公式表示为:城市人口/总人口 $\times 100\%$。

这是测度城市化水平最基本的方法,一直为联合国、国际社会、各国政府和学术机构所广泛采用,因此,我们又称之为"国际通用方法"。采用这一方法的好处是,不仅形式上简明实用,而且在内容上体现出城市化的深刻内涵。存在的问题主要有:一是市镇的建制标准多次发生变动;二是城镇人口统计的地域范围与城镇实体的地理界线不一致;三是城镇人口的统计对象没有形成统一的标准。

2. 人口加权法

由于对城镇人口的界定存在很大的难度,而获取相应的统计指标更非易事,有许多学者就城市化水平测算进行了探索,归纳起来主要有以下四种:一是以户籍管理数据为基础,并考虑城市的非户籍集聚因素进行测算:城市化水平＝K(居民户人口数/户籍人口总数)×100％,K为经验常数,一般设定为1.3;二是区域内非农人口数所占比例法:城市化水平＝非农人口数/区域人口总数×100％;三是把建成区人口作为城镇人口进行测算:城市化水平＝建成区人口数/区域人口总数×100％;四是把街道人口作为城镇人口进行测算:城市化水平＝街道人口数/区域人口总数×100％。

以上四种计算方法,都是围绕着城镇人口的界定而展开的,在理论上是可行的,但在实际操作中,用不同测算方法计算出的城市化水平却大相径庭,原因是城镇人口的界定经常变动。因此,有学者综合考虑各种方法的可行因素,在城市化水平的测算中,对四种计算方法测算出的数据进行加权:

$$城市化水平\ U=K_1U_1+K_2U_2+K_3U_3+K_4U_4$$

公式中,U_1、U_2、U_3、U_4为四种不同方法测算出的城市化水平,K_1、K_2、K_3、K_4为经验常数,需综合考虑各地的经济发展水平而定。

3. 土地利用指标法

鉴于人口指标法中的城镇人口的范围难以准确定量,并且不同时期的建制镇标准与城镇人口统计口径多变,使得这一指标失去了进行国内外横向对比及不同时期纵向对比的可比性,有的学者试图从城市化的其他角度寻求解决的途径,土地利用指标法就是其中之一。

随着城市化的推进,城市地域范围不断扩大,大量农村用地被征用,进行城市建设。土地利用指标法的测度方法是:统计一定时期内非城市用地转变为城市用地的比率。用这一指标来衡量城市化水平难度也很大,但随着遥感技术的普及,这一指标的使用前景十分广阔。

4. 复合指标法

许多学者指出,应该从城市化的内涵出发,建立一组指标体系,进行综合分析,以全面准确地反映城市化水平。

具体度量指标有4大类22项:其中人口类(P)包括3项指标,经济类(E)包括5项指标,社会文化类(S)包括7项指标,地域景观类(R)包括7项指标。在每类指标中,由于反映城市化的内涵不同,又分两类:一是反映乡村型地域向城市型地域转化的指标,列为A类,即外延型城市化指标;二是反映城市型地域的城市功能进一步强化的指标,列为B类,即内涵型城市化指标。

城市化水平综合指数的测定分两步进行,首先确定各指标对于城市化水平的贡献度即权重,其次在对各指标进行标准化处理的基础上加权求和,为消除量纲差异的影响和使用综合指数介于0至1之间,需对各项指标的原始值进行极大值的标准化处理,获得相应的标准化值,然后依据公式 $L_i=$

$\sum W_j \cdot X_{ij}$ 求得各省域城市化水平的综合指数,其中,L_i 为 i 省域城市化水平指数,W_j 为 j 项指标的权重,X_{ij} 为 i 省域 j 项指标的标准化值。

第四节 城市化发展规律

一、城市化发展阶段

美国著名经济地理学家 R. M. 诺瑟姆把城市化进程划分为三个阶段:第一阶段为城市化的准备阶段,这一时期城市化水平较低,发展也较慢。第二阶段为城市化高速推进的阶段,这一时期农村人口迅速向城市集中。第三阶段则是进入高城市化率之后的长期稳定阶段,城乡间人口的流动减少甚至停滞。

按照诺瑟姆的观点,城市化发展进程"S"曲线的形成,与各国经济社会发展的水平密切相关。当一国经济处在起步阶段时,由于农业生产率低下,需要大量的劳动力从事农业耕作,同时工业发展缓慢,提供的就业机会有限,这使得该国的城市化处在初期阶段,城市人口一般占总人口的 10% 左右。而当一国经济进入高速发展时期时,大量农业剩余劳动力的涌现,对农村剩余劳动力的转移形成"推动效应",与此同时,工业突飞猛进的发展产生大量的就业机会,城市丰富的物质精神生活吸引大量劳动力的流入,从而形成城市化的"拉动效应",正是这两种力量的作用使城市化步入一个高速发展时期。到第三阶段,即城市人口达到 70% 以后,城市与农村的差别日趋缩小,城市化进程呈现出停滞甚至是下降的趋势。

中国学者高佩义、刘传江在这一理论的基础上对三个阶段进行了更为细致的定量划分。他们认为,根据世界各国城市化的经验,当城市人口低于 10% 时为城市化的史前阶段;处于 10%~20% 之间为城市化的起步阶段;超过 20% 进入城市化的第二阶段即起飞阶段;50%~60% 则是城市化临界完成阶段。它表明:在时间轴线上,一定区域城市化水平将经历三个增长阶段,即低水平缓慢增长、中等水平高速攀升、高水平平缓增长,而呈现为一条扁平的"S"曲线。曲线上存在两个拐点:第一个拐点位于 30% 左右,达到此点时,将发生缓慢增长向快速发展期转折,第二个拐点位于 70% 左右,此时,由高速攀升转入缓慢发展。

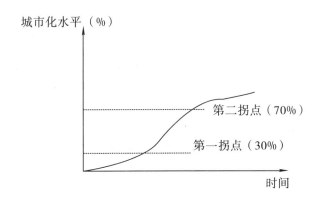

图 1.1　城市化发展阶段图

根据城市的发展与要素的流动方向,可把城市化划分为五个阶段:

1. 低水平集中型的城市化阶段(工业城市的兴起)

农村劳动力与人口向城市流动,城市成为单一的经济中心,但外围地区发展缓慢。工业化初期,现代工业处于起步阶段,大量的工场手工业和现代机器工业开始在城市发展,尽管以现代工业为代表的城市经济,如刘易斯所说的,像淹没在传统经济大海中的小岛,但其在经济中逐渐占据越来越重要的地位;城市开始从单纯的消费群体转变为生产群体,现代意义上的城市开始诞生,要素开始向城市中心集中,人口密集度开始上升。

2. 高速发展与高度集中型的城市化阶段(大城市的产生)

工业化的迅速发展,使城市依靠其集聚经济优势,充分吸引工业向大城市中心及其附近集中。同时,工业的发展带来的企业和人口的集中又带动了第三产业的发展,使大城市的人口迅速增加,人口密度大幅提高。城市成为经济发展中心,制造业成为带动工业化和城市化发展的主要驱动力。

3. 相对分散型城市化阶段(大城市的扩张——郊区化阶段)

前期的过度集中导致市中心的土地价格飙升、居住环境恶化,使难以承受土地成本的企业和居民开始向城市周边迁移,外围的产业和人口比重上升,城市布局出现分散化,形成新的产业群和居住带。城市向外延的扩张进一步带动城市交通、通讯等产业的发展,城市的中心与外围结合,形成较完善的城市功能体系。

4. 绝对分散型城市化阶段(中小城市的发展)

城市布局走向绝对分散化,卫星城镇等中小城市崛起,形成强大的外围次中心。中小城市由于其基础设施的完善、较低的土地和劳动力成本等方面的优势,诱使要素、人口从大城市和其他地区向本地流动,直至形成新的经济中心。

5.再度集中的城市化阶段(向大城市的再度集中)

要素布局的分散导致城市中心的"空心化",土地等资源利用率下降,而新崛起的信息产业不仅能够承受中心地区土地价格的高成本,同时可以充分利用中心地区资金流、信息流、物流、人口流等方面的优势,这导致要素再度向大城市中心地区的集中,城市发展进入再城市化阶段。要素再度向城市中心集中,形成功能上相互依赖的城市系统,空间经济逐渐向一体化方向发展。

二、城市化模式分类

城市化模式是社会、经济结构转变过程中的城市化发展状况及动力机制特征的总和。城市化可以从不同的角度分成各种不同的类型。按照城市化与工业化的相关关系分,可划分为同步型城市化、超前型城市化和滞后型城市化;按城市化发展的空间载体规模分,可划分为以大城市为中心的城市化和以中小城市为中心的城市化;按资源消耗形态分,可划分为粗放型城市化和集约型城市化;按城市化的发展机理分,可划分为市场自发的内生城市化、受到政府控制的城市化和受到政府政策等外部因素影响的混合城市化等。

1.从城市化与工业化的关系考察

"同步城市化"(synchro-urbanization)是指城市化的进程与工业化水平趋于一致的城市化模式。这里的一致,主要指城市人口的增加与经济发展呈显著的正相关关系。由于农村人口只有迁居到城市后,才能在城市就业,故在城市化进程中,农村劳动力的地域迁移先于职业转换是一种较普遍的现象。大部分发达国家的城市化进程中农村劳动力转移方式,如英国的"圈地运动方式"、美国的"自由迁移方式"和德国的"容克买办方式"等,都具有地域迁移先于职业转换的特征,属于同步城市化模式。

"过度城市化"(over-urbanization)又称"超前城市化",是指城市人口比重明显超过工业化水平的城市化模式。城市人口增加的速度大大超过工业化的速度,城市不能为居民提供就业机会和必要的生活条件,农村人口迁移之后没有实现相应的职业转换,导致更大的贫困阶层和贫民窟出现。过度城市化不是真正意义上的城市化,它是工业化水平低下、政府经济社会发展战略失误的产物。

"滞后城市化"(under-urbanization)是指城市人口比重落后于工业化和经济发展水平的城市化模式,即工业化进程中只有资本的转移,而没有或很少伴随劳动力和人口的转移。城市化滞后的原因主要是政府为了避免城乡对立和"城市病"的发生,采取种种措施来限制城市化的发展,结果不仅使城市的集聚效益和规模效益得不到很好的发挥,而且还引发了诸如工业乡土化、农业副业化、离农人口"两栖化"和城镇发展无序化等"农村病"。

2. 从城市化的发展机理考察

内生型城市化。主要表现在:第一,工业化伴随产业结构依次从轻工业向重工业转换,从而带动城市化发展。第二,人口的集中带来第三产业的发展,城市开始发挥其集聚经济的功能,引起新的集中。第三,工业化的发展推动农业机械化水平的提高,产生的剩余劳动力再度流入城市。第四,城市扩大,城市结构趋于合理化,完成城市化进程。

混合型城市化。混合型城市化是外部力量作用的结果,主要表现在:第一,工业化仍是城市化的内在发展动力,但其发展进程呈跳跃式发展。第二,城市化发展进程中政府的影响至关重要。一是工业化发展需要政府的扶植;二是城市化健康发展需要政府的直接介入。第三,城市化进程直接受国际政治经济环境的影响。欠发达国家作为后来者,其产业投入(资本、技术、设备、原材料)依靠国内与国际两方面资源,产品销售面向国内与国际两个市场,其经济发展和城市化进程与水平直接受到国际经济环境和自身在供给分工中的地位的影响和制约。欠发达国家由于发展经济所需要的资本与技术等严重稀缺,普遍采取利用国际资本、吸引外资的经济发展战略。

3. 从发展方式考察

粗放型城市化的表现就是城市布局趋于分散化,城市发展无序化。其典型特点是主要依靠投入的增加获取更高的产出,而不是效率的提高,城市发展和人口居住也呈分散化和无序化。集约型城市化不是单纯依靠投入的增加,而是寻求技术创新和结构优化的结果。

三、城市化与区域发展

1. 区域概念:行政区经济与经济区经济

区域是一个多侧面、多层次而且相对性极强的概念。按照自然的、经济的、行政的、历史的或其他标准,均可以划分出种类繁多的区域类型。但所有的定义同时也都把区域概括为一个整体的地理范畴,说明可以从整体上对其进行分析。作为整体的地理范畴,区域内某组事物具有同类性或联系性,而区域间则构成差异性。典型的区域整体划分是将其分为若干行政区域和经济区域。

(1)行政区域,即一个国家内部行政区域的划分。国家出于政治统治和行政管理上的需要,遵循一定的制度规范,按照一定的划分原则,将所辖国土划分成具有不同层次、不同规模的行政区域管理系统。根据《中华人民共和国宪法》第30条的规定,中国分为省、自治区、直辖市;省、自治区分为自治州、自治县、市、县;县、自治县分为乡、民族乡、镇;直辖市和较大的市分为区、县;自治州分为县、自治县、市。

以行政区域为单元的地区经济利益格局是中国经济结构的一个重要特征。出于自身利益的考虑,各级政府经常按行政区来组织和调控经济发展。一是各级政府既有发展经济的责任,也有发展经济的冲动。二是各级政府不仅拥有组织和调控经济的工具,而且拥有一定的经济资源,有能力参与经济活动。三是按照目前的体制,各级政府不仅要对行政区内企业、居民负责,还要对上级政府负责,而上级政府考核下级政府政绩的指标体系又常与下级政府管辖区域的经济发展偏好相关联。

在现行的体制条件下,行政区经济有其存在的合理性,其对经济增长也有着不可或缺的功用。然而,从现实情况看,行政区经济存在一些不容忽视的问题:一是行政区经济源于政府对经济的干预,也强化了政府对经济的干预。在行政区经济的运作条件下,区域经济呈稳态结构,而且带有强烈的地方政府行为色彩。一个行政区的"经济"发展,往往以另一个区域的"不经济"为代价。受行政区"经济"的牵引,各行政区之间重复建设严重,产业结构趋同,区域之间在比较优势基础上的合理的分工和协作难以实现,造成整个宏观经济要素资源配置效率低下。二是行政区经济阻碍全国统一市场的形成和发展。如果区域之间的经济发展水平和人均收入水平相近,则区域内的需求结构和偏好也会大体相似,市场间的隔断较小,区域内专业化分工的机会就会增大。反之,则会导致需求与供给关系的弱化。由于区域经济发展差距的客观存在,区域之间的利益摩擦时有不断,各级地方政府为了追求和保护自身利益,往往以行政区为依托,构筑贸易壁垒,实行市场封锁,阻碍要素资源的自由流动。

(2)经济区域。可以理解为一种以专业化地区经济为特色、以中心城市为依托,在生产、流通等方面紧密联系、互相协作、内部具有很强集聚性的经济综合体。

从空间结构的角度看,经济区域有三个最基本的构成要素。一是经济中心。任何一个经济区都必然有自己的经济中心,往往是一个大城市或一个城市群。经济中心是经济区发展的核心,其集聚和辐射作用对整个经济区发展具有举足轻重的影响。二是经济腹地。经济腹地是一个与经济中心或中心城市相对应的概念,其内涵是经济中心的吸收和辐射能力能够达到并能促进其经济发展的地域范围,经济腹地是经济中心赖以存在的基础。三是经济联系。经济联系既包括经济区内商品流通、技术协作、资金融通、信息传递,也包括经济区内的交通运输网络和通讯网络。一般来讲,经济区内的经济联系越紧密,经济区的一体化程度也就越高。

(3)行政区域与经济区域的关系。其关系主要表现在四个方面:一是行政区经济具有自然经济和产品经济的特点,而经济区经济则必然是市场经济;二是行政区域与经济区域不是一对一的对应关系,行政区域源于政治统治和行政管理,经济区域则以社会化大生产、分工和比较优势为前提,大的经济区域要覆盖多个行政区域,而一个行政区域也会分属几个不同的经济区域;三是行政区经济取向以地区经济利益为重心,经济区经济则以一个更大的地域甚或整个国家的利益为着力点;四是行政区域有自己的行政边界,相对稳定,经济区域则可能因为区域经济的发展、经济中心辐射能力的提升(或降低)而扩张(或缩减)其边界范围。

综上所述,鉴于两者的区别,在本书中,省、市、自治区一级的行政区域将被作为研究样本,这基于以下的考虑:一是在中国现阶段,省、市、自治区政府经济管理对区域经济发展有巨大作用,行政区划对区域内人们的经济行为有着重大影响;二是省、市、自治区一级经济,一般都能自成体系,拥有较为健全的产业结构、强有力的经济中心及广大的腹地;三是中央政府对区域经济的宏观管理,基本上是以省、市、自治区经济为单元;四是现行的统计资料以及相关的研究资料也基本上是以省、市、自治区为基础的。

2.城市化与区域发展的关系

主要表现在三个方面:一是区域的发展是城市化的基础;二是城市的发展是区域发展的巨大推动力;三是城市化进程与区域经济发展双向互动、互促共进。

从经济学的角度来审视,城市的形成有着深刻的内在原因。早在古希腊时期,经济学家色诺芬(Xenophon)就认识到,分工与城市之间存在某种内在联系。他在《居鲁士的教育》一书中对社会分工与城市之间的关系曾做过十分精辟的解释。色诺芬认为:"从波斯国王食桌享受食物,不仅是一种荣誉;那种食物,实际上也比别的食物更可口,这是不足为怪的,因为一切手艺都是在大城市中最为完善的,献于王桌上的食物,当然是依精美方法烹调的。"色诺芬所观察到的仅是一种表象,他了解到分工发展的程度依赖于市场范围,意识到分工对提高产品质量的重要性,可惜没有进一步发现分工还能提高劳动效率,进而使产品价格更便宜,当然更无法揭示出城市与分工具有内在联系的深层原因。

到17世纪,英国资产阶级古典政治经济学的创始人威廉·配第(William Petty)敏锐地觉察到,劳动分工能够促进劳动生产率的提高。他在分析劳动分工促进劳动生产率提高时举例说:"譬如织布,一人梳清,一人纺纱,另一人织造,又一人拉引,再一人整理,最后又一人将其压平包装,这样分工生产,和只是单独一个人笨拙地担负上述操作比起来,所花的成本一定较低。"配第已经认识到,分工可以促进生产率的提高,而劳动生产率的变化则又会引起价值量的相应变化。更为难能可贵的是,配第认为城市能够降低市场交易费用,从而提高社会分工水平。

城市与区域的关系,是点与面的关系。城市联系和影响的范围,就经济方面来说是和这个城市的生产力相适应的,生产力水平愈高,其经济联系和影响的范围也愈大。同样,城市的发展也总是以区域的经济联系作为自己存在的前提,以自身的生产发展和与区域经济联系的发展为必要条件。当城市急剧膨胀出现经济势能向外辐射和内向经济要素极化时,城市的影响范围扩大,各种要素流动频繁;而当中心城市衰落,其经济势能减少,影响范围收缩,各种要素流动也随之减弱;随着城市的继续衰落,其经济要素被新的中心吸引而外流,累积到一定阶段就会被新的经济中心所取代,即城市的空间转移。简言之,城市作用发展得好,就能强有力地推动区域经济的发展。反之,城市作用发挥不好,不仅影响城市本身,也会影响整个区域的发展。

区域经济的实质是区际要素的流动,而区际要素流动的方向和流量、流动的内容都受到各类城市的影响,其中,中心城市起着举足轻重的作用。这种影响体现在三个层次:一是在城乡间促进横向交流;二是在区域内各个城市(大、中、小城市)或城镇之间促进横向交流;三是代表整个区域同区域外界促进横向交流。

3. 城市在区域发展中的作用

城市根据区位条件和在区域经济中的作用往往可以分为三类:参与区内分工、参与区际分工、参与国际分工。如果一个区域的城市只能参与区内分工,那么,整个区域想参与区际分工乃至国际分工是难以想象的。因此,代表区域同区域外界加强横向交流,和作为区域内各部分与区域外界交流桥梁的城市发展,影响到区域经济发展的水平和层次。

另外,城市的经济实力和服务水平影响区域经济的凝聚力。如果经济实力不够,或服务水平有限,周围有更强大的吸引力场,都会影响区域经济的凝聚力。没有这种凝聚力,区域经济就不可能在国家地域分工中独当一面,也就不能成为名副其实的经济区域。

应该注意的是,区域经济核心是依靠雄厚的经济基础和完善的服务优势,凭借便捷的交通网络来发挥作用的,这不是每个城市都能具备的,只有一些区位优越、交通发达、经济技术基础好的极少数城市才能承担这一重任。当单个城市无法完成这一任务时,往往利用集合城市或数个职能各异、互补的中心城市来担此重任,这就是城市群。

城市是区域经济发展的火车头,而区域经济则是城市的依托和支撑。离开中心城市的强劲拉动,区域经济不可能持续、快速、健康地发展;离开区域经济的有力支援,城市也不可能长久兴旺发达。

在区域经济与城市协调发展过程中,中心城市是问题的主动方和关键所在。之所以这样说,是因为有城市化的动力机制、集聚经济规律和区域经济发展"点面"空间推进规律这三者在共同发挥作用。根据发达国家的历史经验,城市的最初兴起主要是适应商品交换的需要,发挥着一个区域商品、资金、人员、信息等生产要素集聚和扩散中心的作用。随着工业化的发展和产业结构的演进,城市适应产业和劳动力地域分工的要求,发挥区域企业、产业、资本、信息、人流的集中、集群和辐射的功能。城市功能的强弱、作用的大小依赖于工业化水平的高低,工业化水平的高低依赖于产业结构的演变,产业结构演变又不断引发资源在空间上的组合和调整。组合和调整沿着两个方向进行:一是呈扁平状集中扩大;一是向高层次推进。不论沿何种方向演进,社会资源配置结构一定由收入弹性较低的以农业或传统工业为主的结构,向收入弹性较高的以工业或高新技术产业和服务业为主的结构转化。与此相应,城市功能的扩充和升级也是沿两个方向运行:一是城市功能不断丰富,由单功能向多功能转化;一是城市功能由低层次向高层次转化。不论沿何种方向转化,一定是扩散与旧功能相关的经济要素,而集聚与新功能相关的经济要素,其结果都有助于中心城市极化效应和扩散效应的增强。

城市的形成以至城市规模的扩大、功能的增强,是集聚经济机制作用的结果。而城市对区域经济扩散、辐射、带动功能同样离不开集聚经济的作用。由于规模经济的作用,各种生产要素集聚成企业,许多企业集聚成企业集群,但当集聚体规模增大到一定程度时便产生了"规模不经济";"规模不经济"一旦产生,生产要素转而开始扩散;由于外部经济的作用,分工协作产生生产力,生产要素产生了集聚的趋势,但当集聚发展到一定程度时,外部不经济开始出现,单位产品的成本上升,经济要素转而出现扩散的趋势。

也就是说,"规模经济"和"外部经济"的存在产生集聚引力,到一定程度,又产生了"规模和外部不经济",导致经济要素的扩散。经济要素由城市向区域经济扩散、辐射的"点面"空间轨迹特征可以概括为:点线面扩散、墨渍式扩散、等级扩散、跳跃式扩散、串珠扩散、发展极扩散等形式,其中以等级扩散、点线面扩散、墨渍式扩散为主要形式。

综上所述,城市和区域经济相互作用的路径是以城市为中心的"面—点—面"的进程:"由面到点",是生产要素集聚和中心城市极化的过程;"由点到面",是生产要素扩散、中心城市辐射功能发挥的过程。(本部分内容参考了曹宗平先生的研究成果,见《中国城镇化之路——基于聚集经济理论的一个新视角》,特此说明,并对原作者表示感谢)

第五节 研究思路、方法和理论特色

一、研究思路

本书首先从"城市化一般"入手,对城市化的概念、发展条件、发展机理、发展模式、发展政策、发展进程、发展规律及其测度指标等做了全面的阐述,在此基础上,从以下五个方面展开研究:

(1)区域发展与城市化关系的理论剖析。主要包括:区域发展与城市化的一致性;区域发展从生产、消费和结构转变方面对城市化的带动作用;区域发展与城市化的相互促进;区域发展与城市化关系的新趋势。该部分研究的目的在于梳理国内外区域发展与城市化的各种理论,弄清区域发展与城市化的内在机理及影响因素,为整个研究奠定基础。

(2)江浙皖赣四省区域发展与城市化进程分析。考察四省的发展路径、发展政策、发展特点和发展绩效。在实证考察的基础上,进行比较分析,同样的体制条件、同样的市场,为什么有的区域发展和城市化进程迅速,而有的区域发展和城市化进程却缓慢?影响绩效的动因是什么?其机制又如何?

(3)江浙区域发展和城市化的方向。江浙下一步如何加速区域发展和城市化进程?过去的经验是否仍然有效?江浙目前所面临的任务是:城乡一体化;建设国际性城市;发展城市群;建设创新型城市,实现跨越式发展;进一步创新发展,由"企业制造"转向"企业创造";城市化的可持续发展及城乡关系的统筹和协调等。

(4)皖赣区域发展和城市化的出路。在城乡经济协调发展的背景下,加快城市产业升级;确立"大中城市拉动型"的城市化模式;不断提高城市核心竞争力、市场占有率,带动城市产业升级、带动城市发展,解决城市失业和吸收农村剩余劳动力;在产业承接中创新发展,在创新发展中进行产业承接;加快实施产业和创新型人才培育工程,健全人才引进机制;为小城镇的产业升级留出空间,逐渐把农业纳入规模产业来经营等。

(5)区域管理制度和区域政策。应通过建立行之有效的区域管理制度和区域政策推进城市化和区域发展,并采取积极的城市化政策,包括:采取促进区域发展的投资政策、补偿政策;实施科学的区域和城市规划,优化城市环境;在城市高度密集区域形成结构合理、基础设施完善的大都市圈和城市群,加快农业人口向城市集中;提高农村教育水平,改善农村劳动力素质,提高农民的就业能力;完善区域发展中的人才环境、制度环境;大力发展第三产业,等等。

二、研究方法

(1)比较分析。将两个或多个同类或相近的事物,按同一法则进行对比分析,寻找它们的共同点和差异点,并根据同一法则进行对比分析,推测未知事物具有同样或近似的性质和特征。采用多层次比较和广视角比较结合的方法。

(2)计量与实证分析。力求用客观数据说话,将零碎经验变为系统的、可分析的经济数据。研究事物"是什么",具有什么特征,以及说明事物在何种条件下会发生什么样的变化,产生什么样的结果。

(3)重力模型(Gravity Model)方法。该模型作为波伦斯基(1981)多区域投入—产出模型的一部分,在具体实施方面是成功的。该方法的长处在于,对任何一组预先确定的外生变量,该方法估测的结果都是一致的。该模型可用来确定区位特性对要素流动性的影响。

(4)历史与逻辑演绎分析。追溯历史生成的各种条件和文化背景,结合历史现象学和社会现象学的考察结果,对实际产生作用的各种条件,以及诸种可以直接观察的情形,考证它的结论与实际现象的适用程度。

三、理论特色

(1)揭示同一区域(长江中下游地区)、同一种体制条件(经济体制转型)、同一时期(1980~2004)区域发展和城市化进程。重点剖析路径形成,并与刘易斯模型进行比较研究,揭示中国区域发展和城市化进程的特殊路径。

(2)按照科学发展观的要求,改变单纯从经济指标的角度研究区域发展和城市化进程的做法,不同区域根据实际情况,从区域资源与环境、技术与经济、制度与文化、经济发展与人口增长以及社会结构等诸多方面,进行综合研究。

(3)对区域创新方法、区域创新机理、区域创新传动机制以及创新的制度文化条件等,进行总结和探索。

第二章 区位、自然禀赋与区域发展

在经济发展史上,"区位理论"有着重要的地位,它是解释经济发展差异的重要视角。从字面意义看,"区"为"区域","位"为位置。"区位"与"位置"不同,既有"位",也有"区",有着特定的内涵。"区位"的主要含义是某事物占有的场所,但也含有"布局、分布、位置关系"等方面的意义。"区位理论"之所以重要,是因为经济发展需要的要素(包括自然要素)与区位有着直接联系,而且更为重要的是不同的区位,由此衍生出的区域文化有着很大的差异,而这可能是导致经济发展差异更深层次的原因。

本章在概述区位理论的基础上,探讨影响某一地区经济发展以及城市化的一系列区位因素。从经济社会的发展实践看,主导经济发展模式、发展实效以及城市化进程的因素逐渐由传统的物质因素向非物质因素转变,从自然资源禀赋、区位转变为区位禀赋衍生的区域文化。

第一节 区位理论概述

"区位"既然是人类活动的场所,那么人类活动的领域和空间的扩展必然导致区位的发展与变化。因此,对于区位的理解与把握也必须从动态和发展的角度入手。农业经济时代,人类如何选择作为其主要经济活动的农业活动的场所是社会面临的问题,由此产生了杜能的"农业区位理论"。在工业经济时代早期,工业生产活动的场所主要取决于生产成本的大小,运输费用作为影响空间成本的一个重要因子,受到格外关注,因而出现了以成本(主要是运费)最低为区位选择目标的"韦伯工业区位理论"。随着工业社会的发展,社会生产更多地受到市场的直接制约,市场因子备受关注,也就有了廖什(Losch)的市场区位理论。第二次世界大战以后,人类生活方式和价值观进一步多样化,仅考虑单一的经济因素已不能全面地反映工厂区位选择的目标,从而重视非经济区位因子以及行为因素的新的区位理论应运而生。不仅在生产活动中,在消费和流通活动中区位问题也越来越受到重视,从而出现了反映人类生活基本场所的城市和群落的空间配置规律的理论,如"中心地理论"得到了发展。进而,由于人类经济活动的组织形式的重大变化,对于企业组织的空间规律探索的多部门企业区位理论随之发展。

区位理论的发展大致经历了三个阶段：①古典区位理论，主要是指杜能于1875年创立的农业区位论和韦伯于1909年创立的工业区位论，其共同特点都是立足于单一的农场或工厂，着眼于成本特别是运费最节省。②改进区位理论，主要指直到第二次世界大战前后经过改进的各种经济区位理论，有市场边界区位理论、综合区位理论、中心地理论、相互作用理论、分界点理论等，其特点是从立足于单一的企业转变为立足于城市，从着眼于成本、运费最省发展为追求市场的扩大。③现代区位理论，主要指20世纪60年代以来得到迅速发展、以区域经济研究为特征的区位理论。

一、古典区位理论

1. 杜能的区位理论

杜能的区位理论是以"运输成本"为核心的区位研究。"杜能模型"建立在运输成本与土地价格概念的基础之上，并假定土地价格是运输成本的反函数。换言之，一块土地的价格与该土地和市场中心间的距离成反比，在某一特定的土地上，种植何种作物最为合理？

从上述假设出发，杜能把景观特征、资源和经济要素间复杂的相互作用，简化为一个均质平原，在这个均质平原上，资金与劳动力流动自如，运输成本相同，肥力均等，只有一个中心市场。他推论，将出现一系列作物生产的同心圆地带。根据耕作的集约化程度、该类作物的市场价格、把作物运送到市场的运输成本，各地带种植物有其不同的价格。例如，供应市场的蔬菜，单位重量的价格较高，种植的集约化程度也高，就应该在邻近市场的地带种植；而薪柴体积大、单位重量价格相对较低，由于薪柴生产者在地价较高、靠近中心区的土地上，竞争不过其他生产者，所以只能在偏远的地区进行生产。

2. 韦伯的工业区位理论

韦伯1909年出版的《工业区位理论》一书，被认为是其工业区位理论产生的标志。韦伯理论的核心是通过分析运输费用、劳动力费用和生产集聚力三个因素的相互作用，找出生产成本的最低点作为工业企业的理想区位。其中运费对工业的基本区位起着决定作用，而劳动力费用和集聚力的影响，则被他归为对运费决定的工业区位的第一次和第二次"变形"。韦伯甚至把其他一些次要的区位影响因素，也简化为运输费用加以计算。在韦伯的区位模型中，有一个确定的消费市场，若干个原料产地，不同地点的劳动力费用不同但供应充足，运费也与货物重量和运距成正比。

按照韦伯一个消费市场和一种原料的假设，可有三种不同情况：①原料是普遍存在的，那么生产地点显然应设在市场附近，因为当原料不花运费就可以取得时,增加运输量是不合理的。②原料在加工中不失去重量,但位于远离消费市场的地点,则生产可以安排在原料所在地,也可以安排在市场,如果不考虑额外的装卸费,生产也可以安排在市场与原料来源直线中间的任何一点上。③原料在加工中会损失重量,在此情况下生产地点应设在原料产地,因为运输较小重量的成品比运输较大重量的原料节省运费。

当考虑集聚因素的作用时,被运输费用和劳动力费用决定的工业区位会发生第二次"变形",即由集聚形成的经济效益也可以使生产地点出现偏移。韦伯认为,集聚效果主要是通过工厂扩大生产规模、降低生产成本、工厂之间的协作和共同使用基础设施产生的。如果一个地点由于集聚所节约的费用大于因偏离运费最小和劳动力费用最小的位置而需追加的数量,在该地点组织生产就是合理的。

二、改进区位理论

1. 市场区位理论

传统区位理论中的一部分是分析固定消费市场和待确定的变动生产地点的问题,另一部分则讨论已有的固定供货者(包括生产者)与其可变动的市场问题,后者被称作"市场区位理论"。

德国经济学家奥古斯特·廖什1940年出版的《经济的空间分布》对市场区位的理论产生作出重大贡献。廖什的概念与以前的工业区位理论的不同之处有:不是仅从单家企业利益的角度去寻求最佳区位,而是把每家企业放入大量企业存在的体系中去考察,即从总体均衡的角度揭示整个系统的配置;把生产区位和市场结合在一起研究,从"市场区"概念入手,把其作为解决问题的起点,并认为生产和消费都是在市场区中进行的;认为生产者的目标应该是谋求最大利润,而最小吨公里费用、最低成本的区位往往不一定能保证最大利润。因此,应把成本、收入和利润加以综合考虑,选择市场范围最大的最佳区位。此外,廖什还开创了市场网体系的研究。

2. 胡佛的区位理论

胡佛是不同意韦伯认为的生产地点选在三角形内部的学者之一,他认为,实际的生产区位往往是定在三角形的某一个顶点而不是三角形的内部或三角形的边上。胡佛对韦伯区位理论中的运费计算方法作了重大改进。胡佛指出,运费并不是与距离严格成正比关系的,因为运费包括终点费用和运行费用两部分,前者并不随距离增加,所以单位运输费用是随距离增长而递减的,总运费是一条增长逐渐放慢的曲线而不是直线。在作了这种修正以后,胡佛提出了运费最小区位的分析方法。他假定有一个原料产地,需要生产一种产品供应一个市场,总的生产价格包括原料取得费用、生产加工费用和产品销售费用,其中,原料取得和产品销售两种费用主要取决于运输费用,在此基础上确定生产区位。

3. 边界区位学派

一部分学者认为,廖什和胡佛的模型纯属理想的区位,缺乏现实性。他们认为,企业家在选定建厂的理由中有一些可能与最低成本或最大利润的原则发生矛盾,而且企业家们很少能知道成本最低和利润最大的确切地点,只大体知道在哪些地区可以赢利,而在另一些地区则可能亏损,因此,更重要的是识别由赢利变成亏损或由亏损变成赢利的边际地带。

4. 阿隆索的竞租理论

1964年,W.阿隆索提出"竞租函数"的概念。他认为,各种活动在使用土地方面是彼此竞争的,决定各种经济活动区位的因素是其所能支付的地租,通过土地供给中的竞价决定各自的合适区位。在城市中,商业具有最高的竞争能力,可以支付最高的地租,所以商业用地一般靠近市中心,其次是工业,然后是住宅区,最后是竞争力较弱的农业。这样就出现了城市区位分布的同心圆模式。

三、埃萨德的现代区位理论

W.埃萨德在他的《区位和空间经济》一书中阐述了一般区位论的原则,他的概念为空间经济学特别是区域科学的发展奠定了基础,全面推进了区位理论的研究。埃萨德通过经济分析中的替代理论,用经济学的解释方法合并了各有关的区位学说,他认为,以前的区位学说均可以看作一般区位理论在某些特殊假设、特殊要求或特殊情况下的解释与应用,而杜能、韦伯、廖什等人的一些基本区位模型的结合又可以推导出新的区位模型。例如,杜能关于在中心城市周围划定不同功能的生产地带的理论,完全可以和廖什关于以大城市为中心的正六边形市场区结构相结合;而杜能和廖什关于地形一致、资源分布均匀的假设与韦伯模型中原料集中提供的条件又完全不同,这两种分析的结合也可以产生新的生产区位。埃萨德认为,一般区位理论可以像其他经济理论那样经过严格的假设进行推理,并根据替代原则组合各种生产要素及其成本,为区位决策提供依据。除了在分析中对原材料、劳动力、运输成本和其他生产要素运用替代原理,他还引入了"地方化经济"和"都市化经济"的概念,注重各种空间集聚现象的成因和影响,对宏观区域的经济空间结构变化加以阐明。因而,埃萨德的理论又被人称作"总体的空间平衡理论"。在埃萨德的分析中,出现了结合杜能土地利用原则、韦伯区位三角形和等费用线、廖什市场区域体系和中心地理论的综合性区位分析图形,体现了各种特性和形态的区位分布，更接近现实经济的空间结构。埃萨德还认为，各种区位无论理论如何抽象，它们都可以和其他某些经济理论加以结合，例如，利用替代原理就可以把韦伯运输导向的区位学说引进一般的生产函数理论。

所有这些理论，都能帮助我们认识一些影响区域发展与区位选择的因素。但是，由于获得这些认识是通过对现实世界的抽象实现的，这些理论不易用来解决区域实际的发展差异与区域优势之间的关系问题。它们的主要应用，在于确定某些位置选择问题中应该加以考虑的一般原则。这些原则有：

(1) 运输成本相对较低、市场面积相对较大的企业，将比运输成本较高、市场面积较小的企业具有更大的成功机会。

(2) 在运输成本、生产成本、地租与市场规模之间，可以互相替代。

(3) 运输成本包括将原料运到企业的成本，以及将产品送到顾客手中的成本。运输原料与产品的相对成本，在某种程度上决定了企业的位置：原料运输成本高，会使企业接近原料产地；产品运输成本高，会使企业接近市场。

(4) 某些类型的企业力求集中布局；某些企业相互无关联；某些企业则彼此排斥。

(5) 不同的区位吸引不同类型的企业。区位的引力由资源、市场区位、运输服务、资金、劳动力、服务行业的发展水平以及决策者个人的偏好等来确定。

(6) 任何特定的企业，都会通过选择不同的区位，控制市场的不同空间，从而达到占据市场的目的。

(7) 市场的规模、竞争者的数量与区位，将会限制潜在的发展规模。

所有这些因素，都需从各企业的实际情况加以评价。如果不根据特定的情况，由上述因素可能会引出自相矛盾的结论。这些因素的相对重要性与实际作用，应该从具体产业的情况加以评估。那么，如何来确定某地的区位优势以及如何实现资源的最优配置呢？或者区域优势是如何发挥作用、引导资源的最佳流动方向的？

区位优势即区位的综合资源优势，即某一地区在发展经济方面客观存在的有利条件或优越地位。其构成因素主要包括：自然资源、地理位置，以及社会、经济、科技、管理、政治、文化、教育、旅游等方面，区位优势是一个综合性概念，单项优势往往难以形成区位优势。一个地区的区位优势主要是由自然资源、劳动力、工业聚集、地理位置、交通运输等因素决定的。同时，区位优势也是一个发展的概念，随着条件的变化而变化。在自给自足的农业社会，土地资源是经济的基础，决定农牧产品产量的土地资源与影响农牧业的集约程度、技术传播与市场的距离是区位优势的主要方面。工业革命后，新技术和新市场的出现，由工业社会初期的自然资源、劳动力、运输优势发展到后期的技术、市场、政策、企业关联等优势。

知识经济时代的区位优势不同于传统的区位优势。美国经济学家保罗·罗默从理论上解答了缺乏自然资源的国家为何不一定是穷国、领先国家最有效的是持续发展等问题。在知识经济时代,人的因素占主导地位。人的流动性,尤其是掌握知识、技能的人才的流动性是很大的,因此,培育并吸引高科技人员就成为发展经济、提高区位优势的关键。

本章主要从江浙皖赣四省的地理位置、自然资源、经济社会基本发展情况来剖析四省内在的差异,探讨可能引起四省经济和城市化发展差异的原始因素。然而,令人感到困惑的是,根据传统的区位理论,人们无法解释四省在改革开放后所产生的巨大差距,这迫使本课题追根溯源,探寻经济发展背后的社会文化因素,从历史的、全方位的角度来解读经济发展,如此,寻求的答案也更符合现实,更具说服力。

第二节 四省区位、自然禀赋与文化比较

一、四省在全国的区位比较

江苏、浙江是东部沿海发达省份,地处长江三角洲。安徽、江西是传统的中部地区,但又是最靠近东部沿海的内陆省份。四省地理位置相邻,具有各自区位优势和资源禀赋,在全国有一定的区域代表性。

图 2.1 江浙皖赣四省的地理位置图①

---

① http://www.gov.cn/test/2005-08/11/content_27116.htm

表 2.1　江浙皖赣四省的区位及建制

江苏	浙江	安徽	江西
江苏省是长江三角洲的中心地区,地处沿海中部和长江、淮河下游,东濒黄海,北接山东,西连安徽,东南与上海、浙江接壤。唐时属江南东道和淮南道,明境内各府和直隶州直属中央,称为"直隶",后改南直隶,清改江南省,后与安徽省分设至今。江苏以江宁、苏州各取一字得名,简称"苏"。	浙江省位于长江三角洲南翼,地处东南沿海,东临东海,南接福建,西与江西、安徽相连,北与上海、江苏接壤。唐时属江南东道、两浙道,明初设浙江承宣布政使司,辖11府、1州、75县,省界区域基本定型,清康熙初年改为浙江省,建制至此确定。浙江以浙江(又称"钱塘江")得名,简称"浙"。	安徽地处华东腹地,是东部襟江近海的内陆省份,跨长江、淮河中下游,东连江苏、浙江,西接湖北、河南,南邻江西,北靠山东。于清康熙六年(1667)始建省(原江南省分为安徽、江苏两省),省名取安庆府与徽州府名第一字。安徽因历史上有古皖国和境内的皖山、皖河而简称"皖"。	江西为长江三角洲、珠江三角洲和闽南三角地区的腹地,地处东南偏中部,长江中下游南岸,东邻浙江、福建,南连广东,西靠湖南,北毗湖北、安徽。因唐开元二十一年(733)唐玄宗设江南西道而得名,清改江西省,省名至今未变,又因为其最大河流为赣江而简称"赣"。

二、四省的地理与自然资源

1. 江苏省地理与资源概况

江苏省现设南京、苏州、无锡、常州、南通、扬州、镇江、连云港、徐州、盐城、淮安、泰州、宿迁13个省辖市,下辖52个县和县级市,54个市辖区。江苏傍江临海,是中国人口密度最大的省份之一,总面积为10.26万平方公里,占全国总面积的1.06%,2008年末,全省常住人口为7676万人。连绵近1000公里的海岸线拥抱着约980万亩的黄金滩涂。江苏境内平原辽阔,土地肥沃,物产丰富,江河湖泊密布,五大淡水湖中的太湖、洪泽湖在此横卧,历史上素有"鱼米之乡"的美誉,是中国"吴越文化"的发祥地。

江苏的基本省情可以概括为三句话:幅员不大、人口不少、区位独特。一是幅员不大。全省面积在全国的占比,居全国第24位。二是人口不少。2008年,江苏省常住人口占全国的5.8%,居全国第5位(列河南、山东、四川、广东之后),人口密度高达每平方公里732人,居全国各省区之首。三是区位独特。江苏紧邻全国最大的经济中心城市上海,居于长江三角洲的中心地带,在以上海为龙头的长江流域开发开放格局中处于"龙颈"位置,具有接受上海辐射、实行联动发展的独特条件。江苏跨江滨海,交通十分便利。境内两条黄金水道长江和大运河十字交错,是著名的"舟楫之乡"。海岸线绵延954公里,沿海和沿江开放港口众多。公路四通八达,2008年,江苏省高速公路通车里程突破3608公里,密度为每百平方公里3.52公里,居全国各省区之首,在全国第一个实现了高速公路联网畅通。长江天堑正在变为通途,南北两岸的交通日益便利。铁路方面,现有京沪、宁芜、陇海三条干线,南京、徐州是全国重要的铁路枢纽。全省有8个省辖市建有航空港,南京禄口国际机场已开通多条国际航线。

江苏省矿产资源分布广泛,品种较多,已发现的有120种,已探明储量的有67种,有色金属、粘土类矿产、建材、稀有金属和特种非金属是江苏省的优势矿产,其中建材、粘土等34种单矿储量列全国前十位。全省已发现的矿产地有900多处,铅锌矿同时伴生银及部分金等有色金属及贵金属矿产,是该省较丰富的矿产资源。稀有金属锶储量居全国首位。熔剂石灰岩、白云岩、蛇形岩、萤石等冶金辅助原料等资源也较丰富。粘土类矿产有凹凸棒石粘土、膨润土、陶土、塑料粘土、瓷石等,品种齐全,量大质优,居全国首位。建材矿产中有水泥灰岩、石膏、大理石,还有浮石、凝灰岩、珍珠岩、蛭石、岩棉用玄武岩、硅质粘土等,玻璃用石英沙、石英岩等也储量丰富。此外,还有柘榴红宝石、蓝宝石、水晶等宝石类矿产及特种非金属矿产金刚石砂矿。

2. 浙江省地理与资源概况

浙江省陆域面积为10.54万平方公里,占国土总面积的1.09%,是中国面积最小的省份之一。下辖11个地级市、32个市辖区、22个县级市、35个县、1个自治县。行政区域内下辖杭州、宁波2个副省级城市,温州、绍兴、湖州、嘉兴、金华、衢州、台州、丽水、舟山9个地级市。2008年末,浙江省常住人口为5120万人。

浙江地形复杂,山地和丘陵占70.4%,平原和盆地占23.2%,河流和湖泊占6.4%,耕地面积仅208.17万公顷,故有"七山一水两分田"之说。地势由西南向东北倾斜,大致可分为浙北平原、浙西丘陵、浙东丘陵、中部金衢盆地、浙南山地、东南沿海平原及滨海岛屿等6个地形区。省内有钱塘江、瓯江、灵江、苕溪、甬江、飞云江、鳌江、京杭运河(浙江段)等8条水系,境内最大的河流为钱塘江;有杭州西湖、绍兴东湖、嘉兴南湖、宁波东钱湖四大名湖及人工湖泊千岛湖。浙江省年平均水资源总量为937亿立方米,按单位面积计算居全国第4位,但人均水资源拥有量仅2004立方米,低于全国人均水平。

浙江省海域面积为26万平方公里。面积大于500平方米的海岛有3061个,是全国岛屿最多的省份,其中,495.4平方公里的舟山岛为我国第四大岛。海岸线总长6486.24公里,居全国首位,其中,大陆海岸线2200公里,居全国第5位。岸长水深,可建万吨级以上泊位的深水岸线290.4公里,占全国的1/3以上,10万吨级以上泊位的深水岸线达105.8公里。

浙江矿产资源以非金属矿产为主。石煤、明矾石、叶蜡石、水泥用凝灰岩、建筑用凝灰岩等储量居全国首位,萤石储量居全国第2位。截至2004年底,浙江已发现固体矿产113种,已探明储量的有67种(油气未列入),矿产地有4730处(其中普通建筑用石、砂、粘土矿产3510处)。叶蜡石、明矾石探明资源储量居全国之冠,分别占全国的53%、52%。萤石、伊利石分别占20%、39%,均居全国第2位。硅藻土占11%,名列全国第3位。沸石占10%,居全国第4位。排列全国第5到第10位的有硅灰石、高岭土、珍珠岩、大理石、花岗石、膨润土等。可以满足省内需求的矿产有叶蜡石、硅藻土、水泥用灰岩、熔剂灰岩、萤石、硅灰石、膨润土、明矾石、沸石、电石灰岩和建筑石料等矿产;主要依托国内供应的有煤炭、天然气、磷、硫、铅、锌、稀土等矿产;主要依赖国外供应的有石油、铁、钾盐、铜、铝等矿产。截至2004年底,全省共有各类矿山企业4606家,开发利用矿产共71种。全省各类矿山企业采掘矿石总量为3.93亿吨,年产量列前五位的矿产分别为建筑用凝灰岩、水泥用灰岩、砖瓦用粘土、建筑用砂岩和建筑用安山岩。2006年底,浙江省铁矿石保有储量3266万吨,煤9433万吨,沸石(矿石)12704万吨,叶蜡石(矿石)3297万吨,普通萤石2068万吨,明矾石9799万吨,水泥用灰岩265807万吨。

3. 安徽省地理与资源概况

安徽面积为13.96万平方公里,约占全国总面积的1.46%。安徽省共有16个市级行政单位,107个县级单位。2008年末,安徽省常住人口达6135万人。

安徽地形地貌复杂多样,平原、丘陵、山地相间排列,其中以山地、丘陵为主。淮北平原是华北平原的一部分,面积为3.8万平方公里,平均海拔20~40米。江淮丘陵横亘于江淮地区中部,面积为3.64万平方公里,岗沟相间,一般海拔40~100米。大别山区蜿蜒于鄂豫皖边境,面积为1.19万平方公里。皖南山区位于安徽南部,面积为2.66万平方公里。

安徽跨淮河、长江、新安江三大水系,湖泊众多,水域辽阔。长江自江西湖口进入安徽境内,流经安徽中南部,至和县乌江进入江苏省境,全长为416公里,俗称"皖江"。长江在安徽境内流域面积为6.6万平方公里。其中,巢湖水面为784平方公里,为我国五大淡水湖之一。淮河自洪河口进入安徽境内,流经安徽北部,至嘉山县洪山头入江苏洪泽湖,长430公里,在安徽流域面积为6.69万平方公里。

全省已发现近140种有用矿产,探明储量的有67种,煤、铁、铜、硫、磷、明矾石、石灰岩等38种矿产储量居全国前十位。至2006年底，石油基础储量137.88万吨，煤炭118.74亿吨，铁矿石8.82亿吨，钒矿石21.88万吨，铜矿石247.14万吨，铅矿石5.29万吨，硫铁矿石3.23万吨，磷矿石0.4亿吨，高岭土349.1万吨。

4.江西省地理与资源概况

江西省土地总面积为16.69万平方公里，占全国土地总面积的1.74%，居华东各省市之首。全省共设南昌、九江、景德镇、萍乡、新余、鹰潭、赣州、宜春、上饶、吉安、抚州等11个设区市，99个县（市、区）。2008年，江西省总人口达4310万人。

江西与上海、广州、厦门、南京、武汉、长沙、合肥等重镇、港口的直线距离，大多在600~700公里之内，古称江西省为"吴头楚尾，粤户闽庭"，乃"形胜之区"。

江西省境内除北部较为平坦外，东、西、南部三面环绕有幕阜山脉、武夷山脉、怀玉山脉、九连山脉和九岭山脉，中部丘陵起伏，成为一个整体向鄱阳湖倾斜而往北开口的巨大盆地。全境有大小河流2400余条，赣江、抚河、信江、修河和饶河为江西五大河流。

江西为环西太平洋成矿带的组成部分。区内地层出露齐全，岩浆活动频繁，地质构造复杂，成矿条件优越，矿产资源丰富，是我国主要的有色、稀有、稀土矿产基地之一，也是我国矿产资源配套程度较高的省份之一。在目前已知的150多种矿产中，江西已发现各类固体矿产资源140多种，其中探明工业储量的89种；矿产地700余处，其中大型矿床80余处，中型矿床100余处。在探明的89种矿产储量中，居全国前五位的有33种。其中，居第1位的有铜、钨、钽、铯、铊、金、银、铀、钍、伴生硫、溶剂白云岩等，居第2位的有稀土、硒、碲、铷、锂等，居第3位的有磷钇矿、铋、铍、岩盐、蛇纹岩等，居第4位的有钼、铌、萤石等，居第5位的有锡、锆、玻璃用白云岩等。特别是铜、钨、铀钍、钽铌和稀土，被誉为江西省的"五朵金花"。

三、四省的区域文化

地理区位、资源、气候、人文、交通等诸多因素的制约和影响，使四省经济结构各具特色、发展水平互有差异。

经济发展因自然条件和人文因素的差异，而呈现出区域特色。不同区域经济孕育了不同的地域文化，其发展状况对地域文化发展起支撑作用，决定着地域文化发展水平的高低。同时,区域经济发展过程也决定着地域文化发展的结构、类型、性质等。中国文化源远流长、博大精深、绚丽多彩,它的形成和发展与它所处的自然地理环境和经济发展状况密切相关,带有浓厚的区域文化特征。

但是,文化并不是跟随经济亦步亦趋地发展。文化有自己的独立性,一旦形成,就有其相对稳定性。文化除受经济的根本作用外,还受历史积淀、传统演化等多种因素的影响。

地域文化环境是经济全面发展不可或缺的前提。在经济运行中,每一个活动主体都不可避免地感受到文化背景的深沉力量。司马迁《史记·货殖列传》在分析各地商业活动时,无一例外地揭示了当地经济发展的文化背景,如齐国"其俗宽缓阔达,有先王遗风",邹鲁"有周公遗风,俗好儒,备好礼,地小人众,俭啬"等。文化背景的差异,总是通过经济活动的方式、规模、层次曲折地反映出来。在当代,文化力量对于经济发展的作用日益显著。一方面,人们享受着文化背景所赐予的灵感和力量;另一方面,他们也日益感受到消极文化所带来的惰性与锁定效应。

目前,长江三角洲的上海及江浙地区是我国最重要的经济增长区域,也是文化较为发达的地区。其经济迅速增长的原因中,历史传统、科技人文等地域文化因素是其中重要的几个方面。自宋代以来,该区域就是中国经济最为富庶、文化最为发达的区域。该区域文化水平高,商品意识浓,历史上崇尚工商。所有这一切对该区域改革开放后经济迅速起飞和发展起到了文化支撑的作用。

经济与文化一体化是当代社会发展的大趋势。现代市场经济绝不是没有主体的单纯经济运作过程,而是具有经济理性和道德约束的人的活动。经济发展离不开人的文化素质的提高,一定的经济土壤必然生长出与之相适应的文化。因此,区域文化被认为是区域经济社会发展的"软实力"。先进的区域文化是经济社会发展的动力源和"助推器",而落后的区域文化则是制约区域经济发展的无形枷锁。

1. 苏南发展模式的特点及区域文化背景

江苏经济发展的精髓充分体现在苏南地区的经济发展上,即著名的"苏南模式"。"苏南模式"是费孝通先生在1983年所著《小城镇·再探索》中提出来的,是对以乡镇政府为主要组织资源,农民依靠自己的力量发展乡镇企业,乡镇企业的所有制结构以集体经济为主,乡镇政府主导乡镇企业发展的高度概括。苏南以乡镇集体企业起步并由此而迅速发展的"苏南模式",作为工业化的一种区域范式,取得了骄人的业绩。

苏南是平原水乡,历代粮仓,水陆交通十分发达,物产丰富。但历史上的苏南赋税苛重,民众形成了独特的委婉隐忍性格。该地区的农本思想观念源远流长,人们普遍有较强的本土意识,视出门在外为畏途。苏南的传统文化背景是强调均衡、等级、集体、和谐的吴文化,在特定的自然、人文环境下,经过漫长的社会演变而形成的"融合古今,汇通中西"的吴文化,其精神财富是丰厚的,如勤劳、精于计算、务实、求稳、包容、开放以及浓厚的市场观念和竞争意识等,吴文化讲究含蓄、温文尔雅,不好张扬。

在近代中国的五大商帮中,以张謇、荣德生等为代表的苏商是实力强大的近代新式商帮之一,是清末民初实业救国的一支劲旅。《马关条约》允许外国人在上海设厂之后,苏南官绅见识到了大机器和现代工厂的生产效率,便纷纷回苏、锡、常、通兴办纺织、冶金等加工制造业。苏商主张"货殖为急"、"时任知物"、实业救国、商贸为辅。强调信誉为本、精细作业。由于文人绅士加入其中,故苏商整体素质较高,可以说,苏南是中国近代民族工业和企业家的摇篮。

苏南近代民族资本家既受外国资本倾轧,又受官僚资本欺压,历史上的苏商为避免因政治变幻而商海沉浮,大都习惯于埋头做事,低调做人,"远官僚,亲商人"。这一状况在新中国建立后,尤其是"人民公社化"和"文革"单一的政府强势整合后出现了较大变化,人们的经济行为意识形态化,乡镇企业内部干群分化。苏南乡镇企业家曾十分善于树典型、跟形势、喊口号。地理位置越靠近古都南京,传统的等级观念、官本位思想就越严重。这种文化传统反映在人的行为习惯上就是过分地依赖上级政府、依赖集体的力量。所以,即使在20世纪80年代初大力发展乡镇企业时,这些乡镇企业也常常表现为"村干部经济"、"乡镇政府经济",政企难分。"苏南模式"具有行政强势的特点,在政府主导下吸引外资并出台相应激励政策,就很容易实现经济结构的调整和转型。

苏南模式在经过了20世纪80年代大发展后,90年代面临着一系列困境。苏南在加工制造业上有优势,但中间产品多,利润薄;由于区域文化的差异,苏南多管理型的企业家、政治型的企业家,过分注重等级制度和社会秩序,并逐步形成企业传统,日积月累,渐渐显示出制度之利,但缺乏管理创新意识。原有模式在改革开放的大潮中已难以再有作为。20世纪90年代中后期,乡镇企业在经过对内进行产权改革,对外实行开放后,抓住外向型经济发展的机遇,走上了国际化发展道路。这一嬗变使"苏南模式"有了全新的内涵,以外资、外贸、外经"三外齐上,以外养内"的战略为基调,突破了原来以乡镇企业为主体、城乡经济结合为内容的旧的发展模式,为经济注入了新的活力,使之在世纪转折时期重显生机。

除了传承吴文化外,江苏独特的地理位置也使江苏人更具开放包容的心态。横跨长江的经济区位,聚集了南北各地人才。由于处在南北文化的交汇点,江苏人对外来事物有更强的适应性。江苏人的这一性格特征使他们从一开始就对外资的进入抱有欢迎的态度,苏南更是外商企业集聚的热土。苏南由于靠近中心城市上海,其非农产业类型多属城市辐射带动和外资拉动。苏南在利用外资方面获得了巨大的成功,成为经济发展的最大亮点,也成为中国开放型经济发展的典范。

从以乡镇工业发展为主体的"旧苏南模式",到以开放为主要特征的"新苏南模式",其经济发展走过了一条先工业化、再市场化、再国际化的发展道路。值得一提的是,当前苏南经济正在整体转向创新型经济发展形态。创新型经济内含资源节约、环境友好和文化和谐的要求,是以知识和人才为依托,以创新为基本驱动力,以发展拥有自主知识产权的新技术和新产品为主要着力点,以创新产业群落为标志的经济发展形态,它体现了更好的经济转型性、更强有力的创造性和更加前瞻的开放性。

2. 浙江发展模式的特点及区域文化背景

浙江经济发展模式的精华主要体现在温(州)台(州)地区的经济发展上,即著名的"温州模式"。所谓"温州模式",是对浙江省东南部的温州、台州地区,以家庭工业和专业化市场的方式发展非农产业,进而形成"小商品、大市场"的独特经济发展方式的一种概括。

"温州模式"产生于20世纪80年代,90年代中期之后,"温州模式"进入制度、技术、市场和产品的全面创新阶段。工业和人口向城镇集聚,城镇建设市场化,产品和企业向规模化、公司制和品牌经营迈进,在本地专业市场进入衰退期时,开始向国外市场发展。通过"走出去",首先是商品走出去,然后是商人走出去,如在国外开办中国商品城等,继而带动相关产业、产品与劳务走出去,形成以"走出去"为主要特征的开放型经济发展模式。与此同时,对外开放和外向型经济的发展推动了浙江经济从封闭的自我积累方式向开放型经济转变,产业链开始向省外、国外延伸,更多的企业开始参与国际产业的分工和协作,产业结构和产业组织得以提升。因此,"温州模式"迅速扩展到金华、宁波乃至整个浙江大部,最终以"浙江模式"取代"温州模式"。

从内在的发展机理看,浙江经济的发展本质上是"温州模式"的扩散或放大。从其变化中我们看到,浙江开放型模式是以"走出去"为主要特征。其经济发展是依靠个体私营企业,通过市场化来促进工业化,然后通过"走出去"形成国际化。

"浙江模式"或"温州模式"的形成有一定的历史人文背景。浙江素来就有崇尚财富、重视工商、不讳言利、讲求功利的鲜明的区域文化传统,这是浙江先进的市场经济区域文化形成的基础和"内核";改革开放和市场经济的伟大实践是浙江先进的市场经济区域文化形成的现实条件,它使浙江区域工商文化传统得到极大的展现、磨砺和升华,进而上升为浙江先进的市场经济区域文化。

从经济、地理角度看,浙江地处江南腹地、东海之滨,是古越国之所在,是历史上的鱼米之乡、文化之乡,物产丰富、经济发达、交通便利。四通八达的水陆交通为剩余物品的流通、集散、贸易提供了便利;浙江1000多公里的海岸线和许多天然良港,具有得天独厚的对外贸易条件,自古海外贸易发达。浙江的中、南部地区地处山区,人口稠密、耕地资源稀缺,仅靠土地难以丰衣足食,生存的压力迫使人们不得不在农业以外另找生活出路,通过手艺、专长谋生他乡者非常多。浙江偏安江南一隅,不具备进可攻、退可守、割据称霸的地理条件,并非兵家必争之地,因而就避免了中原逐鹿的战争祸乱,为工商业的持久繁荣、财富的积累和文明的延续提供了保证。

从历史的角度看,进入魏晋南北朝时期以后,少数民族不断入主中原,中国北方长期处于战乱分裂状态,加上土地不断地被兼并,社会经济停滞、政治动荡不安,北方的豪绅大户以及失去土地的农民为了躲避战乱、谋求生存纷纷南逃,江南地区从此进入一个北方移民与当地居民共同开发的历史时期。从三国时期的东吴开始,到东晋、唐朝中后期、北宋、南宋,先后出现了多次中原地区居民向江南迁移的浪潮,这大大推动了包括浙江在内的江南地区的开发,使得这一地区的经济快速发展,逐渐成为全国新的经济、文化中心。

相关史料表明,早在春秋战国至秦汉时期,随着铁器生产工具的大量运用和生产力水平的提高,浙江一带的商人及商业活动就已日趋增多。因汉代实行抑商政策及汉末至魏晋南北朝时期战乱频繁,中原一带的商业日渐凋敝,而浙江则由于统治势力薄弱且较少战乱,使得商业能够保持活跃和兴旺的景象。隋唐以来,浙江地区的工商业空前繁荣,隋朝开凿大运河,通过水路把江南与北方广大地区连接起来,包括杭州在内的沿运河城市的商业日益繁荣,明州(宁波)、温州在唐朝时已是重要的对外贸易港口。

两宋时期,特别是南宋建都杭州,经济重心明显南移,手工业、商业及其相关的饮食、住宿等城市经济快速兴起,海外贸易空前繁荣,浙江的商品化、市场化、城镇化发展程度开始居于全国前列。元代在蒙古贵族统治下,中原的工商活动再次遭到破坏,但相比中原地区,浙江工商业仍算是比较发达的。

明朝至清朝中后期,社会政治稳定、经济长期发展,人口的快速增长使得浙江的人地矛盾日趋尖锐,浙江以至整个江南地区更加注重通过变化经济结构来换取发展空间,即从单一的粮食作物转向以棉、桑、粮专业化、多元化的经济结构,于是浙江成为全国重要的棉布和丝织品生产与交易中心。农村广大专业户与市场联系日益紧密,工商资本快速积聚,工商大户日益增多,农村工商业进入一个空前繁荣的发展阶段,浙江的产品远销全国各地和海外许多地方。虽然这一时期中央政府曾厉行海禁,海外贸易一度停滞,但浙江贸易走私却始终异常活跃。

鸦片战争以后,西方资本主义列强打开了中国的大门,浙江是西方工业文明在我国登陆最早的地区之一,宁波、温州成为对外通商的重要口岸;西方工业文明的输入一方面加剧了浙江小农经济的破产和传统社会的解体,另一方面也在客观上促进了浙江现代大机器生产和城市工商业的发展;浙江的传统文化在与西方文化碰撞、融合中得到了发扬光大,宁绍(宁波、绍兴)商帮、温青(温州、青田)商帮迅速崛起,大规模出境移居欧美国家,开拓海外市场,并形成了高潮。

从政治、人文的角度看,浙江远离中原政治统治中心,意识形态领域也一直处于中原文化的边缘地带,较多地接受了求新求变的本土文化和海洋文化的影响。历史上,北宋、南宋两代是正宗儒家思想——程朱理学形成的时期。程朱理学的核心是封建的纲常伦理道德规范,认为"天理为义,人欲为利","君子喻以义,小人喻以利",呼吁人们"去人欲,存天理",强调士大夫应以"正其义不谋其利,明其道不计其功"作为立身处事的原则。南宋以后,程朱理学成为官方的统治思想,成为人们日常言行的是非标准。而同在这一时期,浙江却出现了以叶适、陈亮为代表的浙东学派,他们别树一帜,向主流思想宣战,指出"抑末厚本非正论也",主张"义利并举"、"通商惠工",强调学术与事功的统一,力倡"事功之学";明代中叶大哲学家浙江余姚人王阳明提倡"知行合一",反对固守经典,强调社会实践的重要性;明末清初,中国民主启蒙大思想家、浙江余姚人黄宗羲,对封建制度进行猛烈抨击,强调"工商皆本",反对"重农抑商"。

千百年来,功利主义思想文化熏陶和鼓舞着一代又一代浙江人,形成了崇尚财富、重视工商、讲究功利的特色鲜明的区域文化传统。这种工商文化传统与市场经济具有高度的兼容性,成为推动浙江市场经济蓬勃发展的重要精神力量。

3. 从徽商发展史看安徽的商业文化特点及时代印迹

徽商在历史上有着很重要的地位。明清时期,中国形成了很多具有鲜明地域特色的商帮,其中最有代表性的是徽州商帮和山西商帮,即徽商和晋商。明万历《歙志》对徽商活跃的程度曾作过描述:"其货无所不居,其地无所不至,其时无所不骛,其算无所不精,其利无所不专,其权无所不握,而特举其大,则莫如以盐荚之业贾淮扬之间而已。"在明清时期,徽商"足迹几遍宇内",拥有"无徽不成镇"的盛名,徽商所拥有的资本也是相当惊人的,所谓"下贾二三十万,中贾四五十万,上贾百万乃至千万"。不仅同期的浙商难与其匹敌,即使同期的西欧商人,也难望其项背。

在传统社会,徽商在经营内容上存在着显著的区域特色,具有各自区域的经济活动路径或职业与技能的因袭性。按照新制度经济学的观点,在制度变迁中存在着报酬递增和自我强化的机制,一种独特的发展轨迹建立以后,一系列的外在性、组织学习过程、主观模型都会加强这一轨迹。也就是说,初始制度选择会强化现存制度的刺激和惯性,形成所谓的"路径依赖"。徽商(也包括晋商、浙商)路径依赖发展的核心纽带,究其本质是地缘、血缘、亲缘,即一种由人格化交易方式维系的经济活动。中国历史上的商帮文化导致商业活动的封闭性,阻碍商人开拓新的领域,极易令商帮与官府勾结,商人私利与公共权力结合,破坏正常的交易秩序。

明清时期,徽商所经营的行业是多方面的,而以"盐、典、茶、木为最著"。近人陈去病也说,"徽郡商业,盐、茶、木、质铺四者为大宗"。而在这四大宗中,盐业居首。如万历《歙志》所云,徽商"而特举其大,则莫如以盐荚之业贾淮扬之间而已"。徽人所谓"吾乡贾者,首者鱼盐,次布帛,贩缯则中贾耳",也表明了盐业在徽商经营活动中的地位。明清时期的徽商典当以其规模大、分布广、获利多而闻名,当时民间就有"无徽不典"之说。据《明神宗实录》载,"今徽商开当,遍于江北,资数千金,课无十两,见在河南者,计汪充等二百三十年"。又据《嘉兴县志》,安徽的新安大贾与有力之家,又以农田为拙业,每以质库居积自润。就连典当行掌柜"朝奉"一词也源自徽商俗语。明清时期徽州茶商的活动地区及其商业网络,几乎覆盖了大半个中国,直至海外。至于徽商木业的经营,南宋时已现盛况,据南宋《新安志》载,休宁"山出美材,岁联为桴,下浙河,往者多取富"。明清时期,"婺源服贾者,率贩木"。徽州木商已不限于经营徽木,其足迹已经遍及木材的各个重要产区,并东走淳遂、衢,南下闽、广，北上河套，还溯长江西行，远涉江西、湖广、四川、贵州。

历史上浙商与徽商的经营内容，在许多方面是重合的，在经济活动路径或职业与技能的因袭性方面也有相似之处。比如，在明清时期宁波商帮的经营内容中，也有绸布业、烟业、粮食业等，在龙游商帮的经营内容中，则有盐、木材、烟叶、竹笋纸、甘蔗、茶叶等。但最能体现浙江地域特色，并且与改革开放以来浙江经济具有因袭关系的，不是与徽商相同的盐、典、木材、茶叶等东西，而是如费孝通先生所说，是"八仙过海"式的石刻、竹编、弹花、箍桶、缝纫、理发、厨师等百工手艺和挑担卖糖、卖小百货等工商活动。石刻、竹编、弹花、箍桶、缝纫、理发、厨师等百工技艺以及挑担卖糖、卖小百货等小商小贩活动，在明清时期的浙江，至多只是成就了一批谋取糊口之资的小生意郎、百工手艺人或所谓的"艺商"。

因此，令人不解的是，为什么改革开放以来浙商的文化传统得到了延续并逐渐得以发扬光大，而徽商的文化传统却没有更好地传承？即为什么以盐、典、木材、茶叶等为经营内容，并且成就了大商帮的徽商，没有延续，而以石刻、竹编、弹花、箍桶、缝纫、理发、厨师等以及挑担卖糖、卖小百货为经营内容，以小商小贩和百工技艺为特色的浙江工商文化传统却不断地发扬光大，发展成当代浙江经济？显然，回答了后一个问题，前一个问题也就迎刃而解了。

上述问题，初看起来似乎无很大意义，因为徽商早在清末和民国初年就已衰落，更遑论其延续和发展了。然而，从更广阔的历史背景来考察，事实上，在长达30多年的计划经济体制下，中国历史上的所有区域商业文化传统都在"工商业改造"和"割资本主义尾巴"的宏观社会环境中，不同程度地衰落了。由此看来，上述问题仍具有意义。问题不在于"衰落"，而在于为什么有些区域的商业文化传统"衰落"后不再"兴盛"，为了找到出现这种截然不同结果的原因，有必要将不同区域文化记忆或"惯例"与改革开放初期大体相同的政策和其他制度环境联系起来作一个综合考察。

改革开放之初，在对待个体经济的政策上，中央明确了个体经济是社会主义公有经济的补充，并从解决就业、满足社会多样化需要和为国家提供资金等方面，肯定了其积极的作用。正如党的"十三大"报告所说："实践证明，私营经济一定程度的发展，有利于促进生产，活跃市场，扩大就业，更好地满足人民多方面的生活需求，是公有制经济必要的和有益的补充。"这表明在改革开放之初的前十年，中央的政策是将个体私营经济作为"公有制经济必要的和有益的补充"，以及对国民经济起到"拾遗补缺"作用来定位的。而石刻、竹编、弹花、箍桶、缝纫、理发、厨师、小五金、补鞋以及挑担卖糖、卖小百货等浙江人所从事的传统工商活动正可以作为公有制经济必要的和有益的补充,能够对国民经济产生拾遗补缺的作用,都是改革开放之初的国家政策所允许和鼓励的。

国家政策是一种普照之光,特别有利于激发浙江人的文化记忆或"惯例",尤其是在长期计划经济造成日用品严重短缺的情况下,浙江人的文化记忆或"惯例"似乎与改革开放之初国家"经济系统的制度背景,具有一种天然的亲和性,而且因石刻、竹编、弹花、箍桶、缝纫、理发、厨师、小五金、补鞋,以及挑担卖糖、卖小百货等经营活动可以满足国有经济难以满足的百姓生活需要,而具有一种特殊的优势"。

与此形成鲜明对照,徽州人的文化记忆或"惯例"(盐、典、木材、茶叶的经营等)与改革开放之初的国家政策之间,却不具有一种天然的亲和性。徽商的经营内容,在当代社会的重要性下降了,或者说或多或少地遇到了政策的障碍。比如,明代食盐由官府控制生产和运销,由商人承办边镇需求的粮食等物资,并由官府出让盐的专卖权,即官府出榜招商,商人应招,输纳粮食等物资于边镇,换取盐引,凭盐引到指定盐场支盐,然后到指定地区销盐。由于国家垄断了盐的专卖权,商人取得了盐的专卖权,便意味着他们取得了获取厚利的机会。正因如此,有学者认为,中国商业的起源也同盐有关系,最初的重要商品恐怕就是盐。

像盐一样,明清时期,茶叶的专卖权也由国家垄断,商人只有得到朝廷的许可,纳银取得茶引才能从事茶叶的贸易。故此,茶叶的买卖也是一个能够产生厚利的行业,如张瀚所说,"盐、茶叶之利尤巨,非巨商贾不能任"。在当代社会,盐由国家专营,国家至今每年仍无偿投入巨资用于碘原料生产,而盐税收入,在国家财政收入中所占的比率则微不足道,微乎其微。茶叶已经不是由国家垄断专卖权的商品,而是普通商人都可以经营的东西,其在商业中的重要性已大为下降,因此,盐和茶的经营已不像过去那样存在获得暴利的机会。

而木材的贩运,明清时期除了苛捐杂税以外,几乎无政策方面的限制。《歙事闲谭》说:"徽多木商,贩自川广,集于江宁之上河,资本非巨万不可。"在明清时期,贩木是一个虽存在巨大风险,但可以带来巨额利润的行业。早在改革开放之前,国家已禁止对森林的乱砍滥伐。在倡导可持续发展的今天,这种禁令更不可能被取消。所以,像明清时期这样的"采伐、运输和销售"的木商经营方式,改革开放以来事实上是受政策限制的。

故而,从经营内容上看,浙商的文化记忆或"惯例",与改革开放以来的政策具有一种亲和性,能够被演化经济理论之所谓"经济系统的制度背景(更一般的基本运行环境)"有效地激活,而徽商的文化记忆或"惯例",与改革开放以来的政策不存在这种亲和性,因此,未被政策环境所激活。这正是改革开放以来浙商的文化传统得到了延续,而徽商的文化传统却没有成为当代经济的渊源的一个极其重要的原因。

4. 江西区域文化背景

江西区域文化是以中原传统文化为主体,在独特的地理环境下交汇、融合、改造外来文化,不断发展、创新而形成的,即"赣文化"。一方面,江西历史上从未在经济与民族成分上形成独立的封闭系统,也从未形成独立的割据势力和稳定的政治中心,这就决定了"赣文化"易于吸收异地文化,特别是中原文化的长处,具有兼容性、引进性、开拓性、务实性等特点;另一方面,"赣文化"依附于中原文化所形成的正统性、保守性的弱点也很明显。这种文化以传统儒学为核心,以封闭的小农经济模式为基础,偏于滞缓、保守。

从地理环境看,江西地处长江中下游南岸,三面环山,地势周围高中间低,从外向内,由南到北,渐次向鄱阳湖倾斜,构成一个向北开口的巨大盆地。亚热带气候使江西热能资源丰富,江湖众多,水域辽阔,农林矿产资源丰富。优越的自然生态环境、悠久的种植业开发历史,使境内民众的生活能自给自足、富庶无虞,故江西人有着浓郁的恋土情结和自满意识,逐渐积淀成一种安于现状的生活习性与比较凝固的思维方式,加之封闭的大环境,使这一心态代代传承,缺少追求更高层次的生活生存条件的动力机制,形成一种封闭保守、小心谨慎、容易满足、不求突破的"农业文化心态"。

赣文化在封建制度和自给自足的农业经济环境中可以较好地生存和发展,而处在社会发生深刻变动和发展的时期,因为固守传统的观念而持谨慎和观望的态度,思想偏于保守,冒险意识不强,不易接受新的文化观念和科学技术的影响,往往成为社会经济发展的制约因素。

在经济方面,江西自古被誉为"鱼米之乡",优越的自然条件和保守的农业文化心态,使得江西在经济发展中长期存在农业发展偏好,在生产力水平较低的20世纪50~70年代,自然资源优越可以提供较多的农业剩余。当时全国农产品匮乏,尤其是三年自然灾害时期,江西还向外省输出粮食,为国家作出了应有的贡献,但也由此滋长了自我陶醉、自我满足心理,不假他求、小富即安的文化观念得到加强。直至20世纪80年代以后,全国都在进行产业结构调整,沿海地区掀起以轻工业为主导的工业化浪潮,经济迅速发展,而此时"画好山水画,写好田园诗"仍然是江西经济发展的主战略。可以说,在改革开放初期的一二十年,江西的农业文化并未受到工业文明本质上的冲击与改造。"赣文化"中保守、谨慎、自足等负面特征无法为江西经济的发展提供良好的文化氛围,农业经济向工业经济转变的速度缓慢;在市场竞争中,偏安求稳,固守中庸,缺乏商业冒险精神和创新精神,企业发展步履维艰。而浙江等沿海地区却有强烈的开放意识和市场意识,企业从无到有、从小到大快速成长,地方经济突飞猛进,创造了工业发展和经济增长的奇迹。到了20世纪90年代后期,江西经济发展水平不仅远远落后于浙江等沿海经济发达地区,而且在中部地区也排名后位。在江西的经济发展历史中,农业文化的烙印清晰可见,这是江西经济发展滞后的重要原因之一。

在教育方面,江西同样深受中原正统文化的影响,重功名、轻商业的观念在江西人脑海中根深蒂固。"万般皆下品,唯有读书高"、"学而优则仕"成了江西民众的追求和梦想,致使江西的官本位意识浓郁,热衷于科举。因此可以说,江西的地理环境和独特的"赣文化"内生了江西的经济发展模式和发展路径。

第三节 禀赋差异与区域发展的现实考察

一、禀赋差异比较

江浙皖赣四省在地理位置上毗连,在风土人情上相近,但也存在较大的自然资源禀赋与区位环境差异。区位与自然资源禀赋等要素是地区经济发展的起点,可能决定各地区经济发展模式的差异,导致各地区城市化模式与发展程度的不平衡。

1. 自然要素禀赋比较

自然要素禀赋对地区经济发展与城市化发展具有重要作用,决定了该地区城市化发展的起点,一定程度上深刻影响该地区的城市化模式与城市化路径,所以有必要比较江浙皖赣四省的自然禀赋。

在此,我们从自然资源、劳动力与教育水平三个方面综合比较江浙皖赣四省的自然要素禀赋。其中,自然资源包括土地资源、森林资源、水资源、矿产资源与能源资源。针对各个自然要素禀赋选取合适的指标,取这些指标的相对大小测度自然资源的相对丰度,分别给江浙皖赣四省赋值1、2、3、4。

若以土地调查面积为指标来衡量土地资源丰度,2007年末,江苏、浙江、安徽、江西的土地调查面积分别为1067.4万公顷、1054.0万公顷、1401.3万公顷、1668.9万公顷;若采用森林覆盖率衡量各地区的森林资源丰度,2007

年末,江浙皖赣四省的森林覆盖率分别为7.54%、54.41%、24.03%、55.86%;若以水资源总量作为衡量各地区水资源禀赋的指标,2007年末,江浙皖赣的水资源总量分别为495.7亿立方米、892.1亿立方米、712.5亿立方米、1113.0亿立方米。矿产资源包括黑色金属矿产、有色金属矿产与非金属矿产,综合考虑各类矿产资源基础储量,排序为安徽、江西、浙江、江苏。能源资源的丰度综合考虑了石油、煤炭、天然气基础储量。江苏省在石油与天然气上占有优势,安徽省的煤炭储存量较大,因而江浙皖赣的能源资源排序为江苏、安徽、江西、浙江。

人口资源禀赋中的劳动力禀赋的衡量指标为劳动力禀赋系数。根据2007年全国人口变动情况抽样调查样本数据(抽样比为0.900‰),四省15岁及15岁以上抽样人口的地区比重与地区GDP比重的比率作为劳动力禀赋系数,衡量劳动力资源相对丰度的指标,其测算结果见表2.2。

表2.2 2007年江浙皖赣的自然要素禀赋比较

项目	指标	江苏	浙江	安徽	江西
土地资源	土地调查面积(万公顷)	1067.4	1054.0	1401.3	1668.9
森林资源	森林覆盖率(%)	7.54	54.41	24.03	55.86
水资源	水资源总量(亿立方米)	495.7	892.1	712.5	1113.0
矿产资源	综合指标	4	3	1	2
能源资源	综合指标	1	4	2	3
劳动力资源	抽样人口(人)	59592	39123	44509	30897
	GDP(亿元)	25741.15	18638.00	7345.70	5500.25
	劳动力禀赋系数	0.76	0.69	1.99	1.85
教育水平	非文盲人口占比(%)	91.82	89.88	83.17	92.80

备注:本表的人口数只包含15岁及15岁以上居民。

2. 区位环境禀赋比较

区位环境禀赋是各地区经济发展与城市化发展的起点条件,对区域城市化发展速度与发展模式具有约束作用。这里从市场规模与交通条件两方面比较江浙皖赣的区位环境禀赋,其中交通条件包括铁路、内河航道、公路、航空等。

区位环境的市场规模禀赋采用各地区社会消费品零售总额作为衡量指标,交通环境的区位禀赋分别采用铁路、内河航道、公路的运网密度作为测度指标。2009年,江浙皖赣社会消费零售总额分别为11484.0亿元、8622.3亿元、3527.8亿元、2484.4亿元,其中,江苏省的市场规模禀赋最高。从铁路运网密度看,安徽省最高为1.70公里/万公顷,其次是江西的1.54公里/万公顷、江苏的1.52公里/万公顷与浙江的1.25公里/万公顷。从内河航道运网密度看,江苏省最高为22.80公里/万公顷,接着是浙江的9.17公里/万公顷、安徽的3.99公里/万公顷、江西的3.38公里/万公顷。从公路运网密度看,最高的是江苏省的125.29公里/万公顷,安徽次之,为105.88公里/万公顷,浙江为94.70公里/万公顷,江西为78.20公里/万公顷。

表2.3 2009年江浙皖赣的区位环境禀赋比较

项 目	指标	江苏	浙江	安徽	江西
市场规模禀赋	社会消费品零售总额(亿元)	11484.0	8622.3	3527.8	2484.4
铁路交通禀赋	土地调查面积(万公顷)	1067.4	1054.0	1401.3	1668.9
	铁路营业里程(公里)	1618.8	1319.3	2387.0	2566.4
	铁路运网密度(公里/万公顷)	1.52	1.25	1.70	1.54
内河航道禀赋	内河航道(公里)	24336	9667	5596	5638
	内河航道运网密度(公里/万公顷)	22.80	9.17	3.99	3.38
公路运输禀赋	公路(公里)	133732	99812	148372	130515
	公路运网密度(公里/万公顷)	125.29	94.70	105.88	78.20

3. 文化禀赋比较

细致考量,江浙皖赣四省尽管地理位置毗邻,社会经济活动和文化却存在较大差异。可以按照市场主体在经济体系中的经济活动意识与活动力,将江浙皖赣四省的经济文化禀赋进行排序。

江苏经济发展模式,经历乡镇经济转向开放经济的发展路径,地方政府起着核心作用,这是一种地方政府建设市场的强烈动机文化——"强政府+强市场"。浙江经济以"温州模式"起家,发展非农产业、小商品、大市场的独特经济发展轨迹,赋予"温州模式"较强的市场经济文化。皖赣文化与江浙文化存在差别,从经营内容上看,江浙文化记忆或"惯例",与改革开放以来的政策具有一种亲和性,能够被演化在经济系统的制度背景中,或为更一般的基本经济运行环境有效激活,而皖赣的文化记忆或"惯例",与改革开放之初的国家政策不具有这种天然的亲和性,故难以被政策环境激活。

综合以上分析,我们可以把浙江、江苏、安徽、江西的经济文化禀赋依次赋值为1、2、3、4。

二、经济发展比较

1. 江浙皖赣四省经济增长之比较

改革开放以来,江浙皖赣四省的经济均快速增长,但存在较大差异。以年度 GDP 衡量各省的经济增长水平并比较四省的经济增长情况,可以看到:一是四省均存在不同程度的经济增长;二是四省经济增长差异较大。20 世纪 90 年代之后,江苏、浙江与安徽、江西的增长差异逐步显现,江浙成为第一集团,皖赣则成为经济增长的滞后集团。2002 年,江苏省的 GDP 首次突破 1 万亿大关,达到 10606.85 亿元。2004 年,浙江省的 GDP 也首次突破 1 万亿大关,达到 11648.70 亿元。2009 年,安徽省的 GDP 突破 1 万亿大关,达到 10052.90 亿元。而江西省 2009 年的 GDP 依然停滞在 7000 亿元水平。

表 2.4　1978~2009 年江浙皖赣 GDP 增长比较　（单位:亿元）

年份	江苏	浙江	安徽	江西
1978	249.24	123.72	113.96	87.00
1979	298.55	157.75	127.31	104.15
1980	319.80	179.92	140.88	111.15
1981	350.02	204.86	170.51	121.26
1982	390.17	234.01	187.02	133.96
1983	437.65	257.09	215.68	144.13
1984	518.85	323.25	265.74	169.11
1985	651.82	429.16	331.24	207.89
1986	744.94	502.47	382.76	230.82
1987	922.33	606.99	442.35	262.90
1988	1208.85	770.25	546.94	325.83
1989	1321.85	849.44	616.25	376.46
1990	1416.50	904.69	658.00	428.62
1991	1601.38	1089.33	663.50	479.37
1992	2136.02	1375.70	801.20	572.55
1993	2998.16	1925.91	1037.14	723.04
1994	4057.39	2689.28	1320.43	948.16
1995	5155.25	3557.55	1810.66	1169.73
1996	6004.21	4188.53	2093.30	1409.74

续上表

1997	6680.34	4686.11	2347.32	1605.77
1998	7199.95	5052.62	2542.96	1719.87
1999	7697.82	5443.92	2712.34	1853.65
2000	8553.69	6141.03	2902.09	2003.07
2001	9456.84	6898.34	3246.71	2175.68
2002	10606.85	8003.67	3519.72	2450.48
2003	12442.87	9705.02	3923.10	2807.41
2004	15003.60	11648.70	4759.30	3456.70
2005	18305.66	13437.85	5375.84	4056.76
2006	21645.08	15742.51	6141.90	4670.53
2007	25741.15	18638.00	7345.70	5500.25
2008	30000.00	21486.92	8874.20	6480.30
2009	34061.00	22832.00	10052.90	7589.20

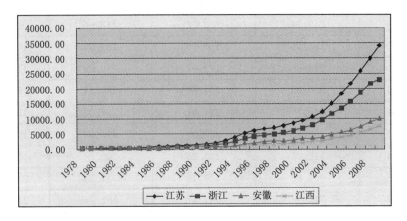

图 2.2　1978~2009 年江浙皖赣 GDP 增长比较图

2. 江浙皖赣四省发展水平之比较

改革开放以来,江浙皖赣四省在保持经济快速增长的同时,也存在较大发展差异。以年度人均 GDP 发展水平来衡量,比较江浙皖赣四省的经济发展情况,存在的两大特点是:一是四省经济发展快速,江苏、浙江、安徽、江西的人均 GDP 逐年提高,均存在不同程度的增长;二是四省经济发展水平差异较大,与经济增长类似,20 世纪 90 年代之后,江苏、浙江与安徽、江西的发展水平差异逐步体现。2006 年,浙江省的人均 GDP 首次突破 3 万元大关,达到 31874 元。2007 年,江苏省的人均 GDP 也首次突破 3 万元大关,达到 33928 元。2009 年,安徽省和江西省的人均 GDP 则不到 17000 元,分别为

16656元、15921元,远远落后于江苏与浙江。

表2.5 1978～2009年江浙皖赣人均GDP增长比较 （单位:元）

年份	江苏	浙江	安徽	江西
1978	430	331	244	276
1979	509	417	268	325
1980	541	471	291	342
1981	586	531	346	369
1982	645	599	375	403
1983	716	650	428	428
1984	843	810	523	497
1985	1053	1067	646	597
1986	1193	1237	738	652
1987	1462	1478	842	729
1988	1891	1853	1026	891
1989	2038	2023	1136	1013
1990	2109	2138	1182.4	1134
1991	2353	2558	1164.4	1249
1992	3106	3212	1389.6	1472
1993	4321	4469	1785.29	1835
1994	5801	6201	2254.44	2376
1995	7319	8149	3065.8	2896
1996	8471	9552	3524.1	3452
1997	9371	10624	3928.9	3890
1998	10049	11394	4235.44	4124
1999	10695	12214	4495.84	4402
2000	11765	13416	4779.46	4851
2001	12882	14713	5312.9	5221
2002	14396	16978	5736.18	5829
2003	16830	20444	6374.89	6624
2004	20223	24352	7681.25	8097
2005	24560	27703	8597.2	9440
2006	28814	31874	10044	10798
2007	33928	37128	12015	12633
2008	40000	42214	14485	14781
2009	43907	44895	16656	15921

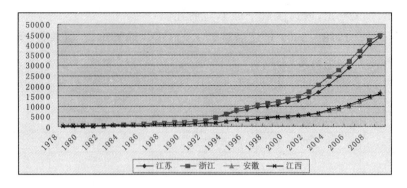

图2.3　1978～2009年江浙皖赣人均GDP增长比较图

3.江浙皖赣四省城市化水平之比较

城市化率是反映区域城市化发展程度的重要指标,其替代指标通常包括人口城镇率、工业产值比率、固定资产投资比率等,其中,人口城镇比率最具代表性。本书以常住人口中城镇人口比率衡量江浙皖赣四省的城市化率。2008年,江苏与浙江的城市化率分别为54.30%、57.60%,安徽与江西的城市化率分别为40.50%、41.00%,江苏与浙江的城市化率高于安徽与江西15个百分点左右。可见,尽管改革开放以来,江浙皖赣四省的城市化率均大幅度提高,但发展差距较大。

表2.6　1990～2008年江浙皖赣城市化率比较

年份	江苏(%)	浙江(%)	安徽(%)	江西(%)
1990	21.60		17.94	20.35
1991	23.20		17.96	21.08
1992	23.80		18.20	21.82
1993	24.00		18.48	22.55
1994	24.70		18.78	23.29
1995	27.30		19.09	23.85
1996	27.30		21.71	24.85
1997	29.90		22.02	25.32
1998	31.50		22.33	26.05
1999	34.90		26.00	26.79
2000	41.50		28.00	27.69
2001	42.60		29.30	30.41
2002	44.70		30.70	32.20
2003	46.80		32.00	34.02
2004	48.20		33.50	35.58
2005	50.50	56.02	35.50	37.10
2006	51.90	56.50	37.10	38.68
2007	53.20	57.20	38.70	39.80
2008	54.30	57.60	40.50	41.00

三、禀赋差异与区域发展的关系

江浙皖赣四省在经济发展与城市化水平上存在较大的差异,经深入分析发现,经济发展差异的原因与各省的区位、自然禀赋及文化存在相关性。

1. 城市化与经济发展的关系

经济发展最终体现为生产方式的转变,在经济指标上表现为非农产值的增加与非农人口的增加,在地理空间上表现为城市人口的增加,与城市化应具有内在的一致性。城市在地理空间上比农村更具有规模效益,存在规模经济与产业集聚等经济绩效,城市化是经济发展的必然结果和表现形式。

从江浙皖赣四省的经济发展与城市化发展情况看,城市化与经济发展存在一致性。从横截面数据看,2008 年,江苏与浙江的经济发展水平伴随着城市化的高水平。从时间序列看,各省的经济增长、经济发展与城市化水平存在正相关性。因此,总体上江浙皖赣四省的城市化与经济发展是内在一致的。

2. 自然禀赋与区域发展的关系

在表 2.7 中,根据江浙皖赣四省的自然要素禀赋的存量,取相关指标的相对大小测度自然资源的相对丰度,分别赋值 1、2、3、4。自然禀赋包括土地资源、森林资源、水资源、矿产资源与能源资源等自然要素,以及劳动力资源和教育水平。区域发展指标取四省的城市化水平。

从自然禀赋指标排序与城市化水平看,江浙皖赣四省的自然禀赋与区域发展之间存在负相关关系。江浙的城市化水平高于皖赣,但是其在土地资源、森林资源、矿产资源、能源资源等自然资源方面低于皖赣,在劳动力资源及教育水平上也不占优势。这说明,皖赣的禀赋优势并没有促进其经济高速发展。从江浙皖赣的发展经验看,自然禀赋不是决定区域发展的核心要素。

表 2.7 2007 年江浙皖赣的自然禀赋排序

项目	指标	江苏	浙江	安徽	江西
土地资源	土地调查面积(万公顷)	3	4	2	1
森林资源	森林覆盖率(%)	4	2	3	1
水资源	水资源总量(亿立方米)	1	3	4	2
矿产资源	综合指标	4	3	1	2
能源资源	综合指标	1	4	2	3
劳动力资源	劳动力禀赋系数	3	4	1	2
教育水平	非文盲人口占比(%) (15 岁及 15 岁以上人口)	2	3	4	1
区域发展水平	城市化率(2008 年数据,%)	54.30	57.60	40.50	41.00

3. 区位、文化禀赋与区域发展的关系

根据表 2.8,江浙皖赣四省的区位文化禀赋,取相关指标的相对大小测度区位文化禀赋的相对大小,分别赋值 1、2、3、4。区位禀赋包括市场规模禀赋和铁路交通禀赋、内河航道禀赋、公路运输禀赋。文化禀赋根据四省区域内经济主体的经济性分别赋值。区域发展指标取四省的城市化水平。

从区位文化禀赋指标排序与城市化水平看,江浙皖赣四省的文化禀赋与区域发展之间存在显著的正相关关系。城市化水平较高的江苏与浙江,在市场规模、内河航道的区位禀赋上占据优势,但市场规模与城市化发展存在共生的关系,难以表现为城市化发展的决定作用。内河航道优势应归于江苏与浙江的地理位置,内河航道运网建设与城市化发展存在相互作用的因果联系。区域文化禀赋,是影响江浙皖赣经济发展水平的重要因素,也影响了四省的经济发展模式与发展路径。

表 2.8 2007 年江浙皖赣的区位文化禀赋排序

项目	指标	江苏	浙江	安徽	江西
市场规模禀赋	社会消费品零售总额(亿元)	1	2	3	4
铁路交通禀赋	铁路运网密度(公里/万公顷)	3	4	1	2
内河航道禀赋	内河航道运网密度(公里/万公顷)	1	2	3	4
公路运输禀赋	公路运网密度(公里/万公顷)	1	3	2	4
文化禀赋	市场主体的经济性	2	1	3	4
区域发展水平	城市化率(2008年数据,%)	54.30	57.60	40.50	41.00

第四节 本章小结

与传统的区位理论不同,本章通过比较研究江浙皖赣四省的区位禀赋与经济发展差异,得出一些不同的结论。已有的区位理论强调了交通运输成本、城市化规模效益等经济因素,从微观主体企业的角度考察了成本要素、市场规模、竞争者关系对区位的选择及其在区域上表现的发展绩效差异。本章在深入分析江浙皖赣四省的地理位置、自然资源禀赋、区域文化等区位禀赋之后,结合四省的经济发展与城市化发展差异,提出新的结论与政策建议。

1. 区域文化差异是江浙皖赣四省经济发展的重要因素

区域文化是区位、自然资源及在长期的人际交往中形成的知识和意识体

系,对区域中的经济主体具有较大的激励影响,是促进区域经济发展的制度环境与制度激励。改革开放以来,浙江因强调市场主体作为的"温州模式"而在经济发展上取得成功,江苏因强调地方政府建设市场的"苏南模式"与"新苏南模式"而获得持续发展,安徽的徽商文化与江西的从学从政文化使安徽、江西形成与浙江、江苏相异的另一条发展路径,从而成为导致江浙皖赣四省发展差异的重要因素。从经验数据上看,注重市场主体经济性的区域文化与江浙皖赣四省的城市化发展存在显著的正相关关系。区域文化对江浙皖赣四省区域发展的重要性远高于自然资源禀赋、劳动力资源及教育水平,也高于四省的区位环境禀赋。从区位禀赋的视角比较四省经济发展绩效差异,有理由相信区域文化是关键性因素。

2. 区位环境不是江浙皖赣四省经济发展的主导影响因素

区位环境既是区域经济发展的原因,也是区域经济发展的表现。区域经济的发展与城市化水平的提高,扩大了产品市场规模,改善了企业的规模经济环境。区域经济发展同时扩大了对铁路、公路、水运的交通需求,与区位交通环境形成互动,提高了区位交通的便利性。铁路、公路与水运等交通设施建设,直接拉动区域经济发展与城市化建设。通过比较江浙皖赣四省的区位环境与经济发展绩效,可以看出区位环境对区域经济发展的作用并不明显,区位环境不是影响江浙皖赣区域发展与城市化建设的主导性因素。

3. 自然资源与劳动力资源不是江浙皖赣区域发展差异的重要影响因素

自然资源与劳动力资源是区域发展的必备条件之一,良好的自然资源与劳动力资源可以推动区域经济较快发展。但是,自然资源与劳动力资源发挥经济推动作用,是需要外部条件的。自然资源转化为经济发展绩效,需要资本与技术要素的供给。在统一的市场机制下,劳动力资源在不同区域是可以流动的,劳动力流动与区域经济水平相关。区域发展差异是促使劳动力流动的关键原因,落后地区的劳动力外流既是落后地区发展滞后的原因,也是落后的结果。比较江浙皖赣四省的资源禀赋与经济绩效,可以看出自然资源与劳动力资源与区域发展存在负相关,安徽与江西丰富的自然资源与劳动力资源并没有成为其经济发展的主导优势。基于江浙皖赣的发展经验,我们可以认为,资源优势是区域发展的重要因素,但不是区域发展的决定因素,国际国内众多的发展实例向我们昭示,往往资源贫乏地区更容易激发人们的开拓进取精神,而人的因素在经济发展中具有更重要的地位。

案例：从文化与增长的视角解读"杨汛桥现象"

部分地区依靠自然资源发展，部分地区依托地理区位发展，有些地区则因为"老板"资源而发展。如何出产"老板"，需要一定的经济文化。江浙皖赣的发展经验表明，区位与自然资源不是促进经济增长的本质因素，经济文化对经济增长具有决定性作用。这里以有"浙江第一镇"之称的杨汛桥镇作为剖析的切点，解读文化对经济增长的决定性作用。

一、杨汛桥镇发展概况

杨汛桥建制为镇（见图 2.4），地处浙江省绍兴县西北部，镇域面积为 37.85 平方公里，辖 12 个行政村，9 个居委会，总人口为 8.8 万，其中户籍人口有 3.4 万。杨汛桥镇以民营经济为主导，以建筑建材、纺织印染、经编家纺、五金机械等产业为支柱。经过多年发展，杨汛桥镇已经形成了布局合理、交通便捷、设施完备、功能齐全的城镇格局。截至 2007 年底，杨汛桥镇的人均居住面积为 53 平方米，自来水普及率为 100%，电话普及率为 88%，有线电视入户率达 95% 以上。

绍兴县行政区划图

图 2.4 杨汛桥镇的地理位置图

杨汛桥镇的经济发展成绩突出。以2004年为例,当年全镇GDP为40.41万元,人均GDP为12.1万元,相当于当时人均1.5万美元,是浙江省人均GDP的5倍多,而1996年杨汛桥镇的GDP仅为5亿元,人均GDP为1.7万元,从1996年到2004年,在不到10年的时间内,杨汛桥镇的GDP和人均GDP增长了10倍。2004年,杨汛桥镇的财政总收入6.63亿元,人均纳税近2万元,财税贡献相当于一个中等县的税收,相当于当时全国税收总额的万分之三。杨汛桥镇职工人均收入2004年达到17666元,超过浙江省平均水平,农民人均纯收入为9395元,高出浙江省均值50%以上,平均5位农民拥有一辆小轿车。其间,杨汛桥镇各类企业最多时曾达到1300多家,规模以上企业64家,年销售额超过亿元的规模企业20多家,在21世纪之初,杨汛桥镇就拥有7家上市公司,其中4家股票在香港上市,形成了资本市场上的"杨汛桥板块"。

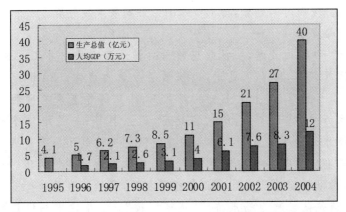

图2.5 杨汛桥镇的GDP及人均GDP柱状图①

杨汛桥镇的社会事业发展良好。全镇县级以上文化村、卫生村创建率分别达69%和90%。文化发展方面,该镇选送的情景歌舞《在那紫薇盛开的地方》荣获浙江省第二届乡镇文艺汇演创作、表演两项金奖;积极探索和创新未成年人教育管理,成立了展望村青少年教育活动中心;创新农村文化体育事业发展模式,在绍兴县率先成立了全镇文化体育协会,农村文化建设得到了文化部和浙江省委的高度肯定。卫生发展方面,该镇计生卫生和社会保障工作不断加强,连续多年荣获市县人口与计划生育工作"双优"镇等称号,大病

---

① 谢其盛、汤汇道:《新浙商是怎样炼成的:来自浙江第一镇杨汛桥的报告》,第12页,合肥:安徽人民出版社,2007。

统筹、新型农村合作医疗、被征地农民保障和企业职工养老保险等实现村企全覆盖,并成立了绍兴市首家平价医院——杨汛桥镇惠民医疗门诊部。社会综治成绩显著,被评为市级信访工作"三无"乡镇、信访工作先进单位和市级"平安镇街"创建先进单位。

杨汛桥镇是绍兴市唯一的"国家可持续发展实验区"、"全国小城镇综合改革试点镇"和"中国经编名镇",先后荣获省级文明镇、卫生镇、环境优美镇、浙江省"东海明珠"等荣誉称号。杨汛桥镇多次蝉联"浙江第一镇"、"全国千强镇"、"中国股市第一镇"等称号。

二、杨汛桥镇的发展历程

杨汛桥镇在20世纪70年代还是浙江省的一个扶贫镇,在地理位置、政府扶植等方面毫无优势可言,但是在21世纪之初杨汛桥镇就实现了经济社会的跨越式发展。按照时间划分,杨汛桥镇的经济发展大致经历了三个阶段。

1. 经济起步期

20世纪70年代开始,一批敢想敢闯的杨汛桥人外出务工。这些杨汛桥人不仅开阔了眼界,增长了见识,也积累了少量的资本。20世纪70年代初期,杨汛桥镇相当落后,土生土长的泥瓦工、木工等手艺人有两种赚钱方式,一是走千家万户,吃百家饭,给人家建房、做家具等;一是组建建筑队打工。由于杨汛桥本地的手工业者到其他的建筑队打工受到不公平待遇,于是在外闯荡多年的高宝钦等一批中青年手艺人组建了本地的建筑队伍。20世纪80年代初期,杨汛桥建筑队成员在武汉打工之后,开始从事其他行业,进行独立创业,这支建筑队被称为杨汛桥的"黄埔军校"。正是这支杨汛桥建筑队,带出了如今杨汛桥镇的上规模的大集团多数领导,如精工集团的董事长金良顺、光宇集团的掌门人冯光成等。

20世纪80年代中期,杨汛桥成功引入"经编装备及经编织物开发"星火支柱产业科技项目,催生经编产业,并带动了其他关联产业的发展。经编是织造工艺中针织的一种技术,其采用的原料大都为合成纤维,经编织物广泛应用于服装、装饰等领域,目前在工业、农业、土木、建筑、航空航天以及医疗等产业领域被广泛采用。经编技术与杨汛桥联系起来具有一定的偶然性,当时的杨汛桥非常落后,被浙江省科技厅立为一个科技扶贫点,进行经编纺织的技术扶贫,并指导杨汛桥的乡镇企业发展,这是杨汛桥镇成为中国经编名镇的"星星之火"。杨汛桥镇即以农机厂为依托,成立了绍兴经编技术研究所,联合绍兴宏大针织厂、绍兴经编机械总厂等10家经编厂为成员企业,开展了"经编装备及经编织物开发"星火支柱产业科技项目的研究,组成了星火产业集团,逐步形成经编特色产业,其他关联产业也相应发展起来。后来,还因为经编技术发展和产业发展规模扩大,杨汛桥镇对国家政策和改革趋向的正确把握和争取到位,成为各种改革的试点,获得了巨大的制度红利。

2. 体制改革期

从1993年到2001年,杨汛桥镇抓住体制改革的机遇,先后经历了三次大的以产权改革为核心的企业改革,主要是:1993年开始的集体股权主导人持股分享股权改革;1998年开始的经营者持大股和控股的改革,形成民营控股企业;2000年开始的集体股彻底抽身改革。这三次逐步深入的产权改革,极大地促进了杨汛桥镇的经济发展,2001年,"浙江玻璃"成功成为第一家在香港上市的大陆民营企业,是杨汛桥镇体制改革成果的一个体现。

杨汛桥是绍兴县20世纪90年代的两次企业改制的试点。1993年,刚卸任浙江省省长职务的沈祖伦已经敏锐觉察到,"苏南乡镇企业模式"是变相的"大锅饭",故决定对"苏南模式"进行突破,股份合作制率先在绍兴县推行,杨汛桥镇为试点。杨汛桥镇的许多规模企业的前身都是集体企业,存在大量的"集体股"和"政府股",这些"红帽子"在一定时期为企业发展积累了原始资本,但是随着企业的逐步发展壮大,"红帽子"的局限性开始逐渐凸显。

1993年开始的第一次体制改革,存在较大顾虑。但是,民企对社会政治经济大环境很敏感,这决定了企业并不敢从集体中全部脱胎出来。经过研究,杨汛桥镇政府与企业制定了这样的改制方案:集体企业评估资产后,拿出其中的20%～40%,量化到个人,其中企业经营高层、中层、一般员工各占1/3,以现金购买股份,并按1:1的现金比例进行配股,但个人只是享有股份分红权,没有所有权。这种改制方案是不彻底的改制,引发了关于集体资产流失的种种争论,直到"十五大"时期朱镕基总理对股份合作制的肯定,才告一段落。但是,这第一次的体制改革,对企业来说是巨大的好消息,宝业集团赶上了改制的"第一班车",宝业集团的董事长庞宝根把这次改革戏称为"花钱买了半个发言权"。即使是这半个"发言权",也激发了自己干的原始动力,给企业以很大的激励。

1998年的第二次改制,形成了民营控股企业。杨汛桥镇的第一次改制存在缺陷,没有在绍兴县其他的集体企业中推行。第一次改制的不彻底带来的责权不明的政企关系严重制约着企业的发展。从政府层面看,政府对企业来说处在什么都可以干预、什么也都不能干预的尴尬位置。集体股居于支配地位,支配着企业的资源配置,企业的独立性受到制约,使得企业运营机制不够灵活。从企业内部看,企业搞的人人持股,在风险与责任上不够明确,企业内部的激励不足,没有把企业的活力真正地激发出来。

1998年前后,绍兴县的集体企业陷入困境,也激发了新一轮改制的热潮。"早改早主动,迟改要被动,不改走进死胡同"。明晰乡镇企业的产权关系,激发经营者的积极性,已经迫在眉睫。"十五大"关于明晰产权、建立现代企业制度的精神,推动了绍兴县及杨汛桥镇的第二次改制。1998年上半年,绍兴掀起了一股乡镇企业产权改革的高潮。这次改革的总体思路是"围绕一个主题,建立二个机制,实行三种形式,达到四个目的",即以产权制度改革为主题,建立企业发展的动力机制和企业内部的约束机制,实行公司制、股份合作制、零资产转让制三种形式相组合,达到明晰产权、优化产权、落实债权、明确责权的目的。

由于杨汛桥镇早已经开始了这种产权改革尝试,所以这次产权改革又选择杨汛桥镇下属的3家企业作为试点。这3家企业情况为:作为浙江玻璃的前身光宇集团改制为有限责任公司;宝业集团系原股份合作制企业,实行深化完善;金盛实业公司是资不抵债企业,实行零资产整体转让。根据"不搞人人持股,经营者持大股,管理层控股"的思想,杨汛桥镇将集体股的50％股份量化,经营者直接现金匹配50％,镇集体的50％股份中的30％以上转让给经营者,其余20％仍为集体共同持有。1998年的第二次体制转换,虽然保留了一定的集体股,但是产权更加明晰,民营化程度提高,企业经营者的责任和利益相互挂钩,这大大提高了人们的积极性。

第三次体制改革则是集体股权的彻底抽身,奠定了杨汛桥镇经济发展的制度基础。虽然经过两次体制改革,形成了民营控股企业,与一般的家族制的浙江民营企业区别不大,但是,这一情况在国内兴起的上市大潮中再次改变。2000年左右,国内企业掀起了一股上市高潮,但是已经位居全国百强县前十位的绍兴县只有轻纺城一家上市公司。此时,杨汛桥镇没有等待政府或券商的垂青,而是在积极主动地争取上市融资。杨汛桥镇没有得到国家的投入,并且区域内融资较难,但是传承了"绍兴师爷"精神的杨汛桥镇人,较早地树立了资本市场融资谋求发展的理念。光宇集团的上市冲动使其董事长冯光成成为国内"第一个吃螃蟹的人",并于1994年出资建立浙江玻璃厂。面对国内相当繁琐的上市手续和高昂的上市成本,冯光成希望到香港上市。为了满足到香港上市的产权明晰的条件,冯光成向时任杨汛桥镇党委书记的张德雄提出了收购20％集体股的申请,经过反复研究,杨汛桥镇政府答应冯光成的要求,并且要求现金交易,冯光成以420万元置换镇政府在浙江玻璃中的20％集体股。2001年12月10日,浙江玻璃在香港联交所主板成功上市,成为内地第一家在香港发行"H股"的民营企业。2001年底,杨汛桥镇政府继续推进其他企业的产权改革,集体股权全盘退出。

3. 全面发展期

在三次产权改革彻底完成之后,杨汛桥镇的经济发展进入黄金时期,杨汛桥镇的大企业竞相上市。在"浙江玻璃"之后,"永隆实业"、"宝业集团"、"展望股份"、"长江精工"、"轻纺城"、"精工科技"等6家企业先后通过主体上市和收购兼并,在杨汛桥镇的一条街上,集聚了7家股票在境内外上市的企业,其中,4家股票在香港资本市场上市。至此,杨汛桥镇成为全国境外上市公司最多的乡镇,创造了资本市场的"杨汛桥板块"现象,也被经济学家和媒体称为"杨汛桥现象",这是中国乃至世界所罕见的。

表2.9　杨汛桥镇7家上市公司情况[①]

公司名称	上市地点	证券代码	上市时间	发行价	所属行业	资产总值（亿元）	所有者权益（亿元）
浙江玻璃股份公司	香港联交所	浙江玻璃 0739.HK	2001.12.10	开市价 3.10元	建材行业,各种玻璃	23.12	12.41
浙江永隆实业股份公司	香港联交所	永隆实业 8211.HK	2002.12.8	开市价 0.29元	梭织布研发、制造、销售	8.54	2.09
浙江展望股份公司	香港创业板	展望控股 8273.HK	2004.2.18	1.82元	汽车部件行业;万向节生产和销售	1.185	0.68
宝业集团股份公司	香港联交所	宝业集团 2355.HK	2003.6.30	1.40元	建筑、建材	18.41	8.16
中国轻纺城集团股份公司	上海	轻纺城 600790	1997.1.17	6.78元	综合类	32.25	9.95
长江精工钢结构股份公司	上海	长江精工 6004962004.6.25	2002.6.5	3.61元	机械制造业	15.1	2.61
浙江精工科技股份公司	深圳	精工科技 002006	2004.6.25	7.72元	机械制造业	4.82	3.41

企业上市对杨汛桥镇的经济发展具有重大贡献。从2001年到2006年,在短短的5年内,杨汛桥镇工业总资产从63.5亿元增加到204.99亿元,固

[①] 谢其盛、汤汇道:《新浙商是怎样炼成的:来自浙江第一镇杨汛桥的报告》,第31页,合肥:安徽人民出版社,2007。

定资产由37亿元增加到83亿元,财政收入也从2亿元增加到近5亿元。其中,3家上市公司的贡献率分别为52%、57%、61%。2003年和2005年在浙江省"综合实力百强县"评比中杨汛桥镇连续3年雄踞榜首,成为名副其实的"浙江第一镇"。

三、杨汛桥现象分析

杨汛桥镇多家企业竞相上市,之所以被称为"杨汛桥现象",是因为杨汛桥镇资源禀赋与经济绩效存在不一致性。对"杨汛桥现象"的关注,不仅仅因为杨汛桥镇取得的经济成就,更是在于对这种现象背后原因的探索。

为什么杨汛桥镇能取得这么大的成绩?对杨汛桥现象的解读,关键在于两个方面:一是"硬"的方面,包括区位与自然资源;二是"软"的方面,包括政府干预、制度建设、杨汛桥精神等。

1. 从区位资源看杨汛桥镇

现在的杨汛桥镇坐落在浙江省绍兴县西北部,毗邻萧山,位于由柯桥—杭州国际机场—萧山构成的三角形的中心,距柯桥15千米,距杭州国际机场13千米,距萧山12千米,其东南距绍兴市31千米,西北距杭州市34千米,区域位置独特,内外交通便捷,紧邻杭甬铁路和杭甬高速公路。但是,这些优越的区位条件是杨汛桥镇及其周边地区经济发展的结果。当初,杨汛桥镇地处杭州市与绍兴市交界处,处于两不管的尴尬地带。从自然资源上看,杨汛桥镇人均耕地不足0.5亩,缺乏文化旅游和矿产资源,经济资源劣势明显。从行政资源上看,杨汛桥镇远离行政中心,受到政府的关爱较少,没有明显的行政资源。从金融资源上看,杨汛桥镇的金融资源匮乏。由此可见,杨汛桥镇的发展及"杨汛桥现象"不是来自于区位资源的支撑。

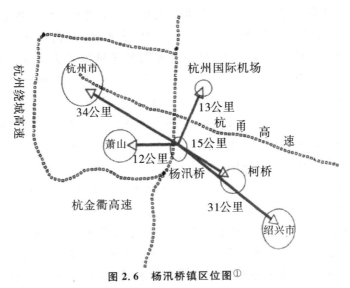

图 2.6　杨汛桥镇区位图①

2. 从区域制度看杨汛桥镇

针对"杨汛桥现象"的研究不在少数,部分文献指出,区域制度对杨汛桥发展起关键作用。毫无疑问,20世纪末的三次产权改革极大地促进了杨汛桥镇的企业发展。杨汛桥镇是绍兴县20世纪90年代的两次企业改制的试点,经历了两次摘"红帽子"的产权改革,以及最后的集体股权的全部退出改革,这三次产权改革为杨汛桥镇的企业发展扫除了制度障碍,强化了企业家要素和贡献的追认,强化了经营者的发展动力。1993年杨汛桥镇对集体企业实行第一次改制,量化股权并实现了人人持股,这在一定程度上激励了经营者,但是存在巨大弊端。1998年在"十五大"前后,杨汛桥开始搞民营控股企业,实行经营者管理层控股的做法,把企业的经营者与企业效益联系起来,形成了有效的激励机制。2001年底,在浙江玻璃上市之后,杨汛桥镇实行集体股权全部退出的政策,有力地推动了民营企业上市。

3. 从政府服务看杨汛桥镇

杨汛桥镇的服务创新为企业发展提供了帮助。这主要体现在四个方面:一是帮助居民解放思想,破除落后观念,支持"发展是硬道理"的路线。帮助企业挂靠经营,为企业项目用地开绿灯,解决企业在发展中遇到的制度瓶颈等困难。二是1993年杨汛桥镇被选为"全国小城镇综合改革试点镇",率先

---

① 宣鸿翔:《区域环境、政府推动与民营企业上市:基于杨汛桥板块的案例分析》,载《上海企业》2008年第4期。

进行户籍制度等改革,为杨汛桥的体制创新提供了便利条件。随后的三次产权改革中,杨汛桥镇政府走在前列。三是20世纪80年代中期,国务院为促进乡镇企业的科技进步实施了"星火计划",杨汛桥镇成功地引入了"经编装备及经编织物开发"星火支柱产业科技项目,成立了绍兴经编技术研究所,并且组建了星火产业集团。经过多年的发展,形成了杨汛桥镇的经编特色产业及产业集群。四是政府的公共设施建设。地方政府千方百计地募集资金,兴建公路等基础设施,使周边交通便利,降低了企业的运输成本和交通成本。

4. 从人文精神看杨汛桥镇

区位资源不是杨汛桥发展的动因,区域制度和政府服务创新虽然促进了杨汛桥镇的发展,但不是杨汛桥现象的根本因素。从20世纪70年代的起点看,杨汛桥镇属于一个极为普通的而且较为落后的地区,依靠有一定的见识和闯劲的外出务工人员的回乡创业积累了少量资本。在这些基础上,杨汛桥镇后来才有条件抓住一些制度改革试点的机遇,实行了三次产权制度改革,不断地推动企业发展。经编技术的引入带有偶然性,却成为杨汛桥镇经济发展的"星星之火"。在经济发展的过程中,地方政府财政收入逐步宽裕,开始有了财政投资与企业发展的良性互动。因此,可以看出杨汛桥镇的发展及"杨汛桥现象"的背后蕴藏着深刻的因素。

人文精神是杨汛桥镇发展的本质因素。为什么人均耕地不足0.5亩,无文化资源和矿产资源的杨汛桥会成为"浙江第一镇"?在产权改革、技术引入等一系列看似偶然的背后隐藏着必然性。在2000年以前,杨汛桥在通往绍兴县城的交通要道上一处醒目的广告牌上写着"错过一次机遇,落后一个时代"。2000年以后,将其改为"抓住一次机遇,实现一个跨越"。这些从不同侧面验证了"杨汛桥现象"的背后动因,即"敢为天下先"、"永不平庸、永不放弃、永不落后"的精神。在改革开放和乡镇工业化的大背景下,杨汛桥镇人主动回乡创业,经历了三次产权改革,实现了杨汛桥镇经济的巨大发展,本质上是验证了人力资本在经济发展中的重要性。增长理论研究表明,尽管物资资本的投资对经济增长和发展十分重要,但是人力资本的形成更加重要。在人力资本的积累中,企业家可以有效地支配和运用资源,是市场经济中最为稀缺的要素资源。杨汛桥镇的发展来自于一群敢闯敢干的企业家,其背后是杨汛桥镇的人文精神。

人文环境是杨汛桥镇发展的根本环境,好的人文环境塑造好的人文精神。杨汛桥镇位于绍兴、萧山和杭州的连接地带,经过长期发展,该地区形成了一种开放、包容的"平民文化"。这种"平民文化"与南宋时期杭州的"皇家安乐文化"、绍兴师爷的"衙门刀笔吏文化"都很不相同,而是与市场经济公平交易、和气生财的商业文化比较接近。在杨汛桥镇的企业家群体中,第一代企业家中的许多人20世纪70年代到80年代,都外出打工,做过木匠、瓦工匠等。这些从偏僻乡下出去的人,在外面世界开阔了视野,增加了才干,积累了一定的资本。20世纪80年代中期,杨汛桥镇人掌握了经编技术,组建了经编研究所,经历了经编技术的企业化、产业化和集群化的发展变迁。从20世纪70年代的集体打工,到80年代的回乡创业,再到三次产权改革,涌现了冯光成、金良顺等杨汛桥镇的第一代企业家,这些农民企业家的成长,骨子里内含了一种杨汛桥镇的人文精神。

四、从杨汛桥精神到浙江精神

如果说杨汛桥镇是浙江经济发展的一个缩影,那么,杨汛桥镇经济发展背后的人文精神则折射出一种"浙商精神"。无论是"杨汛桥精神",还是"浙商精神",都是"浙江精神"的具体化,而这一切都是浙江文化的体现。正是浙江文化,奠定了浙江经济发展的基础。

1. 杨汛桥与杨汛桥精神

"杨汛桥精神"是杨汛桥镇经济发展的经验总结,是"浙商精神"的具体化,与"浙商精神"存在相同性,也存在差异性。但是无论如何,"杨汛桥精神"的确深刻地体现着"浙商精神",大体包括以下几个方面[①]:

(1)"敢为天下先"的创业精神。杨汛桥从创业经历、产权改革到竞相上市,无不体现出浙商"敢为天下先"的精神。经济学家吴敬琏认为,浙江是一个具有炽烈企业家精神的地方,浙江商人既聪明又肯吃苦,敢冒风险,敢为人先,最让人佩服。经济学家茅于轼也称赞说,与其他沿海省份的人相比,浙江人能吃苦;与内地人相比,浙江人很灵活。

杨汛桥镇的三次体制改革是承担风险获得制度收益的最好证明,其关键在于这种敢为天下先的精神。杨汛桥镇是摘"红帽子"的改革试点镇,从1993年开始改革到2001年底集体产权的彻底退出,每一次产权改革都冒着一定的政策风险。正是这种敢为天下先的创业精神奠定了杨汛桥镇的经济发展。

(2)"永不平庸、永不放弃、永不满足"的"杨汛桥精神"。"永不平庸"是指

---

① 谢其盛、汤汇道:《新浙商是怎样炼成的:来自浙江第一镇杨汛桥的报告》,第89~95页,安徽人民出版社,2007。

一种"要么不干,干则一流"的创业理念。如果兴办企业,要么不当厂长,如果要当厂长,就要把企业做大,做成行业龙头,做出自己品牌。比如,浙江玻璃从小小的一条生产线发展到现在规模全国第三、效益全国第一的上市企业。正是这种精神,创造了杨汛桥镇的经济奇迹。"永不放弃"是一种"认定目标,执著追求"的意志品质。这体现了杨汛桥人在创业、改革、企业上市过程中,遇到了重重困难,但是没有后退,最终成功的精神。"永不满足"指一种"与时俱进,不断创新"的理想信念。杨汛桥的企业老板个个力争成为行业龙头,而当地政府与老百姓一样,在发展中没有满足,不断地寻求发展新路径。

(3)"五千精神"和"两板精神"。"五千精神",即为走遍千山万水、历尽千难万险、想过千方百计、吃尽千辛万苦、说了千言万语的吃苦耐劳精神。浙江特有的地理位置和人文历史,造就了浙江特有的经济格局和发展模式,这"五千精神"浓缩了浙江人的创业历程。浙江历来有重商亲商的传统,发展事业不等、不看、不靠,而是自己埋头苦干,讲实效、不张扬,最终一业做大。

"两板精神"是指"白天当老板,晚上睡地板"。"市场经济条件下的艰苦奋斗"、"勤俭办一切事业"等平时耳熟能详的格言,在杨汛桥人身上找到了注脚和诠释。

2. 浙商与浙商精神

浙商是近代才崛起的一个地域性商帮,但是浙商的历史并不短暂。《史记》中记载了后代商人的鼻祖陶朱公,是战国时期越国的名臣。南宋时期的浙东学派代表人物陈亮提出"义利并举"。18世纪,"宁波帮"对上海文化的演进起到了积极作用。"宁波帮"在国内外产生了深刻影响,有"无宁不成市"的评价。浙商是历史上各大商帮的竞合者,在竞争与合作的发展过程中,浙商吸收了三大商帮的精华,包括晋商的博大宽容、兼容并蓄、求同存异、自强不息精神,徽商的仁义诚信精神,潮商的冒险与学习精神。但是,浙商也与晋商、徽商存在巨大差异。浙商是民本经济,而徽商是"商而优则仕"的官商。浙商在产业发展能力上也更胜一筹,形成了以专业分工的高度精细化和集中化为特征的产业经济。

所谓"浙商精神",是指改革开放以来体现在浙江商人身上的一种精神,是基于浙江区域文化背景、浙商经营实践、西方市场经济和计划经济等多种要素叠加的一种从商品格。有学者把"浙商精神"总结为:勤奋务实的创业精神、勇于开拓的开放精神、敢于自我纠正的包容精神、捕捉市场优势的思变精神和恪守承诺的诚信精神。有当地老板把"浙商精神"概括为:"五千"精神、"两板"精神和"饥渴"理论,即为"千方百计、千辛万苦、千言万语、千山万水、千难万险"、"白天当老板、晚上睡地板"、"人多地少迫使浙江人不得不到外地寻求发展道路"。

"浙江精神"高度概括了浙江商人的从商之道,除上述内容外,还应当包括以下几方面的精神:

(1)积极应对经济市场环境变化的求变精神。对于杨汛桥镇的企业家而言,不断地调整自我,适应市场的变化是最为平常的事情。从1993年的第一次产权改革,到1998年的民营控股企业改制,再到2001年的集体股权退出和民企上市,每次都是杨汛桥人求变精神的体现。浙江经济发展的"温州模式",更是根据"人无我有,人有我优"的原则,从市场出发,以市场需求为中心,不断地快速转变自我提升适应市场的能力,把自己的劣势变为优势,把别人的优势转化为自己的优势,以市场为指导取得巨大成功。

(2)以抱团为主的团队合作精神。在杨汛桥镇,当初为了实行公平地打工,杨汛桥人组建了建筑队。在20世纪80年代,一批打工回乡的农民开始创业,以团队合作的方式,组建了经编技术研究所、星火产业集团,并形成了一系列经编产业集群。从浙商的组织模式看,温州村、义乌城、浙江街等,都彰显着抱团作战的团队合作精神。从融资看,浙江商人以内源融资为主,体现了团队合作精神在资金融通方面的应用。

(3)浙商还秉承了诚信经商的真谛。

3. 浙江模式与浙江精神

杨汛桥镇是浙江经济发展的缩影,"杨汛桥精神"与"浙商精神"是"浙江精神"的浓缩。如果说杨汛桥发展的背后是"杨汛桥精神",浙商兴起的背后是"浙商精神",那么,"浙江模式"则体现了"浙江精神"。

"浙江精神"的具体化包括:"浙江现象"、"浙江模式"与"浙江经验"。"浙江现象"显著的特点是:民富、省强。其含义是改革开放以来,在缺陆域自然资源、缺国家资金投入、缺优惠政策的"三缺"条件下,浙江人民不等、不靠、不要,坚持自主、自强、自立,善于"无中生有",敢于"小题大做",实现了由资源小省向经济大省转变,向经济强省迈进,人民生活实现了由基本温饱向总体小康转变并向全面小康迈进[①]。

"浙江模式",就是立足民力、依靠民资、发展民营、注重民富、实现民享的民本型、内源型区域经济发展模式,最基本的特征是:"小商品、大市场"、"小企业、大协作"、"小区块、大产业"、"小资源、大制造"、"小资本、大经营"、"小

---

① 陈一新:《浙江现象·浙江模式·浙江经验·浙江精神》,载《政策瞭望》2008年第12期。

城市、大经济"。

"浙江经验",就是浙江人民善于创业、勇于创新的生动实践的概括,是浙江各级党委政府坚持富民优先、富民强省成功做法的总结,是中国特色社会主义理论在浙江大地生根、开花、结果的体现。其最具特色的内涵是:探索了符合浙江发展实际的根本动力、根本途径、根本方法、根本追求和根本保证。

时任浙江省委书记习近平同志高度阐述了"浙江精神":"浙江精神作为中华民族精神的重要组成部分,是以爱国主义为核心的民族精神、以改革创新为核心的时代精神在浙江的生动体现,是浙江人民在千百年来的奋斗发展中孕育出来的宝贵财富。"[1]

"浙江精神"具有优秀的历史传统。浙江山水秀美,人文荟萃。千百年来,浙江特有的地理环境、生产生活方式、历史上的多次人口迁徙和文化交融,造就了浙江人民兼有农耕文明和海洋文明的文化特质,锤炼浙江人民兼容并蓄、励志图强的生活气度,砥砺了浙江人民厚德崇文、创业创新的精神品格。漫长的历史实践,使得浙江精神凝练成以人为本、注重民生的观念,求真务实、主体自觉的理性,兼容并蓄、创业创新的胸襟,人我共生、天人合一的情怀,讲义守信、义利并举的品行,刚健正直、坚贞不屈的气节,卧薪尝胆、发愤图强的志向。

"浙江精神"在当代具有生动的展现。源远流长的"浙江精神",始终流淌在浙江人民的血液里,构成代代相传的文化基因,它们"一遇雨露就发芽,一有阳光就灿烂"。建设中国特色社会主义伟大实践的阳光雨露,全面激活了浙江人的这种"文化基因"。在浙江的改革开放和现代化建设中,"自强不息、坚忍不拔、勇于创新、讲求实效"的"浙江精神"极大地促进了当地经济的快速发展,成为能动的经济创造力。在"浙江精神"引领下,浙江人民率先进行市场取向改革,培育充满生机与活力的市场主体,抓住了改革机遇,赢得了发展先机,形成了以公有制为主体、多种所有制经济共同发展、相得益彰的格局,极大地解放和发展了生产力。

"浙江精神"是"浙江文化"的核心价值观,支撑着浙江人民在未来的实践中奋发图强、励精图治、与时俱进。不仅要坚持和发展"自强不息、坚忍不拔、勇于创新、讲求实效"的"浙江精神",习近平同志还指出要与时俱进地培育和弘扬"求真务实、诚信和谐、开放图强"的精神。

---

[1] 习近平:《与时俱进的浙江精神》,载《哲学研究》2006年第4期。

五、启示：浙江文化与浙江经济

物质资源的重要性在现代经济增长中往往让位于人力资本，其中企业家是最为稀缺的社会资源。毫无疑问，浙江企业家是浙江经济发展的最大资源，企业家精神构成了今天的"浙江精神"，是现代"浙江文化"的核心。

"浙江精神"是"浙江文化"的核心。广义的文化指的是人类社会历史实践过程中所创造的物质财富和精神财富的总和。人们通常谈论的是狭义的文化概念，指的是社会的意识形态，实际上就是在广义文化基础上进一步突出了人的主观创造精神以及所创造的精神文明的内容。由此我们认为，文化的核心，就是人类的创造精神，它是人的本质力量的体现，同时又强化了以人为本的精神要求，是人类不断自我完善的致思取向，文化、精神、人三者密不可分。

"浙江文化"以"浙江精神"为核心，在自然资源贫乏的地区创造了民富省强的"浙江现象"，以民为本实现了"小商品、大市场"的"浙江模式"，并形成了以创业创新为核心的"浙江经验"。具体而言，"浙江文化"促进浙江经济持续增长的内在机制有三：

(1) "浙江文化"催生出的企业家精神引领浙江经济增长。以杨汛桥镇为例，在20世纪70年代，一批为了公平务工而组建建筑队、在外打工之后回乡创业的农民，成为后来杨汛桥镇企业家集体的雏形。浙江特定的地理文化催生出的自强不息、勇于创业、创新的企业家是促进浙江经济增长的关键。以"五千精神"和"两板精神"为核心的"杨汛桥精神"，以求变、团队合作和诚信为核心的"浙商精神"，说到底都是企业家具有的优秀品格，是企业家精神的具体体现。企业家是对社会经济资源进行重新组合的舵手，是各要素资源合理配置的主导者，是对市场需求反应灵敏的提供者。创新是"浙江文化"的核心，直接体现着浙江企业家精神的精髓。

(2) "浙江精神"推动浙江经济制度变迁。从1993年到2001年底，杨汛桥镇经历了三次产权改革，每次产权改革都走在时代的前列。这些不仅需要这些企业家的智慧，更需要有承担风险的勇气，三次产权改革的制度变迁无不体现了创新的"浙江精神"。浙江经济的制度变迁，不仅得益于改革开放的历史机遇，而且与全国其他地区相比较，更得益于底蕴深厚的"浙江文化"。制度变迁不仅需要外部环境条件，更需要内部主体的冒险精神。在改革开放的大潮中，浙江经济发展的外部环境已经确立，各地区的差异在于经济主体的行动与探索精神。在改革初期，这种冒险探索精神促进了浙江商人的自主创业、资本积累以及对新制度的探索。在经济发展过程中,依靠"浙江精神",浙商不断地调整资源要素的组合方式,为适应新的经济环境不断地调整企业组织模式,形成了著名的"温州模式"、"义乌城"等经济组织模式。制度创新还表现在地方政府的管理模式的变化,尤其是地方政府以企业为中心的服务模式的转变。

(3)"浙江文化"促进地方政府职能转变。"浙江文化"还渗透到基层政府的职能转变中。杨汛桥镇政府不是依靠等、靠、要,而是站在改革的前沿,为企业出谋划策,积极争取各种制度改革的政策,促成了三次产权改革,尤其是2001年底集体产权的彻底退出,极大地推动了杨汛桥镇各类企业的上市。在经济发展过程中,地方政府对公共产品的投资,有利于实现经济发展与基础设施建设的良性互动。

以"浙江精神"为核心的"浙江文化",促进了浙江经济持续发展,形成了"浙江现象"、"浙江模式"、"浙江经验"。那么产生这种"浙江文化"的决定因素是什么呢?答案有三:

(1)"浙江精神"具有悠久的历史传统,是浙江人民在千百年来的奋斗发展中孕育出来的宝贵财富。千百年来,浙江特有的地理环境、生产生活方式、历史上的多次人口迁徙和文化交融,造就了浙江人民兼有农耕文明和海洋文明的文化特征。

(2)自然资源匮乏塑造近代"浙江文化"。人多地少、资源匮乏的自然环境,是理解改革开放以来浙江自主谋生和自主创新精神的一个极其重要的视角。1993年,浙江人口密度达到每平方公里423.7人,比同期全国平均123人和世界平均的41人高出许多。浙商商帮的兴起,与其他多数商帮兴起类似,都与人多地少或土地贫瘠的自然环境具有一种天然联系[①]。

(3)计划经济的边缘位置有利于形成"浙江精神"。改革开放以前,浙江与全国各地一样,实行计划经济体制。国家占有和控制资源,并按行政权力授予关系,将资源分配到不同类型、不同级别的政府和政府部门,然后再分配到各单位组织之中。不同单位按距离国家权力中心的远近,获取分配的资源,并承担按照国家的指令使用资源的责任。因此,不同单位按照授予的管理权限,具有支配相应资源的合法权力地位。浙江省属于计划经济的边缘区域,新中国成立以来,浙江是国防"前线"和"文化大革命"的火线,获得国家的资源较少,国有制经济成分也较少,历年国家投资也较少。1950年到1978

---

① 陈立旭:《人地矛盾与当代浙江文化精神》,载《浙江社会科学》2005年第1期。

年,国家的投资额全国人均600元以上,而浙江省人均仅240元,不到全国平均水平的二分之一,列全国各省份最后一位。这种政府政策劣势,使得浙江人民的发展必须要依靠自己。另外,处于计划体制的边缘地区,为浙江的制度变迁创造了条件。当政策松动之后,恰恰又是处于计划经济边缘之边缘的浙江体制外社会群体(主要是农民),成为浙江制度创新和"体制外经济增长"的推动力量[①]。

[①] 陈立旭:《计划经济边缘与当代浙江文化精神》,载《中国杭州市委党校学报》2005年第4期。

第三章 人口流动与区域发展

随着改革开放以来区域经济的快速增长,跨地区人口流动规模迅速扩大,区域发展差距亦随之扩大。经济发展的差距演化为地区间人口流动的主要原因。人口流动对区域发展的差距产生一定影响,这种作用究竟是使差距缩小了,还是扩大了?这个问题也就是通常所说的区域增长趋同,或者区域差距收敛,又称为"区域趋同",或者"区域收敛",它不同于区域一体化。显然,关于区域趋同或收敛的研究在当今区域发展差距日益扩大的形势下,对于促进区域协调发展具有十分重要的意义。

从理论上讲,人口流动与区域发展具有怎样的关系一直未有定论。人口流动能否使区域差距缩小?即在人口流动下,区域收敛或趋同是否会发生?学术界对此问题产生分歧,有着不同的诠释。这有待于作更进一步的实证研究和检验。

本章的研究着重判定江浙皖赣四省的人口流动,对其区域发展所产生的影响。按照人口流动的区域范围,分别研究省内人口流动、省际人口流动与区域发展的关系。省内人口流动主要讨论城乡人口流动、市际人口流动的规律性。省际人口流动从时间与空间维度考察其给各省经济发展带来的影响。一方面,从时间上考察人口或劳动力流动是不是导致区域增长趋同的条件;另一方面,从空间上考察人口向城市空间集聚,人口集聚与产业集聚是否具有空间分布的一致性。

第一节 文献述评

人口流动与区域发展的关系研究主要集中在几个问题上,即在相似的条件或在有差异条件下,区域发展差距会如何变化?区域趋同的条件是什么?人口因素是否是具有显著意义的趋同条件?等等。以下从人口流动对区域增长收敛或趋同的作用以及区域空间格局的影响两方面,通过综述各方观点对这些问题加以解答。

一、人口流动对区域增长收敛的作用

1. 区域趋同具有条件性

新古典经济增长理论和内生经济增长理论对于区域收敛的判断是相反的。依据新古典增长理论,生产要素在地区间是可以自由流动的,由于资本的边际效益是递减的,资源要素首先向经济发达地区集聚,然后扩散,从而导致经济欠发达地区比经济发达地区增长更快。最终,不同地区间的要素收益率会趋同,也就是"绝对趋同"。从内生增长理论看,不变或递增的规模收益以及具有溢出效应的物质资本、人力资本和知识资本的内生积累,是经济增长的动力源泉。熟练工人与非熟练工人的流动是不同的,只有在知识外溢的条件下,劳动力流动才能使经济增长的地区差异缩小(Razin & Yuen, 1996)。换言之,即技术型劳动力流动是区域趋同的发生条件,而不是一般意义上的非技术型劳动力流动。这就意味着不同地区之间不会出现绝对的趋同,多数趋同的发生是有条件的。

"条件趋同"的意思是指,只有不同的地区都具备一些相同的发展条件,如人力资本水平、基础设施条件等,那么,拥有这些条件的地区才会以更快的速度发展。换言之,经济欠发达地区,只有具备发达地区相同的增长条件时,发展才能得到提速,区域趋同才可能发生。

国内外大量实证研究证实了区域增长趋同是"有条件的"这一结论。国外学者的研究还表明,各国在长期发展中有着向自身均衡状态收敛的态势,而非向着同一均衡状态收敛。各国或地区的收入差距会随时间的推移而扩大,尔后保持稳定,进入区域发展成熟阶段时,地区间的收入差距再趋于收敛。为此,威尔逊(J. G. Williamson, 1965)提出了倒 U 型区域收入收敛假说。巴罗等人(Mankiw, D. Romer & Weil, 1992)分析了 1960～1985 年间 20 个经济合作与发展国家,包括美国、日本、加拿大和欧洲等国的区域趋同,得出的结论是:由于经济结构特征差异比较大,多个国家之间不存在绝对收敛,但条件收敛是存在的。然而,以罗默(Romer)和卢卡斯(Lucas)为代表的新增长理论学派所持的观点则相反,他们认为随着时间的推移,不同经济体之间的经济增长趋势不仅不会收敛,反而随着地区经济的发展,其经济增长发散的趋势会不断增大。

2. 人口流动促进区域趋同具有差异性

新古典增长理论和内生增长理论的观点也是不一致的。在新古典增长模型中,劳动力增长速度越快的经济体,稳态劳均产出率就会越低,资本和劳动的存量变动(即储蓄率和劳动力增长率)会在短期内影响经济增长率。内生增长理论则认为,人力资本存量的差异有可能直接影响全要素生产率(TFP),从而长期影响区域经济增长率和人均产出率。一般而言,区域内人力资本存量较大,就可以较长久地保持较高的增长率。缪尔达尔和赫希曼认为,劳动力流动不一定必然导致区域增长趋同,而鲍罗(Barro,1995)对跨国数据的对比研究,排除了劳动力流动对区域经济增长的内生性影响,劳动力流动并不对经济增长产生收敛性的影响。泰勒和威廉姆森(Taylor & Williamson,1994)研究了国际人口流动对本国经济的影响程度,认为大规模人口流动对这些国家人均GDP的贡献达50%,这说明劳动力流动对地区收敛起到一定的作用。

以中国为对象的研究表明,人口流动导致区域趋同存在着时间、地区的差异。段平忠等(2005)认为,人口流动地区分布的差距与中国经济增长的地区差距具有高度的相关性。Raiser运用面板数据(panel data)方法,分析1978～1992年中国区域经济增长的趋同情况,认为区域经济增长发生条件趋同是发生在特定期间的。林毅夫等(Lin,et al.,2004)利用人口普查数据分析了地区收入差距与人口流动之间的关系,其结论是:1990年以前我国各地区的经济增长呈现收敛的趋势,1990年以后迅速发散,20世纪90年代末,人口或劳动力迁移对地区收入差距的作用显著提高。王德文等人(2003)的研究验证了1990年前后的人口迁移使十几个省区的GDP增加了,验证了省际人口迁移对地区差距确实起到缩小作用。

我国地区经济增长呈现出较大的地域特性,而东、中、西三大地区在内部相似的初始发展水平、类似的结构特征和政策环境下,区域内部呈现出收敛的趋势,而区域差距却在不断拉大。富士达等人(Fujita & Hu)研究了1985～1994年中国区域经济增长的差异,指出在此期间中国沿海地区与内地之间的经济增长差距不断拉大,而沿海地区的内部增长则发生了趋同。

3.人口流动通过调节地区收入差距促进地区收敛

在市场经济条件下,地区间劳动力流动应有助于缩小地区间的劳动报酬差距和人均GDP差距。尽管有不同意见,但多数学者持有这一观点。从人口流动的经济原因看,威廉姆森(Williamson,1965)认为,区域经济差距形成的原因之一就是区域间劳动力选择性流动。希克斯提出"净经济利益的差异,尤其是工资差异,是劳动力迁移的主要原因"。地区收入水平差距是我国人口省内迁移和省际迁移的巨大推动力。从收入转移看,人口流动会导致区域收入差距缩小。因为劳动力流入东部地区,将所得的收入的一部分又通过汇款流入中西部,这使得中西部地区农民的收入得以提高,从而对地区收敛产生影响(王小鲁、樊纲,2004)。从劳动力供给看,劳动力流动会引起区域劳动力供求水平的变动,影响区域劳动市场的供求关系,这种劳动力供求关系的改变对人均工资水平会产生影响。

但也有持相反观点的。蔡昉、王德文(2003)根据2000年第五次人口普查数据,得出市场化改革的地区不平衡性对人口空间分布产生显著影响的结论,认为由于至今未能摆脱计划经济遗留的制度性障碍,人口迁移并非是永久性的,虽然迁移规模扩大了,但收入差距并没有缩小,而是扩大。劳动力流动增加了流入地的劳动力供给数量,是通过"分母"作用影响地区人均经济总量的,当该地区的生产率水平较高时,工资收入也高于其他地区,反之亦然。但是,当劳动生产率并没有提高时,人口基数增大,分母大了,就会抵消人均GDP的增长。从这个角度解释人口流动对区域发展的影响,取决于地区的劳动生产效率。

二、人口流动对区域空间格局的影响

人口流动改变区域空间格局,而区域经济增长表现出明显的空间异质性和空间相关性。人口集聚、经济集聚对区域发展产生的影响,也是不可忽视的。

20世纪90年代,空间经济学理论解释人口流动在集聚经济中产生的作用,揭示了劳动力流动与地区收入差距之间存在着内生性关系,而潜在的地理效应扩展了要素流动对区域发展的影响范畴,解读了劳动力流动对区域发展造成的外部性影响(Krugman,1991;Baldwinet,etc,2003)。

人口流动会加剧空间集聚的发生。一个地区的劳动力流入有着自我增强的趋向。人口向城市集中流动,城市是经济活动的集中地、产业的集聚地。人口流动受产业集聚的影响,是形成地区产业集聚、生产率增长的关键因素。跨区域劳动力流动能够提高经济效应和降低贸易成本,由于交易成本减少,越来越多的企业向某一区域集中,从而带来更多的就业机会,又吸引更多的劳动力流入该地区。

在没有外界阻力的干预下,劳动力一般是流动到能够提供更高福利的地区,地区的福利是以实际工资和商品多样性来衡量的。在人口多的地区,厂商可以更好地利用规模经济效应,生产出数量更多的、价格更低的商品,对消费者来说,这意味商品价格更低、种类更加丰富,提高消费者的福利水平,结果是劳动力作为消费者倾向流动到人口更多的地区。一个地区不断增长的人口则导致越来越大的规模生产、高工资以及多样化的产品供应,进一步刺激人口的增加。克鲁格曼以核心—外围区的理论来解释人口流动与区域之间不均衡发展的关系。由于要素在不同地区间的流动,核心地区的工资高、失业率低,外围地区则相反。从长期看,由于集聚经济的存在,外围地区的劳动力将迁移到核心地区就业,这样劳动力流动不会消除反而强化了地区之间的经济差异。

劳动力流动加强地区产业的集聚与扩散,两者的关系是非线性的。劳动力市场在生成新的产业集聚中起着重要作用(Scott,1989,1990)。工人迁移到那些有着更多工厂和更高收入的地区,这会加强那里的集聚。当劳动力不愿意流动时,要降低成本,企业就需要迁移,在贸易成本较低的工厂就会对成本的差别有反应,导致产业向外扩散。可以看出,人口的地理分布变化和不同尺度的区域经济变化趋势的关系不完全相同,有些经济因素的变化与人口地域分布变化不完全一致(鲁奇,2006);城市人口增长与就业人数的增加并不是一一对应的关系。

通过研究人口流动对区域发展的影响,可得出结论:尽管不同层面的研究解读了人口流动与地区发展之间的相互关系,但由于研究分析方法的不同,研究的对象与研究选取的指标不同,得出的结论不尽相同,有的甚至相反。考察区域增长趋同的发生条件是有时段与地区差异的,国内学者偏重从时间序列研究,但空间因素的考察就更为复杂一些。况且,国内对于区域趋同与收敛研究多集中于东、中、西三大地区的比较,着重对三大地区是否处在收敛状态进行研究。归根结底,区际人口流动迁移对区域发展的影响研究多是从单个角度对区域的差异性展开分析的。

第二节 省内人口流动与区域发展

一、城乡人口流动与区域发展

人口变化是影响区域经济发展的重要因素。马尔萨斯早就对人口与经济发展的关系与内涵作了精辟的论述。托达罗系统地分析了人口迁移的经济行为与经济效应,认为农村人口向城市流动的关键因素为城乡收入差距与农村人口在城市的就业概率。从人口流动与城市发展的角度看,城市发展推动了人口从农村迁移,人口流动也促进了城市发展。

按照区域划分,我国人口流动可以分为省内人口流动与省际人口流动。这里先讨论江浙皖赣各省内人口流动与区域发展的问题,包括省内城乡人口流动与市际人口流动。

城市化进程与农业人口流动关系密切。城市化进程促进了人口从农村地区向城市与集镇流动,逐渐提高了城镇人口的比率。在中国,城市化与工业化进程是相互关联的,人口的城镇化在产业发展上表现为人口的非农业化。因此,城市化进程既表现为城镇人口的增多,也表现为从事非农产业人口的增加。2008年,江苏与浙江的城镇人口比率均超过50%,分别达到54.30%和57.60%;安徽和江西的城镇人口比率均处于40%左右,分别为40.50%和41.00%,显著低于江浙城镇化水平。在产业人口方面,安徽与江西的非农业人口比率也低于江苏与浙江。从横截面数据看,安徽与江西的低城镇化与低非农业人口比率并存,江浙皖赣地区的城市化进程与农业人口流动关系密切。人口流动与地区经济发展水平存在内在联系。人口流动与区域经济发展存在相互作用的内在关系。从人口流动对经济发展作用的关系看,扫除人口流动障碍,提高区域内部劳动力市场的配置效率,可以长期地促进经济增长与社会发展。从区域发展对人口流动作用的角度看,人口流动受到地区经济发展水平、区域就业机会与就业条件、人口流动壁垒等多方面因素的影响。从经济发展水平看,江苏与浙江属于同一集团,2008年,江浙人均GDP均达到40000元以上;安徽与江西属于同一集团,2008年,皖赣人均GDP为14000~15000元。江苏与浙江的高经济发展水平与高城镇化、高非农人口水平相对应,安徽与江西的相对较低经济发展水平与低城镇化水平、低非农人口水平相对应。

人口流动与经济结构、城乡收入差距有重要联系。从区域产业结构看,江苏与浙江的工业化程度高于安徽与江西。2008年,江苏与浙江的非农业产值比率均达到93%以上,安徽与江西的非农业产值比率均未到85%。从城乡收入看,江苏与浙江的城乡收入均高于安徽与江西。2008年,江浙城市居民人均可支配收入在18000元以上、农村居民人均纯收入在7000元以上;2008年,皖赣城市居民人均可支配收入均不到13000元、农村居民人均纯收入不到4700元。从总体上看,江苏、浙江的高人口城镇化与高工业化水平、高居民收入相联系,安徽、江西的低人口城镇化与低工业化水平、低居民收入相联系。

综上,江浙皖赣的人口城市化与人口流动地区的经济发展水平紧密相关。农业人口转移、经济发展水平、经济结构及城乡收入等因素,均与人口的城市化流动存在正向的内在联系。但是,江浙的城乡收入差距缩小、江浙的城乡收入比率小于皖赣等问题,需要进一步研究。

表 3.1 2008 年四省人口流动与经济基本情况

地区	城镇人口比率(%)	非农业人口比率(%)	人均GDP（元）	非农产业产值比率	城镇居民人均可支配收入(元)	农村居民人均纯收入(元)	城乡收入比率
江苏	54.30		40000	93.10	18680	7357	2.54
浙江	57.60	29.77	42214	94.90	22727	9258	2.45
安徽	40.50	22.23	14485	84.02	12990.35	4202.49	3.09
江西	41.00	27.25	14781	83.60	12866.44	4697.19	2.74

二、市际人口流动与区域发展

城市之间的人口流动不仅受到各城市经济发展差异的影响，也反作用于各城市经济的发展。不同城市的工资水平、就业机会、产业结构等差异，吸引着不同类型劳动力在城市之间流动，提高了劳动力在城市之间的配置效率，也相应地优化了人口流动城市的劳动力与资本之间的匹配程度。在特定省份，市际人口流动比跨省人口流动具有较低的流动成本、较弱的流动壁垒等，在省内研究市际人口流动与不同城市经济发展水平关系具有重要意义。这里选择安徽省作为分析对象。

经济发展水平差异促使安徽省人口外流。经济发展水平差异是决定人口流动的核心因素。地区差异较大，直接推动了地区间劳动力流动。但是，劳动力流动是存在成本的，当本地区经济发展较好时，劳动力流动强度将变弱。2008 年，安徽省各市外出半年以上人口比重总体上较高，其中阜阳市外出半年以上人口比重高达 31.31%。在外出半年以上人口中，流向外省的人口比重平均在 60% 以上，说明安徽省与临近省份的经济发展差异较大，并直接导致外出人口向外省流动。从各城市看，亳州市的外出人口中流向外省的比重最高，为 89.52%，合肥市的外出人口中流向外省的比重最低，为 35.66%。但是，在安徽省 17 个城市中，近 16 个城市的外出人口流向外省的比重均高于 53%。由此可见，安徽省劳动力流动的主要方向是外省。

表 3.2 2008 年安徽省各市外出半年以上人口比重与流向

地区	人均GDP	外出人口比重	省内			外省
			本县其他乡镇街道	本市其他县区	本省其他市	
合肥市	34482	14.71	29.67	28.15	6.51	35.66
淮北市	17029	8.57	13.33	4.44	11.73	70.50

续上表

亳州市	7887	18.40	5.00	0.47	5.00	89.52
宿州市	8982	15.14	8.64	1.43	9.92	80.02
蚌埠市	13632	16.18	7.91	5.90	10.59	75.60
阜阳市	6475	31.31	4.99	2.16	3.55	89.30
淮南市	18884	17.63	13.04	15.50	12.39	59.07
滁州市	12623	16.76	13.97	5.31	7.26	73.47
六安市	8768	30.01	6.75	1.47	8.80	82.98
马鞍山市	49824	16.82	23.47	16.90	6.57	53.07
巢湖市	11600	32.35	7.16	2.00	12.75	78.10
芜湖市	33024	19.14	14.80	9.65	6.91	68.64
宣城市	15954	17.07	22.69	4.19	9.53	63.59
铜陵市	44870	14.36	7.98	11.28	15.95	64.79
池州市	14147	24.83	10.41	1.94	8.26	79.38
安庆市	12596	23.54	8.59	2.52	6.06	82.83
黄山市	16867	25.08	17.03	8.74	4.87	69.36

区域差异决定了人口流动去向。经济发展与人口流动存在相互促进的作用。经济发展中的收入差异、就业差异，人口流动地区的地理位置与交通便利性，以及人口迁移迁入的文化相近性等，都是影响人口流动去向的重要因素。2008年，合肥市人口流动主要分布在本县与本市内，其外出人口流向本县其他乡镇街道及本市其他县区的比重分别为29.67%、28.15%，流向本省其他市及外省的人口比重仅为6.51%、35.66%。马鞍山市2008年外出人口流向本县其他乡镇街道及本市其他县区的比重分别为23.47%、16.9%，流向本省其他市及外省的人口比重仅为6.57%、53.07%。同样，经济发展较好的芜湖与淮南的人口流动也较多地选择在本市范围内，芜湖与淮南2008年的外出人口流向本市的比重分别为24.45%、28.54%。从总体上看，经济发展较好城市的人口流动更加倾向于在本市内寻找就业机会。

区域经济差异是省内人口流动的关键因素。在特定省份，人口流动的制度壁垒较弱，人口流动的交通成本与社会成本均较低，凸显了收入差异与就业机会对人口流动的吸引力。2008年，安徽省内跨市外出半年以上的流动人口中，除合肥以外的其他16个市的人口流向合肥市的比重均居第1位，说明合肥市是安徽省内各地区劳动力流动的首选地区。从各地区经济水平与向合肥市流动人口比率看，地区人均GDP与人口流向合肥的比重呈负相关关系。限于地理位置，淮南、六安、巢湖到合肥市的人口流动比重较大。剔除淮南、六安、巢湖之后，其他各市的人均GDP与向合肥市流动的人口比重存在较显著的负相关关系。

表3.3 2008年安徽省内跨市外出半年以上的流动人口构成

地区	向合肥市流动的比率(%)	向合肥市流动比率的排序	人均GDP(元)
合肥市			34482
淮北市	40.78	6	17029
亳州市	40.59	7	7887
宿州市	40.12	8	8982
蚌埠市	27.60	15	13632
阜阳市	39.90	9	6475
淮南市	61.90	2	18884
滁州市	53.52	3	12623
六安市	67.20	1	8768
马鞍山市	31.15	13	49824
巢湖市	49.12	4	11600
芜湖市	19.39	16	33024
宣城市	31.85	11	15954
铜陵市	28.05	14	44870
池州市	31.37	12	14147
安庆市	47.09	5	12596
黄山市	38.71	10	16867

三、省内人口流动与城市化

人口流动与城市化发展具有一致性。城市化发展通常与工业化进程相一致，工业化发展是城市化在产业发展上的体现，也表现为从事工业、服务业人口的增多。在中国，城市化与工业化、劳动力流动存在内在联系。劳动力流动受到地区经济发展水平、就业待遇、就业机会、流动成本、制度壁垒、文化习俗等因素影响。但是，经济发展水平是区域人口流动的主导因素。经济发展水平较高的地区，其工业化发展较快、城市化进程较快，对人口迁移具有吸引力。劳动力的自由流动,反映了劳动力市场的资源配置功能,表现为人口从农村向城市流动、从农业向非农产业流动,整体上促进了区域经济发展。

省内人口流动体现经济发展差异的重要性。从区域角度看,人口流动分为省内流动与跨省流动。省内人口流动的特点在于免除省际人口流动存在的制度壁垒,包括养老保险制度、户籍制度等,省内人口流动同时大大降低人口流动的交通、文化等成本,省内各地区的经济发展差异是省内人口流动的核心因素。从安徽省省内人口流动的情况看,地区经济发展差异导致各城市人口向合肥市流动比重的差异,与合肥市经济发展差距较大地区向合肥市流动人口的比重较高,而经济较为发达的芜湖等向合肥流动的人口比重较低。同样,城乡人口流动与市际人口流动交叉,但是省内城乡人口流动依然由城乡差异与市际经济发展差异决定。

流动人口结构与城市化发展存在关联。人口流动结构通常包括人口迁移的地区差别与人口迁移的产业差别,后者主要是农业人口向非农产业人口的转移。以浙江省为例,2003~2008年期间,浙江省非农业人口增加数在规模上稳步上升,说明浙江地区的人口流动主要表现为非农人口的转移。农业人口转非农人口量的比重在逐年下降,说明浙江地区的非农人口转移在放缓。近年来,浙江地区的城乡收入趋于降低,农业政策优惠较多,在浙江的城市化进程中,城市的吸引力趋于降低。从结构上看,通过招生与招工途径转变为非农人口的农业人口比重均在下降。总体上看,在浙江省城市化发展中,在城市化率达到50%以上之后,农业人口转非农人口的动力在下降,其中招生与招工的转变途径的重要性也在逐年降低。

表3.4 浙江省非农业人口变动情况

年度	非农业人口增加数（万人）	非农业人口迁入量		农业人口转非农业人口量		城市化率（%）
		绝对值（万人）	比率（%）	绝对值（万人）	比率（%）	
2003	125.72	51.73	41.15	46.72	37.16	
2004	129.45	56.59	43.72	57.21	44.19	
2005	110.46	55.02	49.81	34.09	30.86	56.02
2006	110.58	55.87	50.52	36.52	33.03	56.50
2007	101.90	55.82	54.78	27.44	26.93	57.20
2008	133.00	52.90	39.77	26.66	20.05	57.60

表 3.5　浙江省非农业人口变动结构

年度	农业人口转非农业人口量（万人）	招生		招工		城市化率（%）
		绝对值（万人）	比率（%）	绝对值（万人）	比率（%）	
2003	46.72	8.53	18.26	1.99	4.26	
2004	57.21	7.91	13.83	0.91	1.59	
2005	34.09	7.59	22.26	0.61	1.79	56.02
2006	36.52	4.97	13.61	0.22	0.60	56.5
2007	27.44	3.77	13.74	0.08	0.29	57.20
2008	26.66	1.92	7.20	0.10	0.38	57.60

第三节　省际人口流动与区域发展

一、四省比较分析说明

江浙皖赣四省代表不同类型的经济区域，各自的经济增长情况表现出明显的阶段差异，时间选择与变量选择对研究人口流动与区域发展的关系十分关键。以下对实证检验分析模型里所采用的时段、区域类型以及指标的选择，作一说明。

1. 分析时段选择

多数研究基于时间序列分析人口流动对经济增长的趋同影响，但有不同时期在流动人口统计口径上的差别。研究时段选择的不同，对研究结论也会有影响，甚至会出现相反的结果。所以，只选择某个时段进行分析，将使统计口径不一致而出现数据误差，降低可比性和可信度。

我国人口流动经历了三个时期，每个时期各有特点：在改革开放之前，迁移呈现出均衡化格局，迁移人口的分布在全国各地都有；改革开放之后，人口的分布均衡格局被打破，人口开始由农村流向周边城市，但是只在局部范围内流动；到20世纪80年代末90年代初期，人口流动在内陆地区和沿海地区一带开始增多，省际迁移人口向东部地带迁移集中的变化趋向十分明显，表现为人口流动的不均衡特点。

改革开放以来，我国劳动力流动规模越来越大。20世纪80年代初为局部小范围的人口流动，1982~1987年期间，全国劳动力迁移规模为3053.3万，1985~1990年期间，增至3412.8万。进入20世纪90年代以后，人口由中西部地区向东部地区跨地区流动，人口流动规模扩大，1990~1995年迁移规模达3642.6万，1995~2000年达1.31亿人，截至2005年，流动人口数达到1.47亿人。人口流动的特征是跨省流动人口上升快、向城市流动的人口增长快。

从计划经济体制向市场经济体制转型，人口流动也经历了从不流动到流动的频繁的重要转折。改革开放前，全国各地区的户籍人口与常住人口几乎相等。20世纪90年代以来，外来人口或暂住人口显然已成为城市人口的重要组成部分。2005年以后，常住人口取代了户籍人口，较客观地反映了这一流动人口状况。

2000年是较为特殊的年份，这年不仅流动人口达到一个相对高峰值，而且这一年开展了自新中国建立以来的第五次全国人口普查。查阅我国1990年、2000年两次人口普查和1987年、1995年全国1‰人口抽样调查资料，发现直到最近两次才开始对流动人口数据进行统计，第五次人口普查数据反映了1995~2000年间的人口流动状况，对流动人口信息资料的掌握最为全面，可信度高。即使如此，加上若干年份1‰人口抽样调查数据，在研究上还是面临着统计口径不一致、劳动力流动的真实统计数据非常缺乏等问题，时间序列的样本数不足以进行因子分析。

2. 比较区域类型

江浙皖赣四省相近相邻，但经济发展水平差距较大，江浙属于经济发达省份，而皖赣属于经济欠发达地区。尽管江浙皖赣四省在历史上经济交往甚多，但在经济增长初始条件与经济结构相似的基础上，形成了经济发展水平悬殊的不同类型地区。

根据2000年人口普查数据，在全国跨省流动人口中，有65%的人流向东部地区；中部地区跨省流动人口中，有84%流向东部地区。迁入人口大多数集中在沿海大城市，而迁出人口主要分布在中部地区的一些人口大省。

安徽、江西是中部地区人口净迁出大省。20世纪80年代迁出人口规模还不算大，1982~1987年间两省迁出人口仅占全国的4%和2.3%左右，但进入90年代却有了明显的改变。1995年的人口抽样调查显示，两省迁出人口规模迅速扩大，所占比例大幅度提高。2000年全国人口普查资料显示，跨省流动4242万人，从安徽流出的占10.2%，从江西流出的占8.7%，流入浙江的占8.7%，流入江苏的占6%。20世纪90年代，安徽省外出劳动力年均800万，成为中部地区的劳务输出大省，净迁出人口数由1990年不足2.9万上升到2000年200万以上，而这只是离开户籍登记的居住场所6个月以上的，6个月以内的流动人口，即暂住人口数量并不计入其中，因此，这个时期两省实际流动人口数量极为庞大。

江苏与浙江成为东部地区人口净迁入省份,广东、浙江、上海、北京、江苏五省市流入人口占全国跨省流动人口的68.5%。其中,江苏、浙江迁入人口在5%以上,浙江吸引迁入人口占全国迁入人口的比例由20世纪80年代初期的接近1.95%骤然上升到8%以上,人口净迁移率比江苏大致多了一倍,成为90年代后迅速成长起来的人口迁移中心。2000年以来,浙江省流动人口以每年20%左右的速度递增,连续7年位居全国第2位,仅次于广东省。在人口流入的省份,部分地市存在人口流出大于流入的现象,杭州、宁波二市人口流入数量最大,丽水、衢州两市2000年人口普查常住人口已分别比户籍人口少33万和30万,分别为户籍人口的15.3%和14.1%。近年来,浙江省丽水市、衢州市实施了人口"外迁内聚"政策,外部迁进的人口增加。

表3.6　2000年四省人口流出(入)率对比　(单位:百万、%)

人口流入	数量(百万)	比例(%)	人口流出	数量(百万)	比例(%)
江苏	2.55	6.0	安徽	4.33	10.2
浙江	3.69	8.7	江西	3.68	8.7

资料来源:2000年第五次全国人口普查数据。

2000年开始出现四省人口流动不同的类型地区。1990年,四省相比,外省人口迁入数量差距并不大,到了2000年这种差距就极为明显了,江苏与浙江两省是迁入人数大于迁出人数,净迁移率呈正值;而安徽与江西两省情况正好相反,人口迁出数量大于人口迁入数量,净迁移率呈负值。以外省迁入人口数看,1990年,四省的人口迁入率变化不大,到了2000年人口迁入率出现了明显的分化,并成为净迁入与净迁出两类不同地区。

表3.7　2000年四省省际人口迁移的迁出、迁入规模　(单位:万人)

地区	1990年迁入	2000年迁入	2000年迁出	2000年净迁移率(%)
江苏	84	200.88	130	170.88
浙江	32.3	285.19	102.08	183.11
安徽	29.6	33.00	304.52	−271.52
江西	22.6	24.83	282.17	−257.34

资料来源:《中国人口统计年鉴》1991年(1990年全国人口变动抽样调查数据);2000年全国人口普查数据。

3.分析指标选取

(1)流动人口与经济发展水平的关系

人口流动具有一定的经济指向。即经济发展水平越高的地方,人口流入会越多,但通常的做法是以人均GDP,而不是以GDP总量来判断区域经济的发展状况。这是因为,就人口输入较多的城市和地区来讲,既然 GDP 总量计算了外来人口的贡献,人均 GDP 却不计算,显然不合理。就人口输出较多的城市和地区来讲,问题可能出在户籍人口的统计上,这些地方可能户籍人口数大于常住人口数。在这类城市和地区,GDP 总量没有计算流动人口的贡献,而人均 GDP 却把他们分摊进去。所以,人均 GDP 更能真实反映出地区经济发展水平与人口总量状况。

如果经济增长快、经济集聚度高的地区没有集聚相应的人口,那么,就会造成各地区间人均生产总值的差距扩大。江浙皖赣是相互比邻、差异又很大的不同类型地区,经济发展差距较为悬殊,通过人均 GDP 比较,江浙两省几乎是皖赣两省的 2 倍多。人均 GDP 代表区域经济发展水平,更接近地区经济发展的实际水平。

表 3.8　2000 年四省人均 GDP 比较(单位:元/人)

地区	人均 GDP	地区	人均 GDP
江苏	12675.22	安徽	5547.99
浙江	13882.19	江西	5010.94

(2)流动人口与工资收入水平的关系

人均工资水平是反映一定时期内职工工资收入高低程度的主要指标。人均工资水平采用全面统计的方式,即根据全市所有城镇单位(不含私营、个体单位)每季度、年度报送《劳动情况》报表汇总、计算而成。

总体上看,浙江和江苏人均职工工资水平高出安徽与江西的,而江苏、浙江的人均职工工资水平较低的地区,相当于皖赣两省人均工资水平高的地区。人均 GDP 反映这一地区的经济发展水平,但似乎与人们的收入水平关系不大。从下表看,四省人均职工工资的差距并没有人均 GDP 的差距大。

表 3.9　2000 年四省人均职工工资(单位:元/人)

地区	人均职工工资	地区	人均职工工资
江苏	9705	安徽	6082.59
浙江	11909.45	江西	6691.36

(3)流动人口与空间集聚的关系

在一个开放的空间中,区域之间的联系是紧密的。四省间不仅经济联系密切,而且省际人口流动联系也是很密切的。安徽向江苏与浙江两省流入的人口数量占跨省流动人口的主导,接近一半,2005 年流向江苏省占向省外半年以上的流动人口的 23.58%,流向浙江省占 24.4%,共计 47.98%。江西省的跨省流动人口除了向江苏、浙江流入以外,还有一部分流向广东、福建等珠三角地区。2000年,浙江省来自外省的农村就业人员,江西省占27.6%、安徽省占25.6%,共53.2%。所以,四省间人口流动不仅表现出经济的导向作用,而且表现为空间上的紧密联系。

流动人口的增长与城市人口增长也有联系。农村人口就近向城镇转移,表现为从内陆、边远地区农村向沿海大中城市转移。据调查,流动人口中从乡村流入城镇的占65%。自20世纪90年代开始,人口流动开始向城市迅速集中,具体地说,人口由安徽、江西向江苏、浙江的城市涌入,城市人口增长速度大大超出省区人口增长速度。

对比1990年全国第四次人口普查、2000年第五次人口普查,以及2005年全国人口1%的抽样调查的人口数据,可看出不同时期人口向城市集中增长的这一变化特征。浙江与江苏1990~2000年间城市人口的增长速度远高出安徽与江西,这段时期城市人口的增长主要不是来自城市人口自然增长,而是由于流入人口增加,城市化水平有了不同程度的提高,流入人口与城市人口增长应是有关联的。2000年,江苏、浙江省城市化率增长速度有所回落,江西的城市人口增长率上升。

表3.10 四省城市化水平比较 (单位:%)

地区	1990	2000	2006	1990~2000年间年均增长	2000~2006年间年均增长
浙江	21.2	48.7	56.6	2.75	1.32
江苏	21.6	41.5	51.7	1.99	1.7
安徽	17.9	27.8	31.7	0.99	0.65
江西	20.4	27.7	38.7	0.73	1.83
全国	17.9	36.2	46.9	1.83	1.78

就业和经济是联系在一起的,经济增长快,对就业的拉动力量也就比较大。区域之间就业率差异的变化对区域趋同的发生会有影响,二者存在一定的关联度。

总之,分析人口流动与地区发展的关系模型可以使用的分析指标有很多,本书选取4个代表性指标:人口流动以省外迁入人口数为因变量;区域发展的总体指标选择人均国民生产总值为变量;地区收入水平选取人均职工工资为指标变量;人口空间集聚以城镇从业人口数为指标。

二、实证检验研究

1.人口流动与经济发展的基本情况

根据《中国2000年人口普查资料》及《2001年中国区域经济统计年鉴》,

列出江浙皖赣四省 2000 年流动人口、职工工资水平、城镇就业水平与经济发展水平的分析数据,利用二元回归分析与多元回归分析方法,检验人口流动与区域发展相互之间的关系。

表 3.11 江苏辖区人口流动与经济发展的基本情况

辖区	省外流入人口（万人）	城镇从业人数（万人）	人均职工工资（元/人）	人均 GDP（元/人）
南京	38.98	266.77	13912.00	18743.23
无锡	48.45	221.06	11985.00	27614.87
徐州	8.95	417.66	9339.00	7189.47
常州	33.07	179.36	11542.00	17589.90
苏州	71.11	313.89	11778.00	26647.53
南通	14.15	441.46	9247.00	9387.02
连云港	2.87	208.40	8006.00	6390.04
淮阴	2.31	265.54	7978.00	5703.84
盐城	4.37	331.68	7739.00	6895.56
扬州	9.08	221.93	9732.00	10477.12
镇江	12.31	153.07	10276.00	16950.91
泰州	6.47	250.19	7818.00	7217.02
宿迁	1.57	262.15	6813.00	3971.38

表 3.12 浙江辖区人口流动与经济发展的基本情况

辖区	省外流入人口（万人）	城镇从业人数（万人）	人均职工工资（元/人）	人均 GDP（元/人）
杭州	50.27	408.10	13715.00	22242.67
宁波	61.20	354.90	15512.00	21735.31
温州	102.12	426.97	11229.00	11246.74
嘉兴	25.73	193.73	11474.00	16332.19
湖州	14.50	140.09	9806.00	14773.06
绍兴	22.67	274.45	11827.00	18021.22
金华	38.78	295.62	12383.00	12242.28
衢州	1.92	140.57	10446.00	6673.54
舟山	4.56	64.21	11094.00	11587.24
台州	44.58	340.48	13206.00	12348.21
丽水	2.55	138.23	10312.00	5501.65

表 3.13　安徽辖区人口流动与经济发展的基本情况

辖区	省外迁入人口（万人）	城镇从业人数（万人）	人均职工工资（元/人）	人均 GDP（元/人）
合肥	3.91	237.30	7556.00	7410.54
淮北	0.68	97.20	6711.00	5040.75
亳州	0.70	292.10	5314.00	3046.04
宿州	1.37	300.60	4734.00	3082.24
蚌埠	1.57	182.40	5641.00	4734.88
阜阳	1.14	495.30	5216.00	2282.04
淮南	0.96	114.30	5806.00	6113.54
滁州	2.09	221.00	5306.00	6018.59
六安	0.74	354.70	5333.00	2581.18
马鞍山	1.28	65.20	7999.00	10602.52
巢湖	1.27	238.20	5667.00	4237.69
芜湖	2.04	137.50	7156.00	9179.86
宣城	2.03	160.60	6557.00	5840.55
铜陵	0.46	40.10	6832.00	10623.19
池州	0.56	88.68	5882.00	3781.39
安庆	1.39	333.60	5623.00	4198.24
黄山	0.83	92.39	6071.00	5542.60

表 3.14　江西辖区人口流动与经济发展的基本情况

辖区	省外迁出人口（万人）	城镇从业人数（万人）	人均职工工资（元/人）	人均 GDP（元/人）
南昌	4.72	214.96	8756.00	10058.95
景德镇	1.11	78.09	5989.00	6625.40
萍乡	1.09	88.49	7185.00	5729.08
九江	4.86	245.81	6236.00	4769.60
新余	1.12	52.58	7864.00	6015.75
鹰潭	0.76	47.76	6733.00	5181.52
赣州	3.64	413.59	6608.00	3351.97
宜春	2.64	253.77	6241.00	3743.02
上饶	1.62	287.02	5662.00	2698.38
吉安	2.73	224.27	6237.00	3475.28
抚州	1.01	175.60	6094.00	3471.39

2.人口流动与经济发展的相关性

分析计算流动人口和省外迁入人口数、城镇从业人数、人均职工工资、人均GDP变量之间的相关关系,采用二元相关分析方法,得出皮尔森(Pearson)积矩相关系数,取显著性水平0.01进行双侧检验,得到相关关系、相关系数的临界值和显著性检验结果。

表3.15　人口流动与经济发展的相关系数分析

		省外迁入人口数	城镇从业人数	人均职工工资	人均GDP
省外迁入人口数	Pearson Correlation				
	Sig. (2－tailed)				
	N				
城镇从业人数	Pearson Correlation	0.417**			
	Sig. (2－tailed)	0.002			
	N	52			
人均职工工资	Pearson Correlation	0.756**	0.194		
	Sig. (2－tailed)	0.000	0.168		
	N	52	52		
人均GDP	Pearson Correlation	0.742**	0.091	0.845**	
	Sig. (2－tailed)	0.000	0.521		0.000
	N	52	52		52

＊＊Correlation is significant at the 0.01 level(2－tailed).

根据判断两变量线性相关密切程度的具体标准,

$0 \leqslant |r| < 0.3$,称为微弱相关;

$0.3 \leqslant |r| < 0.5$,称为低度相关;

$0.5 \leqslant |r| < 0.8$,称为显著相关;

$0.8 \leqslant |r| < 1$,称为高度相关。

利用相关系数法,分析2000年流动人口与地区经济发展水平等变量之间的关系,可以看出:

(1)省外迁入人口数量与一个地区的经济发展水平有着较高程度的相关。无论是经济发达的江苏与浙江,还是经济欠发达的安徽与江西,省外迁入人口与各地国民生产总值都有着显著相关,相关系数为0.742。这表明了人口集聚度与区域经济发展水平的相互关系:经济发展水平越高,人口吸引力就越大,人口迁入数量也就越多;经济水平越高,外来人口的比率也越高,所谓"人往高处走"。但也并不是人口流入越多的地方,经济增长就越快。

(2) 人均工资收敛的重要前提是劳动力流动。省外迁入人口数量与地区人均职工工资的相关系数为 0.756，呈显著相关。一些研究者将之解释为制度性障碍对人口流动的影响，认为制度性障碍阻碍劳动力自由流动，我国的户籍制度还没有完全取消，认为它仍然会成为阻碍省际人口流动的壁垒。这个检验说明，并不存在由于劳动力流动受阻而导致区域与地区间的工资差距扩大。特别是自 20 世纪 90 年代以来，中西部地区向东部地区流动的人口呈现快速增加的趋势，地区间工资收入的差距并没有如同地区差距一样呈等同扩大的趋势。

(3) 省外迁入人口主要流入城市，相应地增加了城镇就业人数。从理论上讲，人口迁入数量与城镇从业人数有着较高的相关性。但实际的相关系数为 0.417，表明两者只存在低度相关。并且这种相关度低于流动人口与地区工资水平与经济发展水平的相关度。一种可能的解释是，大多数从省外迁入的人口来自农村，在城镇就业但未登记，这使得从业人数的官方数据往往会低于实际从业人数。如果不是登记上的遗漏，其可能的解释是，人口流动的空间集聚正在减弱，经济集聚开始减弱。随着东部地区人口与产业集聚进入一个高峰时期，产业转移效应逐步显现出来，2003 年后东部沿海地区向中西部地区的产业转移，企业向外转移，减少该地区流入人口。而 2000 年以后流入人口与从业人数增长相背离，证实了人口流动空间格局的改变。

(4) 城镇从业人数并不与人均 GDP、人均工资水平呈现相关关系。

3. 省际人口流动的决定因素

利用回归分析方法，分析流动人口与地区经济发展水平、人均工资水平，以及城镇就业人口数的相关关系，得到的结论与方程如下：

省外迁入人口数 = －35.166＋0.003×人均职工工资＋0.002×人均 GDP＋0.59×城镇从业人数

表 3.16 江浙皖赣四省人口流动的决定因素

Coefficients^a

Model		Unstandardized Coefficients		Standardized Coefficients	t	Sig.
		B	Std. Error	Beta		
1	(Constant)	－35.166	6.822		－5.155	0.000
	城镇从业人数	0.059	0.015	0.314	3.877	0.000
	人均职工工资	0.003	0.001	0.321	2.125	0.039
	人均 GDP	0.002	0.001	0.442	2.969	0.005

a. Dependent Variable：省外迁入人口数

表 3.17　江浙皖赣四省人口流动决定模型的拟合评价

Model Summary^b

Model	R	R Square	Adjusted R Square	Std. Error of the Estimate
1	0.838^a	0.702	0.684	12.12024

a. Predictors:(Constant),人均 GDP,城镇从业人数,人均职工工资
b. Dependent Variabel:省外迁入人口数

复相关系数 R 的平方(决定系数)为 0.702。|R|≤1,R 的绝对值越大,说明拟合度越好。经过 t 检验,回归方程的拟合度较好。根据标准化预测值散点图,由于散点基本分布呈线性关系,可以认为线性假设成立。因此,多元线性回归分析比较好地反映了在一个分析模型下变量之间的相互关系。

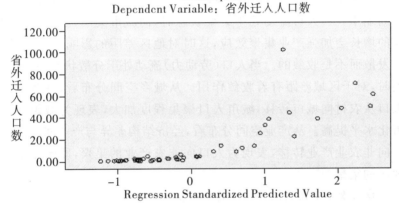

图 3.1　人口流动模型的标准化预测值散点图

第四节　本章小结

人口流动与区域发展存在相互作用与内在联系。区域发展差异导致的就业水平差异、工资待遇差异,以及交通成本、文化成本等,是诱发人口跨地区流动的重要因素。同时,人口流动也对流入与流出地区产生经济影响,包括影响劳动力市场的供求关系等。人口流动增强了人力资源市场的资源配置功能,同时影响人力资源的变化与区域经济的发展。本章通过分析江浙皖赣四省的省内人口流动、省际人口流动与区域经济发展的内在联系,总结出若干人口流动与区域发展的内在规律。

1.人口流动与区域经济增长关系密切

从省内人口流动看,省内人口流动制度壁垒较小,人口流动社会成本就

较低,而城乡收入差异与区域经济发展差异是省内人口流动的主要因素。从省际人口流动看,省际人口流动与江浙皖赣四省区域经济增长差距存在显著的正相关性。研究发现,江浙皖赣四省2000年省际人口迁入率与人口地区总产值、人均职工工资水平、城市人口增长率之间存在一定程度的趋同性,说明人口流动对地区发展的影响并没有缩小区域差距。对于不同类型的地区,流动人口与经济发展水平的关系变化遵循同样的规律,但相关程度随着时间的发展而改变。在某些时期,人口流动是影响经济增长的主要因素之一,其作用可能更大些。

2.人口流动影响着劳动力的空间分布格局

人口流动不仅改变了一个地区的劳动力数量,而且也改变了该地区劳动力的空间分布格局。在集聚发生的过程中,中心地区与外围地区的人均收入差距不断缩小。当人口流动处于集聚状态时,向城市集中,制造业或第三产业就业的增长会加强产业集聚效应,这时对地区差距的影响是扩大的,区域增长是发散而不是收敛的。当人口(劳动力)流动处于分散状态,集聚效应并不显现时,对于区域差距有着收敛作用。从城乡空间分布看,城乡收入差距引导人口从农村向城市转移,城市人口聚集程度加大,表现为城镇人口增多和城市化水平提高。从产业空间分布看,经济结构差异与产业间收入差异促进人口向非农业产业转移,表现为人口向非农产业的集聚,即向城市与经济发展地区的集聚。

3.人口因素不是区域经济增长的唯一重要条件

人口流动与区域经济发展存在密切关系,但人口因素并不是影响经济增长的唯一重要条件。影响经济增长的因素较多。比如资本、经济政策、教育以及地理位置等因素,都会在不同时期对经济增长产生不同程度的影响。人口流动只是其中的一个因素,它只能作为解释地区经济增长的部分原因,并且取决于特定时期的环境。劳动力对经济增长的影响效果会因时期的不同而不同。人口流动对区域发展的影响并不是独立的,而与其他条件一起对经济增长发生作用,产生正面或负面的增强效果。

总之,人口流动与区域经济发展存在着重要联系。但是,人口流动的地区差异与经济发展的地区差异具有同步变化趋势的结论,只有在特定的前提条件下才能够成立。关于人口流动与区域发展的问题,应在获取新的、可信度较高的数据后再进一步加以检验。

案例：昆山市人口流动与融合

一般情况下，人口流动与城市发展存在着相互影响的关系。一方面，工资差异、产业发展差异、就业环境与制度壁垒差异等会影响人口的跨地区流动；另一方面，人口的跨地区流动对流入地区的城市化发展、产业集聚发展、产业空间布局、产业结构等也会形成重要影响。分析影响人口跨区流动的影响因素，管理流动人口并提高流动人口的融合度，对于城市化发展具有重要意义。下面以"中国第一县"昆山市为例，深入剖析人口流动转变为人口融合对城市化发展的重要性。

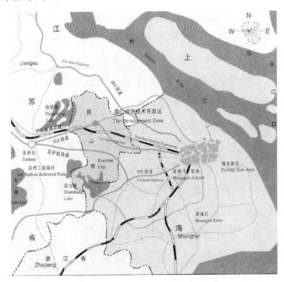

图 3.2　昆山市地理位置

一、昆山市发展概况

昆山市是隶属于江苏省苏州市的县级市。昆山市面积为 927.68 平方公里，下辖 1 个国家级开发区、3 个省级开发区和 10 个镇。2009 年，昆山市总人口达 168 万多，其中户籍总人口有 69.99 万。

昆山位于东经 120°48′21″～121°09′04″、北纬 31°06′34″～31°32′36″，处江苏省东南部、上海与苏州之间。北至东北与常熟、太仓两市相连，南至东南与上海嘉定、青浦两区接壤，西与吴江、苏州交界。东西最大直线距离为 33 公里，南北为 48 公里，总面积为 927.68 平方公里，其中水域面积占 23.1%。

改革开放以来,昆山市的国民经济在较长时期内保持平稳较快的增长。2009年底,地区生产总值达1750.08亿元,按可比价计算,比上年增长16.0%。产业结构不断优化,第二、第三产业共同推动经济增长的格局进一步巩固。全年完成第一产业增加值17.85亿元,比上年增长7.0%;第二产业增加值1137.15亿元,增长15.5%;第三产业增加值595.08亿元,增长17.5%,服务业增加值占GDP比重达到34.0%。按常住人口计算的人均地区生产总值达135355元(按现行汇率折19823美元)。2009年至2011年,在台湾电公会公布的大陆地区投资环境评估中,昆山连续3年居于首位。在福布斯中国大陆最佳商业城市排行榜上,昆山位列同类城市第一。

改革开放以来,昆山市的体制改革取得积极成效。昆山市行政审批中心创新审批方式,实现审批提速。限额以下鼓励类、允许类外资项目和权限内内资项目审批时间由44个工作日缩短为37个工作日。承诺时限进一步压缩,共有26个部门的255项行政许可、审批和服务事项进行了提速,总计压缩承诺时限995天,由原来的4033个工作日减少为3038个工作日,压缩比例为24.7%。绿色通道进一步畅通,将注册资本或增资额在500万美元以上的外资企业设立登记项目、3000万元人民币以上的内资企业设立登记项目和投资额在3000万元以上的基本建设项目,全部纳入快速审批绿色通道,共有408类项目进入绿色通道,得到全程快速办理。效率效能进一步提高,基本建设项目审批与收费分离,实行一个综合收费窗口统一收费的制度,共办理相关收费1010项,总金额为5876万元。网上审批进一步扩大,2009年网上审批共75404件,占总办件的35.1%。

改革开放以来,昆山市的社会事业得到长足发展。科技事业取得显著成效,紧紧围绕"三保三促"的中心任务,主动对接国家中长期科技发展规划和各级产业调整振兴规划,抓住重点项目、重点产业、重点载体、重点工程、重点活动,全力促进产业转型升级和企业自主创新。2009年,昆山市被评为全国科技进步示范市,连续8年在全国科技进步先进县市考核中名列全省第一。文化事业取得新进步,2009年成功组织举办"中华情·昆山情"、《央视寻宝走进昆山》等大型文化活动,组织各类文艺演出超过800场次,新创作节目468件,在苏州市级以上获奖180项,其中国家级18项、省级68项。卫生工作取得良好成效,卫生服务体系健全率达到100%。教育投入力度加大,学校基本建设进展顺利,2009年教育经费总投入达17.76亿元,各类教育得到协调发展。体育工作全面提升,群众体育蓬勃开展。

二、人口发展基本情况

1. 人口发展

人口总量持续增加,外来人口比重提高。自2002年以来,昆山总人口数量不断提高。2002年昆山总人口不足100万,2009年达到168万多。2002~2009年,在短短的7年内,昆山总人口增长了68%。昆山总人口的不断增加,主要体现在户籍人口和外来人口的增加。2002年昆山户籍人口为60万,2009年增加到近70万。2002年昆山外来暂住人口为37.7万,2009年高达98万。2002~2009年昆山户籍人口增加近10万,外来暂住人口增加60多万。在人口总量不断增长的情况下,昆山人口结构不断变化。2009年昆山外来暂住人口比重为58.37%,户籍人口比重为41.63%,这说明昆山已经成为外来人口为主的城市。2002年昆山户籍人口比重为61.68%,高于外来人口比重38.32%。到2004年末,昆山户籍人口和外来人口比重几乎持平,之后,外来人口在昆山的比重不断攀升。

表3.18 2002~2009年昆山市人口数量变化

年份	人口总量(人)	户籍人口(人)	外来人口(人)	户籍人口比重(%)	外来人口比重(%)
2002	984056	606936	377120	61.68	38.32
2003	1096395	619534	476861	56.51	43.49
2004	1262502	637157	625345	50.47	49.53
2005	1343838	654603	689235	48.71	51.29
2006	1401765	666809	734956	47.57	52.43
2007	1582418	679846	902572	42.96	57.04
2008	1644597	690435	954162	41.98	58.02
2009	1681387	699885	981502	41.63	58.37

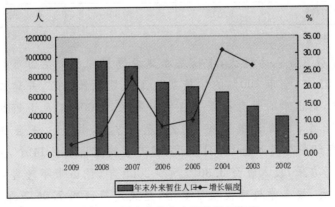

图3.3 昆山市外来人口数量示意图

近年来,昆山市的外来人口总量不断提高,但增幅趋于下降。2002年昆山市外来暂住人口37.7万人,到2009年则达98万人,2002~2009年,昆山市外来暂住人口的年平均增幅达15%。但昆山市外来人口的增幅总体上呈下降趋势。2009年昆山市外来人口比上年末增加2.7万人,增幅为2.87%,是自2002年以来的最低水平。2002~2009年间,昆山市外来人口单年增长量最高有2004年的14.8万人、2007年的16.7万人,其单年人口增幅分别为31.14%和22.81%。

昆山市人口出生数量呈上升趋势,人口自然增长率较为稳定。人口出生数量取决于人口数量基数及出生率。在昆山市人口基数不断增加的情况下,昆山市近年来人口出生数量不断上升。2003年昆山市人口出生率较低,为7.58‰,2004~2009年则基本保持在9‰上下。2003年昆山市人口出生数量为4647人,到2004年以后年人口出生量基本保持在6000人以上,2009年人口出生数量为6472人。总体上看,昆山市人口自然增长率较为平稳。2003年昆山市人口自然增长率为1.54‰,2004年以后基本在3‰至4‰之间。

表3.19　2003~2009年昆山市出生人口基本情况

年份	出生人口(人)	出生率(‰)	死亡率(‰)	人口自然增长率(‰)
2003	4647	7.58	6.04	1.54
2004	6204	9.87	5.92	3.95
2005	6003	9.29	6.09	3.20
2006	5978	9.05	5.50	3.55
2007	6065	9.01	5.76	3.25
2008	6098	8.90	5.79	3.11
2009	6472	9.31	5.60	3.71

2. 人口教育

昆山市教育投入力度大,学校基本建设进展顺利。昆山市教育较为发达,早在2005年,全市100%的学校实现了光纤宽带接入,并建成宽带校园网。近年来,昆山市的教育投入一直保持高位。2006年昆山市共竣工学校建设项目12个,完成建筑面积43.20万平方米,共投入资金9.49亿元。2007年教育经费总投入达14.01亿元,竣工学校建设项目14个,完成建筑面积15.5万平方米,投入资金3.30亿元。2009年,昆山市年教育经费总投入达17.76亿元,竣工学校建设项目9个,完成建筑面积7.06万平方米,投入资金2.19亿元。

流动人口子女教育逐步发展。2005年,昆山市建立流动人口子女学校8所,在校学生13559人。2006年,昆山市流动人口子女学校增加到9所,在校学生14881人。到2009年,昆山市外来工子弟学校在校学生19784人,外来工子女义务教育入学率达99.8%。伴随流动人口子女学校在校学生的增加,为此服务的专任教师也不断增加,2007年专任教师数量达566人,2008年提高到693人。

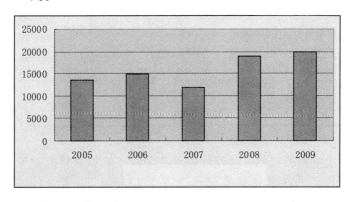

图3.4　2005～2009年昆山流动人口子女学校在校学生柱状图

各类教育协调加速发展。2009年,昆山市共有在园幼儿27041人,专任教师1054人;小学在校学生47699人,专任教师2522人;普通中学在校学生33305人,专任教师2790人;职业中学在校学生7711人,专任教师557人;特殊学校在校学生148人,专任教师28人;地方高等教育项目8个,在校学生24669人。全市3～6周岁幼儿入园率达99.5%;小学入学率、巩固率、普及率和毕业率均继续保持在100%;初中入学率、巩固率和毕业率分别达100%、100%和99.6%;残疾儿童少年、贫困家庭学生分别达99.6%、100%;高中阶段入学率达99.5%,普通高中升学率达95.7%;中等职业学校毕业生就业率达98.0%;18～22周岁适龄人口高等教育毛入学率达66.2%。

3. **劳动就业**

以促进创业稳定就业。2009年,昆山市出台《关于促进创业稳定就业的工作意见》,发放困难企业稳定岗位补贴1370万元,发放创业小额贷款8797万元。全市新办录用登记39.53万人,城镇登记失业率控制在2.24%。全年免费培训城乡劳动力3.12万人,开展各级各类职业技能鉴定1.22万人。

新增就业出现拐点。2008年昆山市新增就业数量锐减为7.25万人,是2007年的近1/4。2004～2007年昆山市新增就业数量不断增加。2004年新增就业14.43万人,2005年提高到17.45万人,2006年突破20万人,2007年达到近年来的高点即为27.12万人。

表3.20　2003~2009年昆山市劳动就业情况

年份	新增就业(万人)	城镇登记失业率(%)	培训劳动力(万人)
2003	—	2.44	
2004	14.43	2.58	—
2005	17.45	2.22	—
2006	20.48	2.51	3.00
2007	27.12	2.20	4.34
2008	7.25	2.25	3.77
2009	—	2.24	3.12

注:数据来源于昆山市统计公报。

城镇失业率控制较好。2003~2009年昆山市城镇登记失业率一直控制在2.2%~2.6%。2003年城镇登记失业人员5266人,登记失业率为2.44%。2004年、2006年昆山市城镇登记失业率较高,分别为2.58%、2.51%。2007年城镇登记失业人员6040人,登记失业率为2.2%。

劳动培训加强,劳动就业结构改善。2008年免费培训城乡劳动力3.77万人,其中获得职业资格证书的1.09万人。2007年培训人数43405人,比上年增长45.3%。2006年培训人数为29866人,比上年增加2715人。2005年实现农村劳动力转移就业的14159人,其中农村"4050"人员5555人。2004年新增就业岗位中外地11.55万人,实现农村劳动力转移就业的12178人,其中农村"4050"人员4851人。

4. 社会保障

2009年,昆山社会保障体系进一步完善。提高农保养老待遇,70周岁以下人员每月农保基础养老金从190元提高到250元,70周岁以上人员每月基础养老金从220元提高到280元;提高居民医保水平,筹资标准从260元提高到320元,降低门诊、住院起付线(与职工医保接轨),提高门诊、住院各统筹基金报销结付比例5个百分点;全年办理转移折算进城医保人数8778人,累计办理8万人次;实施社会医疗救助办法,全年救助总金额1095万元,救助6532人,实时救助经费1042万元,救助7.23万人次;实施补足最低缴费年限参加职工医保工程,3.6万名老年居民转移参加和享受职工医保退休待遇;全市企业职工基本养老、医疗保险当年新增参保均达20万人,累计参保保持在100万人以上。农村基本养老保险实际缴费人数为4.78万人,养老金发放人数达10.34万人,参保率在99.9%以上;居民基本医疗保险参保人数为25.1万人,参保率达99%以上。2009年归集住房公积金达13.2亿元,比上年增长12.7%,年末住房公积金余额为28.3亿元,比上年增长17.9%;向4020户职工家庭发放住房公积金贷款12.05亿元,比上年增长178.9%,年末公积金贷款余额为24.2亿元,比上年增长54.9%。

三、人口流动影响因素分析

昆山市总人口数不断攀升,外来人口比重也逐步提高。截至2009年底,昆山市外来人口比重超过58%。外来人口的流入不仅为当地经济发展提供了劳动力,而且影响了当地的产业结构调整和地区需求结构的转变,为昆山市的发展提供了机遇。下面将剖析外来人口向昆山市涌入的动力因素。

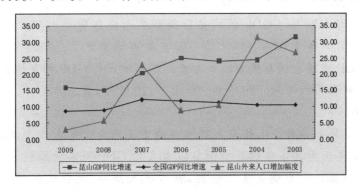

图3.5 昆山GDP增长与外来人口增幅折线图

1. 经济发展

地区间的经济发展差异是影响人口流动的首要因素。衡量地区经济发展的指标通常为经济总量GDP和人均GDP。这里首先从昆山经济总量的增幅与全国经济总量的增幅进行比较,考察昆山流动人口的增加情况。2003年昆山市国内生产总值为430.37亿元,按照可比价格折算,同比增幅为31.5%,同期全国GDP同比增幅为10.6%,昆山GDP增幅高于全国20.9个百分点,其外来人口增幅为26.45%,昆山外来人口的增幅高于经济总量的增幅。到2008年、2009年,由于受到国际金融危机的影响,昆山市经济增长幅度下滑,与全国经济增长幅度的差距变小,逐渐缩小为6个百分点左右,进而也影响了人口向昆山地区的流动。2008~2009年,昆山市外来人口增加幅度仅为5.72%和2.87%。2003~2009年的相关数据图形表明,昆山市经济增长幅度对全国的差值变化与昆山市外来人口增加幅度呈正相关关系。昆山相对于全国的经济总量增长幅度差的提高,极大地吸引了外来人口的流入。

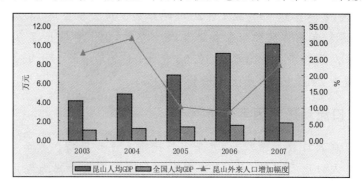

图 3.6　昆山人均 GDP 与外来人口增幅示意图

人均 GDP 之间的地区差异深刻影响外来人口往昆山的流动。以昆山人均 GDP 值与全国人均 GDP 值的差距衡量昆山经济发展水平。2004 年,昆山市人均 GDP 达 4.83 万元,位居全国县级市城市之首。2004～2007 年昆山人均 GDP 蝉联全国县级市城市之首。昆山市人均 GDP 的高增长,加速了外来人口对昆山的涌入。2003 年、2004 年、2007 年,昆山市的外来人口增幅均超过 20%。

经济发展差异是昆山外来人口增多的重要因素。昆山作为流动人口的迁入地,主要因为其多年蝉联全国县级市人均 GDP 冠军的地位。未来经济发展对人口流动的影响是多方位的,包括收入差异、就业机会、对外来的预期、生活环境的改善、文化环境的改善,以及流动成本的降低等。但是,经济规模不能无限制高速扩张,2007 年之后,昆山外来人口增幅出现较大波动。

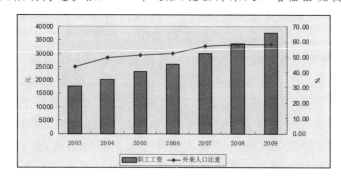

图 3.7　昆山职工工资与外来人口比重示意图

2. 工资水平

工资水平(绝对工资水平)对昆山外来人口的迁入总量存在重要的影响。一般情况下,工资是普通劳动者的主要收入,人口的转移受到价格因素影响,即工资越高,人口迁入量越大。昆山在岗职工平均工资呈逐年上升趋势,外来人口比重也逐年提高,两者基本呈正相关关系。2003年,昆山职工年平均工资为17593元,其外来人口比重为43.49%;2009年,昆山在岗职工年平均工资为37394元,其外来人口占总人口比重也达到58.37%。近年来,昆山职工工资与外来人口比重均呈增长趋势。从增长趋势看,昆山职工工资的增幅存在下降趋势,工资增长曲线趋于平稳,同样,昆山外来人口比重曲线也趋于平稳,外来人口比重的增幅也呈下降趋势。对于一般劳动力而言,地区工资差异是诱导劳动力流动的主要因素之一。

相对工资差异则影响着昆山市外来人口流动的幅度。相对工资差异是昆山市人口增加的另一个因素。本书采用昆山市在岗职工工资与全国工资的比值作为相对工资比。2003年,昆山市在岗职工平均工资为17593元,当时全国职工货币工资为14040元,昆山市职工工资比为1.25。2008年,昆山市、全国在岗职工平均工资分别上升到33735元和29229元,但工资比下降为1.15,职工工资比的不断下降,影响了昆山市对外来人口的吸引力。如图3.8,昆山市相对工资比与其外来人口增幅呈现较强的正相关趋势。2003年,昆山市职工工资比为1.25,其外来人口增幅为26.45%;2008年,昆山市职工工资比为1.15,其外来人口增幅下降到1.15%。

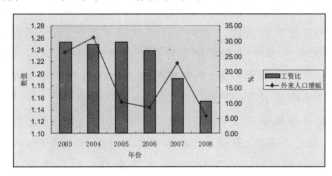

图3.8 昆山相对工资比与外来人口增幅示意图

3. 就业环境

一般而言,就业环境是影响人口流动的重要动因。作为劳动的供给者,外来人口能否就业,或者是预期就业的可能性,必将影响人口迁移。这里以城镇登记失业率为衡量昆山市就业环境的首要指标。昆山市劳动失业率总体处于下降趋势。2003年,昆山市城镇登记失业率为2.44%,2008年下降到2.25%,2003～2008年之间昆山城镇登记失业率均低于2.6%,其中仅有两个年份的数值超过2.5%,2003年,全国城镇登记失业率高于昆山1.86个百分点,到2008年,这一数字提高到1.95个百分点,与全国就业环境比较,昆山的就业环境优势更加明显。

获得工作的可能性,是促进人口流动的因素之一。但是,就业环境还包括未来职业发展机会、企业文化与城市文化等因素。另外,失业率指标还受到迁入人口的数量、劳动力素质、产业结构、就业政策等影响,这些因素又与外来人口存在密切关系。因此,昆山市失业率的下降,与外来人口增幅不断下降的现象还需要从其他角度获得解释。引导人口向昆山流动的因素还包括就业保障、子女教育、城市文化、产业调整等。

表3.21 昆山城镇登记失业率与外来人口增加

年份	城镇登记失业率(%)			昆山外来人口	
	全国	昆山	差值	比重(%)	增幅(%)
2003	4.30	2.44	1.86	43.49	26.45
2004	4.20	2.58	1.62	49.53	31.14
2005	4.20	2.22	1.98	51.29	10.22
2006	4.10	2.51	1.59	52.43	8.40
2007	4.00	2.20	1.80	57.04	22.81
2008	4.20	2.25	1.95	58.02	5.72

4. 保障环境

新迁入人口的社会保障环境影响准备迁入者的预期,逐年改善的社会保障促进外来人口向昆山迁移。社会保障不仅涵盖就业,还包括医疗、养老、住房等方面,尤其是在地方财政发展差异化的情况下,地区间的社会保障差异是诱导劳动力迁移的重要动力,不断提升的社会保障制度对潜在的永久性的迁移者存在较大的吸引力。

从具体的社会保障方面看,昆山强大的财政收入,为潜在的社会保障支出提供保障,昆山在医疗、就业、住房等方面的建设投入不断加大,也极大地吸引了外来人口的流入。2008年,昆山实现全口径财政收入272.55亿元,比上年增长35.0%。其中,地方一般预算收入突破百亿元,达到115.69亿元,比上年增长33.7%。全口径财政收入占地区生产总值比重达到18.2%,比上年提高0.7个百分点。2008年,昆山财政收入总量、人均地方一般预算收入位居全国各县(市)之首。2003年,昆山全面推行农村基本养老保险,玉山、周庄的农村基本医疗保险制度改革试点取得成功,全市有47.58万人参加基本养老保险,有 32.93 万人参加城镇医疗保险,有 26.94 万人参加失业保险。2009 年,提高农保养老待遇,70 周岁以下人员每月农保基础养老金从 190 元提高到 250 元;实施社会医疗救助办法,全年救助总金额达 1095 万元;农村基本养老保险实际缴费人数为 4.78 万人,参保率达 99.9% 以上;全年归集住房公积金 13.2 亿元,比上年增长 12.7%。因经济增长带来的不断提高的社会保障,可以帮助昆山不断吸引外来人口。

户籍管理与流动人口的子女教育影响人口的流入。户籍管理是人口迁移的制度成本。如果昆山市户籍管理较为宽松,那么,对潜在的迁移者无疑是有利的。但是,人口的户籍由全国统一进行管理。2003 年,昆山户籍人口近 62 万,其后户籍人口总量不断增加,到 2009 年末,这一数字近 70 万,但 2003~2009 年昆山市户籍人口的增幅在不断下降,除去户籍人口的自然净生长率,可以看出在外来人口比重不断增加的情况下,昆山市的户籍是有限制有条件获得的。由于我国现行的二元体制,大多数情况下,普通劳动力对户籍的要求不高,也就是说,户籍对人口流动的作用力不是那么强。另外,外来人口的子女教育水平的不断提高,促进了外来普通劳动力的流入,2009 年,昆山外来工子女义务教育入学率达 99.8%。

表 3.22　2003~2009 年昆山市户籍人口变动

年份	户籍人口数量(人)	比上年末增加(人)	增幅(%)
2003	619534	12598	2.08
2004	637157	17623	2.84
2005	654603	17446	2.74
2006	666809	12206	1.86
2007	679846	13037	1.96
2008	690435	10589	1.56
2009	699885	9450	1.37

四、流动人口融合状况研究

流动人口融合情况的研究,是人口流动与经济增长研究的另一个方面。随着外来流动人口不断地涌入昆山,如何促进外来人口与本地人口之间的融合与稳定是当务之急,关系到昆山本地能否实现经济社会持续发展。人口流动对迁入地的促进作用取决于多种因素,包括居住、社会交往、文化融合及转变为市民等。

1. 城市居住

居住是流动人口的首要问题。居住状况的好坏直接反映流动人口在迁入地区的融合情况,反映该地区流动人口管理成绩。从已有的调查数据[①]看,租房是流动人口在昆山市玉山镇的主要居住形式。全部调查表为2045份,其中有效份数占96.7%。在有效的调查表中,"租当地居民的房"是流动人口在玉山镇的首要住房形式,其有效占比为39.6%;"在集中居住点租房"和"用人单位提供的宿舍"的有效占比分别为27.3%和26.2%,三者之和达到93.1%。以昆山市玉山镇为代表,流动人口以租房和单位提供房为主的居住方式,是促进流动人口与本地居民融合的前提。总体看,无论是租房还是用人单位提供房,都有助于流动人口的融合。

表3.23　昆山市玉山镇外来流动人口居住状况调查表

居住地点	人数	百分比	有效百分比
在集中居住点租房	539	26.3	27.3
租当地居民的房	784	38.3	39.6
用人单位提供的宿舍	519	25.4	26.2
其他	136	6.6	6.9
没有填答者	67	3.3	
合计	2045	100	100

流动人口居住的家庭结构奠定了人口融合的基础。从昆山市玉山镇的调查数据看,"和配偶两个人在昆山"和"和配偶、孩子全家在昆山"是流动人口的主要家庭结构模式。在总体调查数据中,有效样本为60.2%。"和配偶两个人在昆山"和"和配偶、孩子全家在昆山"在有效样本中的比例分别为41.9%和38.6%,是流动人口在昆山市玉山镇的主要家庭模式。"和配偶两个人在昆山"和"和配偶、孩子全家在昆山"为流动人口在昆山的家庭生活、感情生活提供了稳定的保障,是家庭活动在昆山市得以全面展开的基础。迁入人口的家庭结构模式,为昆山市的人口融合提供了有利条件。

表3.24　昆山市玉山镇外来流动人口家庭结构调查表

流动人口家庭结构	人数	百分比	有效百分比
仅本人一个人在昆山	194	9.5	15.8
和配偶两个人在昆山	516	25.2	41.9
和配偶、孩子全家在昆山	475	23.2	38.6
和配偶、部分孩子在昆山,部分孩子在老家	46	2.3	3.7
没有填答者	814	39.8	
合计	2045	100	100

[①] 第四节采用的全部数据均来自于张肖敏的调查结果,参见张肖敏:《和谐社会视野下的江苏人口与发展》,第2~14页,南京大学出版社,2007。

2. 城市交往

城市交往是流动人口融入本地的途径。在工作之余,流动人口在迁入地区的业余活动可以反映流动人口的融入状况。以昆山市玉山镇调查为样本,外来流动人口的业余活动出现了城市化与农村化的多重特性。看电视或听广播、与同乡或者亲友聊天、看书看报,占据了前三位,其中以"看电视或听广播"居多,去娱乐场所社交与应酬、外出兼职、到练歌房等娱乐中心,位于末三位,分别占比为 3.9%、3.0% 和 2.5%。典型的现代城市交往方式,占比较少,说明外来流动人口在昆山市的生活方式有待转变。

表 3.25 昆山市玉山镇外来流动人口业余时间主要从事活动调查表

活动内容	占比(%)	活动内容	占比(%)
看电视或听广播	75.8	读书或参加各种培训学习	14.2
与同乡或者亲友聊天	39.9	玩扑克或者是麻将	8.1
看书看报	34.0	去娱乐场所社交与应酬	3.9
做家务	32.3	外出兼职	3.0
逛街或去公园	26.3	到练歌房等娱乐中心	2.5

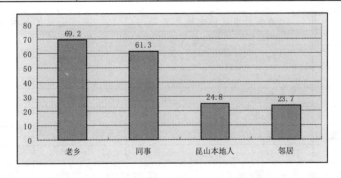

图 3.9 在生活中交往对象统计图

从社会交往对象看,"老乡"是流动人口在昆山市的主要交往对象。在调查数据中,69.2% 的流动人口主要与老乡交往,61.3% 的流动人口与同事交往密切,与"昆山本地人"交往的占比较小,为 24.8%,与"邻居"打交道的也较少,为 23.7%。这些说明,流动人口在昆山的社会交往以"老乡"、"同事"为主,需要不断地强化外来流动人口与本地人的沟通交往。

但是,随着居住时间的不断延长,外来流动人口与昆山本地人的交往程度加深。在样本数据中,来昆山 5 年以上的外来流动人口与昆山本地人打交道的比例为 36%,而来昆山半年内的外来人口与本地人打交道的比例仅为 17.7%。"半年到 1 年"、"1~3 年"、"3~5 年"的外来人口与本地人交往的比例分别为18.5%、23.7%和27%。可以看出,随着定居时间延长,外来流动人口与本地人口之间的融合也可以得到增强。当然,除时间因素外,文化、性别、户籍等也是影响外来流动人口与昆山本地人交往和融合的因素,这里不再详细分析。

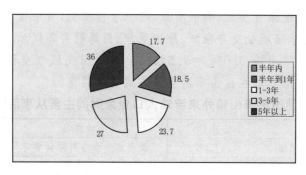

图3.10　不同时间来昆山的人与昆山本地人交往的比例统计图

3. 城市文化

表3.26　语言认同调查表

程度	是否听懂昆山本地方言		是否会说昆山本地方言	
	百分比	有效百分比	百分比	有效百分比
会	14.4	14.5	5.9	5.9
会一点	56.7	56.9	37.1	37.3
不会	28.5	28.6	56.4	56.8
合计	99.6	100	99.3	100
没有填答者	0.4		0.7	
合计	100		100	

语言文化是城市文化的核心之一。是否听懂或者是会说当地语言是衡量外来流动人口是否融入当地生活的重要指标。调查显示,能听懂昆山当地方言的外来流动人口的有效比例为14.5%,"会一点"的有效比例为56.9%,"不会"的有效比例为28.6%。这说明,听懂昆山当地方言的外来人口占比较低,一定程度上妨碍了外来人口与当地居民的交流与融合。从"是否会说昆山本地方言"的调查看,会说昆山本地方言的外来人口的比例更少,有效百分比仅为5.9%,"会一点"的有效比例为37.3%,"不会"的有效比例高达56.8%。会说昆山本地方言是外来流动人口融入本地的更高技能。数据显示,外来人口听懂、会说昆山本地方言的比例较小,这些流动人口的本地化语言能力有待提高。

身份认同是外来人口融入本地的一种标志。调查显示,大多数外来人口依然认为自己是农村人,没有很好地融入昆山本地。认为自己"还是农村人"的外来流动人口的有效比例为51.7%,超过了一半,说明大多数流动人口并没有认同自己在昆山市的社会地位。认为自己"已经是城里人"的外来流动人口的有效比例为20.7%,仅为1/5多;认为自己说不清楚是否是城里人的外来流动人口的有效比例为27.6%。这些说明,在昆山市玉山镇,绝大多数外来流动人口对自己的身份认同较低,主要认为自己依然是农村人,没有很好地融入本地。

当然,外来流动人口的语言认同、身份认同与城市认同,还与各自的特性有关,包括学历、出生环境、收入水平、从事职业等。总之,提高外来流动人口对昆山的认同,需要从多方面做出努力。

表3.27 昆山市玉山镇外来流动人口对自己的身份认同调查表

身份认同	人数	百分比	有效百分比
还是农村人	1037	50.7	51.7
已经是城里人	416	20.3	20.7
说不清楚	554	27.1	27.6
合计	2007	98.1	100
没有填答者	38	1.9	
合计	2045	100	

4. 城市定居

表3.28 昆山市玉山镇外来流动人口未来预期支出调查表

如果你目前有一大笔钱,你最想做的是	人数	百分比	有效百分比
回家乡去盖新房子	221	10.8	10.9
在城市里买房	724	35.4	35.6
自己继续上学	347	17.0	17.0
让孩子受到更好的教育	503	24.6	24.7
出去旅游	115	5.6	5.6
还债	42	2.1	2.1
其他	84	4.1	4.1
合计	2036	99.6	100
没有填答者	9	0.4	
合计	2045	100	

城市定居是人口融合的最终目标。调查显示,对于外来流动人口而言,

如果目前有一大笔钱,其最想做的事情中,"在城市里买房"的意愿最高,有效比例为 35.6%,其次是"让孩子受到更好的教育",有效比例为 24.7%,"自己继续上学"的有效比例为 17%。"回家乡去盖新房子"的非城市定居模式的有效比例较低,仅为 10.9%。从对"你想在昆山定居吗"的问题的调查结果看,一半以上的外来人口愿意在昆山市定居。这些说明,现代流动人口挣钱的主要目标是为了在城市定居、提高子女教育水平,以及提高自身素质,呈现出现代城市人的生活特质。

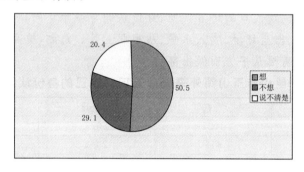

图 3.11 "你想在昆山定居吗"

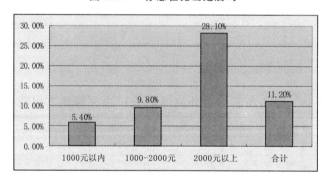

图 3.12 昆山市玉山镇外来流动人口月收入与已购房比例图

城市定居能力是影响外来人口定居的重要因素。一般情况下,在城市定居的首要问题是购房,并且购房能力与个人的收入是直接相关的。调查显示,外来人口的月收入与其购房能力呈正相关,并且总体购房能力有限。月收入在 1000 元以内的外来人口已经购房的比例为 5.4%,月收入在 1000~2000 元以内的外来人口已经购房的比例提高到 9.8%,2000 元以上的月收入者的购房比例上升到 28.1%。但是,总体外来人口的购房比例不高,仅为 11.2%。购房能力的有限,限制了外来人口的定居,不利于外来人口在昆山的融合。

此外，外来人口对于城市定居的预期，也直接影响到流动人口的稳定性和融合性。一名外来流动人员在昆山市工作购置房产的时限与可能性，直接影响其是否离开昆山。因此，除了收入因素，预期及其他因素也会深刻地影响外来人口在迁入地的定居情况。

五、结论

人口流动与区域发展存在复杂的相互关系。一方面，要统筹考虑人口流动的动因，尤其是考虑经济发展对人口流动的决定性作用。另一方面，还需要研究人口流动对城市发展的意义，需要关注流动人口对迁入城市的贡献。已有证据表明，地区之间的经济发展差异，是地区间人口流动的首要因素，人口流动在一定程度上影响着城市经济发展与人力资源的空间布局。本书以昆山市为例，深入地剖析了昆山市人口流动的动因与融合等方面问题，以期对上述论题进行合理论证。

近年来，昆山市人口与经济发展存在两大特征，一是昆山市工业与第三产业不断发展，二是外来人口不断增多。这些典型特征为分析人口流动与区域发展的内在联系提供了宝贵的资源。从促进城市持续科学发展的角度看，不仅需要分析大量外来人口流动的原因，更加需要研究促进流动人口的融合。只有加强外来人口与本地居民之间的融合，才能把流动的人力资源转化为城市的发展动力。

昆山市在经济不断增长的情况下，保证了城市的发展与居民的安定。无论是本地居民、户籍居民，还是外来人口，昆山市在人口教育、劳动就业与社会保障上均取得了巨大成绩，这些成绩是经济发展促进社会进步的表现，也是吸引外来人口迁入昆山市的部分动因。研究表明，经济发展水平和工资水平是昆山市吸引外来人口的首要因素。经济发展水平从多个方面影响城市居民的生活，包括发展空间、就业机会、社会保障、公共品建设、教育与医疗保障，还包括潜在的隐形的制度环境等。工资水平是昆山市吸引外来人口的直接因素。一般情况下，流动人口的主要收入来源于工资，工资差异决定了收入差异，引导着人力资源市场的转变。就业环境和社会保障也深刻地影响人口的流动方向。昆山市的城镇失业率较低，获得工作的可能性是促进人口流动的因素之一。最后，逐年改善的社会保障促进外来人口向昆山迁移。

促进流动人口的融合，是现代移民城市面临的重大问题。人口流动改变了迁入城市的产业布局和劳动力空间布局，深刻地影响着该城市的经济与社会发展。如何管理好流入的外来人口，关系到城市的长远发展。2009年末昆山市的外来人口近百万,占总人口的 58.37%。从已有的研究看,昆山市对外来人口与本地居民的融合采取了一些办法,但是还需要不断加大管理力度。影响昆山市流动人口融合的首要问题是住房问题。外来流动人口在昆山市的主要居住模式为租房和用人单位提供的住房,存在一定的稳定性,便于社会交往与城市融合,但是,购房能力与购房欲望的反差限制了流动人口的进一步融合。其次,语言差异是约束外来人口融入本地的重要因素,开口说话自然地表明了本地人与外地人的差异,妨碍了外来人口与本地居民的交流沟通。最后,昆山外来人口的交往对象以老乡和同事为主,业余时间以农村化消遣为主。这说明,如何引导外来人口的城市化生活和本地化生活是迫切需要解决的问题,需要从多方面引导外来人口的生活模式逐步转变为城市生活模式。

第四章 产业结构演变与城市化

人类近代历史所具体演绎的城市化道路是人类经济活动的产物,表现为产业结构演化、调整与升级的经济发展过程。

首先,产业结构的演变使三次产业发生变化,第一产业的产值和就业人数不断降低,第二产业的产值和就业人口比重先逐渐上升后逐渐下降,工业对资源和人口的集聚效应成为城市化的动因和基础。

其次,任何国家或地区,由传统农村社会向现代城市社会发展的历史过程,都首先起源于三次产业的变化。按照产业经济学的观点,三次产业的演变大致经历四个阶段,即由一、二、三产业,到二、一、三产业,再到二、三、一产业,直至三、二、一产业。这种产业结构的演变过程,同时也是城市化水平的提升过程。

最后,在三次产业演变发展的推动下,现代社会经济的主旋律呈现出工业化、城市化与现代化三者综合发展与相互促进的重要格局。其中,工业化依然是城市化水平提升的主要动力:一方面,工业内部产业结构调整与升级的演变,促使城市产业水平和文明程度不断升级;另一方面,工业内部生产型与服务型的分工演变,进一步加强了城市的服务功能,使城市化由与工业化的密不可分逐步演变为与现代化密不可分。

本章的思路大体延续以上三方面内容。即从三次产业变化对城市化发展的影响分析开始,着重讨论工业化过程中的城市化演变,以及产业水平升级与城市水平升级的关系。

第一节 产业结构演变与城市化的关系

本节的讨论集中在产业结构变化过程对城市化发展过程的影响,以解决城市化发展的根本动力和基础的问题。鉴于数据采集的限制,本节的分析主要集中于改革开放后四省产业结构变化对城市化进程的影响。

一、产业结构调整与城市化阶段的划分

所谓"城市化过程",实质就是人类经济活动中三次产业演进的过程。这

一城市化过程,依照三次产业的结构变动情况和城市化率增长速度,大体可以分为三个阶段:起步阶段、成长阶段和成熟阶段。结合钱纳里的标准结构模式和发达国家的实际经验,三个发展阶段的内容特征和划分指标可以概括如下。

1. 起步阶段的城市化特征与指标

处在城市化起步阶段的国家和地区,三次产业依其在国民经济中地位轻重排序,基本呈一、二、三的结构状态,即一产＞二产＞三产。起步阶段的初始动力,来源于农村生产关系的变革,农业生产率提高,由此加速农业资本积累和导致农业劳动力的闲置。因此,这一时期的产业结构变化特征为:农业剩余劳动力向各非农产业部门转移,经济比重由第一产业为主逐步向以第二产业为主转变,这时的城市化水平与工业化进程中的初期阶段大致相对应。从三次产业在GDP中的比重看,农业产值比重一般高于30%,或非农产业的比重低于70%;从三次产业的就业比重看,农业部门的就业比重超过50%;从城市化水平看,一般在35%以下。以美国为例,1870年美国的农村经济依然占主导地位,其三次产业的就业比重,一产为51.5%、二产为24.7%、三产为23.8%。

由于以农业为主导的国民经济整体实力薄弱,处在起步阶段的城市化发展速度比较缓慢。如英国在此期间的城市化率年平均增长只有0.16个百分点,法国是0.20个百分点,美国是0.24个百分点,前西德是0.25个百分点,前苏联是0.3个百分点。

2. 成长阶段的城市化特征与指标

在城市化的成长阶段,传统工业开始发力,新兴工业随之兴起,以工业发展为主要推动力的城市经济全面崛起。此时的产业结构变化表现为二产＞一产＞三产,乃至二产＞三产＞一产。农村经济的地位逐渐退后,农业产值的比重不断降低,非农产业的就业比重在此期间的上升区间大致在56%～76%,城市化率在35%～70%。如美国1910年处于城市化成长阶段时,其第一、二、三次产业的就业比重分别为33.4%、31.4%、35.2%;城市化率达到53.4%。

由于科学技术进步与社会进步相互影响,新兴产业层出不穷,工业规模不断扩张,社会资本和财富积累的速度加快,因此,城市化率增长速度加快是此时期城市化发展的一个重要特征。如英国在此期间的城市化率年平均增长达到0.3个百分点,美国达到0.52个百分点,法国和前西德分别达到0.35个百分点,前苏联更是达到0.85个百分点。

3. 成熟阶段的城市化特征与指标

当城市化进程发展到成熟阶段时,城市规模与城市人口都达到最大限量。生产性创造已经不再是城市经济的主要内容,也不再是社会财富的主要来源,而服务业则成为城市化的推动主体;城市不再是一个生产中心,而成为整个社会的经济文化中心、科学教育中心、商业贸易中心、信息汇集发布中心等,这个时期的产业结构变化明显,呈现为三产＞二产＞一产,非农产业的就业比重,与钱纳里工业化后期阶段的指标相对应,大致在76%以上,城市化率大致在70%以上。如美国1970年时,其第一、第二、第三产业的就业比重分别为3.2%、34.4%、62.4%,城市化率高达74%。

由于农村可转移的剩余劳动力已经基本被城镇吸纳,同时工业规模和城市规模已基本定型,城市进入平稳发展状态,再加上人口出生率的回落,此时的城市化率增长速度开始放缓。如英国进入成熟时期后的城市化率年平均增长降为0.2个百分点,美国从1970年到1980年的10年间,城市化率的年平均增长只有0.01个百分点,城市化发展几乎处于停滞状态。

二、产业结构调整与城市化水平的关系

钱纳里依据1950～1970年间的数据,对100个世界主要国家产业结构状况与城市化水平的关系进行了考察,得出的结论如表4.1所示。

表4.1 人均收入、产业结构与城市化水平调查表

人均收入	<100$	100$	200$	300$	400$	500$	800$	1000$	>1000$
A(%)	12.5	14.9	21.5	25.1	27.6	29.8	33.1	34.7	37.8
B(%)	7.8	9.1	16.4	20.6	23.5	25.8	30.3	32.5	36.8
C(%)	12.8	22.0	36.2	43.9	49.0	52.7	60.1	63.4	65.8
C/B	1.64	2.24	2.21	2.13	2.09	2.04	1.98	1.95	1.79

注:A为第二产业产值占GDP的份额;B为第二产业劳动力占总劳动力的份额;C为城市化水平。资料来源:霍里斯·钱纳里等:《发展的形式,1950～1970》,经济科学出版社1988年版,第32页。

可见,当人均收入大于100美元后,产业结构与城市化水平的关系表现为城市化水平的大幅提高,但是,第二产业的比重提高更快,因而前者与后者的比值呈不断下降的走势。这也说明,在一定的人均收入区间里,城市化水平的增长动力主要来自工业化水平的提高。江浙皖赣四省的统计数据进一步印证了这个原理。只是江苏的数据有一定特殊性。这个特殊性应该是由于江苏历史上小城镇比较发达,而这些年工业发展速度相对更发达省份比较迟缓造成的。

表 4.2　2007 年江浙皖赣四省的人均收入、产业结构与城市化水平调查表

省份	江苏	浙江	安徽	江西
人均收入(美元)	4430	4883	1580	1653
A(%)	55.9	54.1	44.7	51.7
B(%)	35.3	46.2	23.7	28
C(%)	53.2	57.2	38.7	39.8
C/B	1.51	1.24	1.63	1.42

注:A 为第二产业产值占 GDP 的份额;B 为第二产业劳动力占总劳动力的份额;C 为城市化水平。

资料来源:《2008 年中国统计年鉴》,中国统计出版社,2008。

三、工业化进程中的城市化发展

产业结构调整与城市化水平的关系,实际就是工业加速发展带动城市化水平提升的过程。具体来看,表现为城市化发展过程贯穿于工业化的发展过程,如产业集聚、产业扩张、产业一体化和产业水平高度化。

1.城市化水平与工业化水平的同步性

城市化是由工业化引起的,并伴随工业化的发展而发展。由工业化带动的城市化发展最早可以追溯到英国的工业革命。工业革命前,英国的城市人口只占总人口的 30%;而工业革命后,在工业化带动下,英国 19 世纪末的城市人口已经超过 70%。

城市化与工业化的同步性是由以市场为导向的经济发展规律决定的。工业化迅速崛起首先发生在劳动密集型工业部门,劳动岗位大量增加吸引了越来越多的农村劳动力向城市转移,使城市的人口数量迅速扩张;工业的规模扩张带来城市的规模扩张,表现为由产业集中和集聚所带来的大量新建的工业园区,使城市的面积不断扩大;随着工业资本的积累和工业水平的提升,城市的基础设施建设不断加强,使城市的环境不断优化、生活水平不断提高,从而吸引更多人口向城市集中。

城市化必须与工业化同步才能带来城市化水平的更快提高。城市化如果滞后于工业化发展,势必会阻碍工业化发展进程,最终影响城市化水平的提高。如我国早期实行的工业先行、重工业优先发展的道路,把城乡分隔开来,并造成城乡的对立。这严重阻碍了农村劳动力向城市转移,在那一时期,虽然某些工业部门发展很快,但我国的城市化进程却始终处在极为缓慢的状态下。反之,城市化如果超前于工业化,则会使城市因缺乏大量的就业岗位而出现贫困化和空心化,它不仅因大量低收入城市人口的存在而造成城市贫

困,同时因掠夺农业而不能给农村创造任何发展机会,也造成了乡村贫困。

2. 后工业化时代的城市化发展

美国社会学家 D.贝尔在他的《后工业化社会的来临》一书中描述 20 世纪后半期工业化社会中所产生的新社会结构,他认为,这种结构将导致美国、日本、苏联以及西欧在 21 世纪出现一种新的社会形式——后工业社会。后工业化是工业化过程中技术创新和技术进步的直接结果,这种结果对城市化进程的影响可以分为两个阶段。

第一阶段是交通业和电信业发展所带来的城市郊区化发展。从西方的工业化过程看,电信技术的变革改变了经济的区位空间结构,而交通的便捷程度能大大降低生产要素和资源对空间集聚的依赖程度,与此同时,城市的拥挤也限制了产业规模的扩张,由此引起工业在城市产业结构调整中大规模地向环境优美和地价房租便宜的郊区或卫星城市转移,城市周边地区的工业和商业集聚带动了城区人口的外迁,出现了逆城市化现象。英国在 1961~1971 年,城市中心区人口从 2625.3 万下降到 2552.4 万,中心区外城市圈内人口从 1463.5 万增加到 1714.7 万。美国洛杉矶自 20 世纪 20 年代开始,郊区人口剧增,在 10 年中,洛杉矶西郊的人口增长了 612%,而市中心区人口仅增长了 26%。中国这几年的城市化进程也呈现出明显的郊区化态势,尤其是在工业化程度较高的地区和大城市,由于郊区的连片开发使城市规模迅速扩张,当这种开发把城市与原来的卫星城市连成一体时,又使城市的规模成倍扩大,这一阶段的城市化处于规模扩张阶段,江浙皖赣四省城镇人口与乡村人口的演化趋势表明了这一过程。

表 4.3 各省城镇与乡村人口数调查表(单位:万人)

	江苏		浙江		安徽		江西	
	城镇	乡村	城镇	乡村	城镇	乡村	城镇	乡村
1970	600.57	4651.52	398.44	3488	452	3488	356.44	2228.07
1975	677.26	4958.86	417.22	3956	536	3956	426.24	2542.29
1978	728.11	5106.22	429	4118	595	4118	533.12	2649.7
1980	852.52	5085.67	480.18	4241	652	4241	614.59	2655.6
1985	1013.61	5199.87	634.21	4334	822	4334	694.24	2815.56
1990	1421.05	5345.85	696.78	4645	1016	4645	775.47	3035.18
1995	1757.63	5308.39	802.49	4792	1131	4792	968.92	3093.62
2000	3086	4352	2277	4387	1706	4387	1148.73	2999.81
2005	3742	3726	2742	3944	2170	3944	1593	2713
2008	4169	3509	2949	2171	2485	3650	1798	1806

资料来源:《中国统计年鉴》(1971~2009 年)。

第二阶段是高技术产业与信息产业发展所带来的城乡一体化阶段。高技术产业的个性化和创造性生产方式使生产的集中程度大大降低,而信息化条件又为生产的智能化和分散化提供了可能。从生产方式看,城市不再是工业生产活动的集中地,乡村也不再以农业生产为经济活动的主要内容;从生活方式看,城市和乡村享有同等的基础设施和公共服务,城乡的差别仅仅在于人口居住的密度上。目前,西方工业发达国家已经实现了城乡一体化,而我国达到这一阶段还有较长的距离。

第二节 四省产业结构演变与城市化的比较分析

江浙皖赣四省的产业结构调整状况具有一定的代表性。前两者代表中国经济发达地区,通过产业结构的快速调整带动城市化水平快速提高;后两者代表中国发展中地区,由于产业结构调整速度相对迟缓导致城市化水平较低。

一、以数据显示的四省三次产业变化情况

20世纪70年代以前,中国各省(区)的三次产业格局几乎都是以第一产业占据主导地位,省与省之间的差距不大,如果有差异,也仅仅是在各次产业基础的厚薄上。改革开放后,地区之间的经济发展水平差距加大,首先反映在三次产业结构比例的变化差别上。表4.4、表4.5、表4.6和表4.7显示了全国和江浙皖赣四省近30年的三次产业结构变化状况。这些数据有利于我们从中寻找和发现产业结构变化的规律和特点,以及这种变化与地区城市化进程的紧密联系。

表4.4 江苏省三次产业GDP值及就业人数比重调查表(单位:%)

年份	三次产业比重			三次产业就业人数比		
1970	39.5	35.7	24.8	86.6	6.5	7.0
1975	36.7	43.2	20.1	78.5	11.4	10.1
1978	27.6	52.6	19.8	69.7	19.6	10.7
1980	29.5	52.3	18.2	70.4	19.4	10.2
1985	30.0	52.1	17.9	53.3	32.7	14.1
1990	25.1	48.9	26.0	48.9	33.8	17.3
1995	16.8	52.7	30.5	42.9	34.8	22.3
2000	12.2	51.9	35.9	42.0	30.0	28.0
2005	8.0	56.6	35.4	28.0	39.0	33.0
2006	7.1	56.6	36.3			
2007	7	55.6	37.4	28.0	35.0	37.0

资料来源:《江苏统计年鉴》(1971～2008年)。

表4.5 浙江省三次产业GDP值及就业人数比重调查表(单位:%)

年份	三次产业比重			三次产业就业人数比		
1970	46.7	32.4	20.9	80.8	11.6	7.6
1975	45.4	33.4	21.2	77.0	14.6	8.4
1978	38.1	43.3	18.6	73.6	17.1	9.3
1980	35.9	46.7	20.1	69.8	20.1	10.2
1985	28.9	46.3	24.8	54.9	31.7	13.4
1990	24.9	45.1	30	53.2	29.8	17.0
1995	15.5	52.1	32.4	44.0	34.0	22.0
2000	10.3	53.3	36.4	36.0	35.0	29.0
2005	6.6	53.4	40	25.0	42.0	34.0
2006	5.9	54	40.1			
2007	6	54	40	20.0	47.0	33.0

资料来源:《浙江统计年鉴》(1971～2008年)。

表4.6 安徽省三次产业GDP值及就业人数比重(单位:%)

年份	三次产业比重			三次产业就业人数比		
1970	55.8	28.6	15.6	88.9	5.3	5.8
1975	51.6	30.0	18.4	87.1	7.1	5.8
1978	47.2	35.6	17.3	81.7	10.3	8.0
1980	45.9	35.5	18.6	81.3	10.5	8.2
1985	42.6	35.6	21.9	72.2	15.1	12.6
1990	37.4	38.2	24.4	69.2	15.7	15.0
1995	32.3	36.5	31.3	61.0	18.0	21.0
2000	25.6	36.4	38.0	60.0	16.0	24.0
2005	18.0	41.3	40.7	51.0	22.0	27.0
2006	16.5	43.2	40.3	47.0	22.0	31.0
2007	16.3	44.7	39.0	43.0	24.0	33.0

资料来源:《安徽统计年鉴》(1971～2008年)。

表 4.7 江西省三次产业 GDP 值及就业人数比重(单位:%)

年份	三次产业比重			三次产业就业人数比		
1970	51.5	29.4	19.1	81.3	10.8	7.9
1975	49	29.2	21.8	80.1	11.2	8.7
1978	41.6	38	20.4	77.0	13.0	10.0
1980	43.5	36.9	19.6	78.0	12.0	10.0
1985	40.4	36.6	23	67.0	20.0	13.0
1990	41	31.2	27.8	66.0	20.0	14.0
1995	32	34.5	33.5	51.0	25.0	24.0
2000	24.2	35	40.8	46.0	24.0	30.0
2005	17.9	47.3	34.8	46.0	22.0	32.0
2006	16.8	50.2	33	39.0	28.0	33.0
2007	16.4	51.7	31.9	38.0	28.0	34.0

资料来源:《江西统计年鉴》(1971~2008年)。

二、四省产业结构变化的特点及其对城市化水平的影响

综合比较上表的数据,四省产业结构变化及其对城市化进程的影响主要表现为以下特征和内容:

1. 产业基础决定产业结构的变化

尽管在20世纪70年代,四省的产业结构中都以一产为重,但是三次产业的产值比重有明显差别。安徽和江西的一产比重大大高于江苏和浙江,农业大省的特征明显;而江苏和浙江的二产和三产比重则大大高于安徽和江西,表明其工业化的基础远胜于后面两者。正是因为较好的工业基础和众多的乡村集镇,江苏在改革开放前就悄然开始发展乡镇工业。因此,从表4.4可见,从1970年到1975年,江苏的产业结构已经发生了较大变化,二产已经超过一产6.5个百分点而占据主要地位。如果改革开放是重要机遇,那么原有的基础就是重要准备。改革开放后,江苏和浙江两省的二产比重迅速上升,主要得益于一产比重较小,相比之下,一产比重越大的省份,产业结构调整越困难、变化越迟缓。

2. 产业结构变化速度决定地区经济发展的实力

首先,比较表4.4与表4.5可以看出,1978年,江苏的第二产业比重和第二产业就业人数的比重都在浙江之上,但是从1978年到2007年,浙江的产

业结构调整速度明显快于江苏,呈现出直线型发展模式,即一产比重持续降低,二产比重在此期间的前半期提高很快,三产比重则在此期间的后半期提高较快,产业结构调整基本上是按照快速、高效和符合市场经济演进的路线进行,而江苏的产业结构调整则表现出一定的反复,速度明显低于浙江,因此,至20世纪90年代后半期,江苏的产业结构优化已经落后于浙江,尤其在非农产业就业人数的比重上,浙江更是远远高于江苏。与三次产业结构调整速度密切相连的是地区居民的富裕程度。2007年,城镇居民家庭人均可支配收入浙江是20400元,江苏是16250元;农村居民家庭人均纯收入浙江是8100元,江苏是6450元。

其次,从表4.4、表4.5与表4.6、表4.7的比较中,进一步说明产业结构变化速度对地区经济发展的影响。与江苏和浙江相比,安徽和江西的产业结构调整速度相对缓慢,到目前为止,一产的就业人数比重仍然远远高于二产和三产,与此相应,后者的经济实力和居民富裕程度也相对较弱,2007年,城镇居民家庭人均可支配收入安徽是11474元,江西是11452元;农村居民家庭人均纯收入安徽是3556元,江西是4045元。

3. 地区经济实力决定地区的城市化发展水平

以下表格和图示反映了四省城市化进程的差异。将表中的数据对比四省产业结构变动情况的数据,会发现产业结构调整的速度与城市化进程有紧密的对应关系。这种对应关系,不仅从浙江与江苏城市化水平的差异中表现出来,更是从江苏、浙江与安徽、江西的城市化水平的差距中得到反映。

表4.8 四省城市化率对比表(单位:%)

年份	江苏	浙江	安徽	江西
1970	0.13	0.14	0.13	0.16
1975	0.14	0.13	0.14	0.17
1978	0.14	0.13	0.14	0.17
1980	0.17	0.14	0.15	0.18
1985	0.19	0.19	0.19	0.22
1990	0.27	0.20	0.22	0.23
1995	0.33	0.22	0.24	0.25
2000	0.71	0.95	0.39	0.38
2005	1.00	1.27	0.55	0.59
2007	1.14	1.34	0.63	0.66

资料来源:《中国统计年鉴》(1971~2008年)。

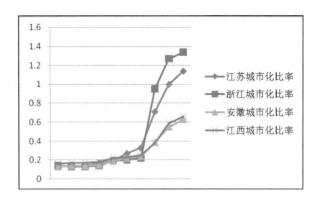

图 4.1　四省城市化比率变化图

上图有几点内容值得注意：一是从 1970～1995 年长达 25 年的时间里，四省的城市化水平提升速度都很缓慢，而从 1995 年以后开始迅速上升；二是由工业化速度决定的城市化水平快速上升在图上分为两组，江浙一组代表了经济发达地区的快速崛起，皖赣一组代表了发展中地区的稳步上升；三是在城市化水平提升上，江苏的起步明显早于浙江，但是，在提升过程中浙江却明显快于江苏，这也是工业化速度在各省之间差异化的结果。

三、城市化进程对产业结构调整的反作用

产业结构调整决定了城市化进程，而城市化水平反过来进一步推动产业结构的调整和优化。正是这种经济活动中的相互作用动力，使地区之间的差距不断拉大。

1. 城市化进程对第一产业比重降低和产业优化的影响

这种影响主要表现在三个方面。首先，城市化水平的提高吸引大量的农民工进城，这不仅实现了农业人口的转移，同时有利于改变这部分人的生产和生活方式，有利于全民生活水平和人口素质的提高。据统计，在江浙一些工业发达地区，农村人口和外来人口已经占到城镇总人口的 50% 左右，外来务工人员的就医、养老保险和子女教育等等问题正在逐步纳入城镇管理体系。

其次，城市规模扩大占用的耕地越来越多，迫使农业经营由原来的粗放式耕作走向集约经营，其结果，一是由单一的农业生产向多种经营发展，提高了农民的富裕程度；二是由一般的经济作物向技术含量较高的经济作物转变，提高了农产品的附加值；三是由直接销售农业初级产品向提供农业深加

工产品发展,提高了农业产业化水平。

再次,城市务工人员的返乡创业,带动了乡镇二产与三产的发展,兴起了一批明星工业镇,缩短了工业与农业的距离,也缩小了城市与乡村的差距。

2.城市化进程对第二产业结构调整和水平升级的影响

城市化的目的归根结底是实现现代化。现代化则离不开工业的结构调整与产业水平升级。城市化不仅为产业结构调整和产业水平升级提供了各种硬件条件,而且较高水平的教育、研发条件,以及技术的服务与培训,也为产业结构调整和产业水平升级提供了良好的软件条件。如1995年,我国前十大企业中,除了上海大众汽车以外,其余的全部都是原材料工业;而随着我国城市化水平的迅速提高,到2009年,前十大企业中已经有了中国石化、宝钢、中国五矿、上海汽车、河北钢铁、一汽、东风汽车等资源深加工工业与技术密集型企业。

我国资源型城市的转型过程,集中说明了城市化进程对产业结构调整和水平升级的作用。资料显示,我国有118座资源型城市。其中,煤炭城市占53%,森工城市占18%,有色冶金城市占10%,石油城市占8%,黑色冶金城市占7%,其他城市占4%。资源型城市的主导产业是在当地优势资源基础上发展起来的,这种资源导向型的发展模式在工业化和城市化的初期阶段,在资源市场供给短缺的条件下曾经发挥过巨大的作用。但是,随着产业规模和城市规模的扩大,大部分资源型城市还是依托单一的资源产业发展城市经济,形成了资源产业的"锁定效应"。而这些资源产业又是围绕一个或几个大型资源型企业运行的,一旦遇到市场风险,资源型企业的衰退就极易形成所谓的"多米诺骨牌效应"。以资源产业为主导的产业结构单一性决定了城市功能的单一性,这样的城市工业规模再大,也难提高其城市化水平。但是,随着城市功能健全和完善,资源型城市将逐步转型。

研究表明,经济发展对自然资源开采的依赖度呈现出"中小城市—大城市—特大城市"递减的规律,而资源深加工程度又呈现出"中小城市—大城市—特大城市"递增的规律。这说明城市化水平提高可以通过教育、人才培养和市场开放等条件为城市的主导产业延伸,为新兴产业培育提供技术和市场支持,使产业结构调整和产业水平升级与城市化水平的提高同步实现。近年来,安徽与江西资源型城市转型步伐加快,也是与两地的城市化水平迅速提升相对应的。

3.城市化水平提高对第三产业内容改变和层次提升的影响

如果说工业化带来的是城市化量的扩张,那么,第三产业的发展则能促进城市化质的进步。伴随着城市化进程,必然带来第三产业的繁荣发展,具体表现为产业内容由一般性服务业为主,向生产性服务业和技术性服务业为主转变;服务的内容也由低档次劳动密集型服务业为主,向高档次劳动密集型和技术密集型服务业为主转变。

21世纪是依托城市大力发展知识经济的时代,服务业作为知识经济的载体而迅速成长,已成为发达国家和地区产业发展的普遍趋势。服务业作为经济发展的新亮点,需要与集聚的生产性产业集群融合,以形成有效的服务规模,进行低成本的协作与交流。在协作与交流的同时,需要保持自身的相对集聚,以促进知识的汇聚和持续的竞争力增长。

城市化过程在集聚产业发展的同时,无论从市场需求,还是从软硬件设施等各个方面,都为高端服务业的发展提供了成长的空间和条件。随着我国城市化进程加快,第三产业产值和就业比重逐年上升,其产值比重和就业比重分别由1978年的23.9%和12.2%增加到2007年的40.1%和32.4%。如表4.4、表4.5、表4.6和表4.7所示,江浙皖赣四省的这一数字增长更快(江西的第三产业增长速度主要体现在就业比重上)。

第三节 工业化推动下的城市化弊端及化解对策

中国的城市化快速崛起主要是靠大力发展工业推动形成的,这种状况导致两个结果:一是工业污染大大超过生活污染,成为城市污染的最主要因素;二是工业的无限扩张导致城市规模的不断扩张和城镇人口迅速增加,耕地锐减,城市就业压力突增。认识到问题的存在是为了解决问题,只有解决好这些问题,才能使人民的生活水平和生活质量随城市化水平的提高而提高,并进一步促进我国的城市化进程。

一、工业化推动下的城市化问题

具体来看,城市化过程中已经形成的问题主要有以下方面:

1. 城市污染问题

工业化进程启动以后,工业污染已发展成为城市污染的祸首。2000年后,我国因工业对环境污染造成的经济损失越来越大。据估算,2004年因环境污染造成的经济损失已达5118.2亿元,占GDP的比重高达3.05%;2007年,据世界银行统计,中国每年仅空气和水污染造成的经济损失相当于其GDP的8%~12%,与此同时,我国的虚拟治理成本(将排放到环境中的主要污染物全部清除所需要花费的成本）和生态保护投入越来越大。2004年,全国虚拟治理成本2874.4亿元,占整个GDP的比例为1.8%。其中,水污染虚拟治理成本为1829.8亿元,大气污染虚拟治理成本为922.3亿元,固体废物污染虚拟治理成本为122.4亿元,分别占整个虚拟治理成本的63.7%、32.1%、4.2%。

在工业污染的问题上,我国的水污染情况比较严重。统计显示,2005年全国废水排放量达到524亿吨,比2000年增加了26%,全国90%以上城市的水域污染严重。此外,工业还发生很多突发性的、严重的城市水污染事件。据报道,2005年底,松花江发生的重大水污染事件,其沿岸各城市特别是哈尔滨,居民生活用水受到严重影响。2006年9月,湖南省岳阳县饮用水源受到砷化合物污染,造成县城8万多居民饮水困难,经过启动应急供水方案、开闸放水等措施,危机已有所缓解。2007年5月29日开始,江苏省无锡市城区的大批市民家中自来水水质突然发生变化,并伴有难闻的气味,无法饮用,市民纷纷抢购纯净水和面包,无锡市各大超市的纯净水供不应求,市民排起长队购买纯净水,无锡街头零售的桶装纯净水出现较大的价格波动,18升桶装纯净水每桶从平日的8元上涨到50元。2009年2月20日早晨六点多,正是盐城市市民们做早饭的时候,许多居民家中传出了这样的惊叫声:"自来水有味,臭了!"因为事发突然,停水很快影响到了近30万居民的生活用水,部分宾馆、酒店和企事业单位也受到了直接的影响。记者调查发现,30万市民赖以生存的水源地周围,遍布小化工厂,肇事单位曾因污染受罚,但却从未停工。从这些事件可以看出,工业废水污染对城市居民生产生活的影响越来越大。

工业化是导致城市大气污染的元凶。巴西圣保罗大学医学院研究显示,在圣保罗这座巴西乃至南美洲最大的城市中,每天有20人因为空气污染而死亡。圣保罗空气污染的罪魁祸首是汽车尾气,而我国大城市空气污染的主要来源,更多来自工业排放的废气,尤其是在主要依靠资源发展工业的地区,如安徽和江西,仅仅因依靠煤炭资源大力发展电力,二氧化硫的排放指标成为限制两地许多城市发展的"紧箍咒"。

2. 城市规模扩大与软硬件设施滞后问题

多年来,城市在基础领域里投资偏低已经形成许多"供给洼地":首先,城镇人口快速增长使城镇公共服务设施不能满足社会需求。城镇规模扩大伴随着大量外来人口的涌入,许多外来务工人员为扎根城市,除了要谋取一份稳定的工作外,还要考虑安家和养育子女的问题,由此带来其对城镇住房、教育、医疗和各种社会保障方面的需求问题,这些需求一时还难以完全满足。据浙江省第一次经济普查系列课题调查,城镇主要管理的是城镇建成区辖区内的户籍管理人口,而从农村转移进入城镇人口的子女教育,外来务工人员及其家属子女的就医、养老保险等还没有完全纳入相应的城镇管理体系。在外来民工子女的教育问题上,由于公立学校投资资源有限,加上各地区选用教材及教学水平差异等原因,外来人口子女进入公立学校的不多,而私立学校价格较高,外来人员往往无力承担。这样,大部分外来人员的子女只能在办学条件较差的农民工子弟学校就学,有的连这个愿望也不能达成。因此,从农村转移进入城镇人口的子女教育问题,使城市教育的承载压力大大增加。

在外来人口的医疗、养老保险问题上,2000年第五次人口普查结果显示,浙江从外省流入和本省跨县(市、区)流动常住人口约占总人口的12%,这部分人大多数聚居在城镇,其中,迁移流动时间超过5年的约占18.5%,而他们的医疗、养老保险等还没有得到切实保障,虽居住在城市,如果患大病或出现重大事故就会陷入贫困,养老问题也日渐突出。在外来人口的住房问题上,新增城市人口中,除城镇自然增长人口和城郊农村拆村建居人口基本拥有住房以外,大部分外来人口居住在出租房、企业单位集体宿舍(公寓)等,条件相当艰苦,面对高房价,新增城镇人口中的大多数外来人员只能望房兴叹。长此以往,要通过吸引农村转移人口增加城镇人口,其难度相当大。

在城市交通问题上,随着城区的扩大和城市人口的迅速增加,城市的交通压力越来越大。从扩大内需促进消费的角度考虑,鼓励居民增加汽车拥有量,从城市道路现状和节约资源、保护环境角度考虑,又要控制私家车的发展。而目前城镇发展过程中,城市道路增长远远跟不上车辆的快速增加,城市堵车现象十分普遍。

其次,城市规模扩大面临失地农民的就业与社会保障问题。随着郊区市区化和撤乡建镇的实施,城镇周边的近郊农民赖以生存的土地被大片征用,越来越多的农民失去土地。一方面,他们的户口进了城,成了城市居民;而另一方面,他们的思想观念、生活方式,尤其是谋生技能还未能及时转变,因此,他们无法拥有城镇居民的正常生活。更重要的是,在许多地方,目前城镇居民所享有的医疗、养老、失业等社会保障还没有覆盖到失地农民,许多被征地农民还在依靠土地赔偿金和政府给予的被征地农民基本社会保障来维持生活。

二、促进城市化健康发展的对策

城市化进程中所出现的种种矛盾和困难,是城市化进程中不可避免的现象,关键是如何化解前进中的矛盾,克服发展中的困难,使城市化走上健康之路。应该看到,城市化不是目的,城市化的实质在于现代化,即在于社会生产方式、生活方式、价值观念的现代化。通过现代化水平的提升,最终带动整个社会生活水平的提高。

1. 加快产业结构调整

在三次产业结构调整上,以江苏和浙江为代表的我国沿海发达地区,第一产业的产值比重已经很小,但相对于发达国家,第一产业的就业比重还是偏高;第二、第三产业,这些地区还存在较大的调整空间。以安徽和江西为代表的我国广大中西部发展中地区,依然面临着第一产业劳动力向第二、第三产业转移的问题。

加快产业结构调整是加快城市化进程的有效途径,要在产业结构调整的同时解决好城市污染问题,必须坚持以下原则:一是工业园区化。通过产业集聚,不仅可以节约土地和降低生产成本,同时能达到工业污染统一监测管理和集中治理的目的。二是生产专业化。围绕某一产业或某一产品,专业化生产不仅能提高产品的技术含量和企业的创新能力,更重要的是,它能促进产业水平升级,走高端化工业道路,避免资源浪费和环境污染。三是工业服务业化。生产环节仅仅是工业诸多环节中的一个环节,目前,我国工业价值创造主要来源于生产环节,事实上,更多的价值创造蕴藏在研发、设计、市场采购和销售、仓储运输以及信息程序和中介市场等环节中,所以努力开发这些环节,有利于提高城市的服务业整体水平。

2. 加大基础设施建设投入,提高政府的公共服务能力和水平

基础设施建设不能仅从投资硬件考虑,而要与城市规划与软环境建设结合起来。首先,要以大城市和中心城市为主体规划本地区城市化发展的方向,确定城乡结构的总体布局,避免散、小、低、乱的状况。城镇化要有利于农业劳动力的吸纳能力提高,有利于整合区域、城乡以及产业之间的要素配置,形成层次分明、布局合理、整体协调和全方位开放的经济结构体系。其次,不断完善就业和社会保障制度。城市化过程主要依靠农村人口向城镇转移,农业人口转变为非农业人口。能否公平公正地解决农村转移人口的就业问题和社会保障问题,关系到产业转移能否顺利实现。解决好这些问题,一是要逐步取消不合理的户籍限制,引导人口自由流动;二是通过土地换社保削平

城市化门槛,真正解决城中村和城镇周边失地农民的身份转换问题;三是加快政府经济职能的转变,使其为大政方针的制定和公共服务体系建设腾出空间。再次,要积极稳健地发展房地产,通过房屋开发、租赁、经济适用房和廉租房建设,解决进城人口所需住房问题;同时注意城郊廉价房产小区的配套设施建设,包括公共交通、学校、医院、商贸物流等。

3. 以信息化带动城市化,加快工业产业结构调整和升级的步伐

工业产业结构的不合理,在很大程度上制约了我国城市化进程的健康发展。大力发展信息产业,可以充分利用当今高新技术领域的成果推动工业产业结构调整,同时可以利用其技术带动力强、推广速度快和范围广等特点改变农村信息闭塞的现状,缩小城乡差距。

为此,我们一是要加大城乡信息网络平台建设,不断完善其功能性和服务性;二是通过基础教育、普及教育与专业教育相结合的途径来加强全民信息化意识,提高全社会的信息化水平;三是通过政府引导、政策倾斜,充分发挥市场基础性的作用,促进信息化制度体系的创新和发展。

第四节 本章小结

本章从三次产业变化对城市化发展的影响分析开始,着重讨论工业化进程中的城市化演变,以及产业水平升级与城市水平升级的关系,得出如下结论:

(1)城市化水平与工业化水平具有同步性。城市化水平的增长动力主要来自工业化水平的提高。城市化的发展过程实际就是工业加速发展的过程,表现为城市化贯穿于工业产业的发展过程,如产业集聚、产业扩张、产业一体化和产业水平高度化。

(2)关于四省产业结构变化的特点及其对城市化水平的影响问题,主要有三个方面:一是产业基础决定产业结构的变化;二是产业结构变化速度决定地区经济发展的实力;三是地区经济实力决定地区的城市化发展水平。

(3)城市化进程对产业结构调整具有反作用。这主要体现在三个方面:一是城市化进程推动了第一产业比重降低和产业优化;二是城市化进程加速了第二产业结构调整和水平升级;三是城市化水平提高改变和提升了第三产业内容和层次。

(4)工业化推动下的城市化弊端。一方面,工业污染甚至大大超过生活污染,成为城市污染的最大隐患,因而也大大加重了城市的污染问题;另一方

面,工业的无限扩张导致了城市规模的不断扩张和城镇人口的大量增加,使耕地锐减,城市就业压力突增。

案例:钢铁城市马鞍山的绿色转变之路

在转轨经济发展中,一般性的城市化发展都伴随着工业化进程,工业发展与产业结构升级在城市发展中起到决定性作用。通常情况下,城市化水平和工业化水平同步提高,在城市化进程中,城市产业结构不断升级,从工业主导逐步让位于服务业主导的格局,不断促进城市的生态文明的建设和服务功能的升级。但是,工业化推动的城市化进程会产生相关问题,尤其是以自然资源发展起来的城市,处理好这些问题是完善城市功能的首要前提。下面以依靠钢铁资源发展起来的马鞍山市为例,阐述工业化与城市化的关系,工业化导致的城市问题及管理措施。

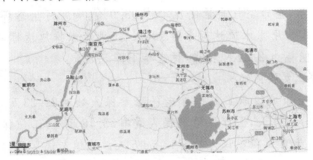

图 4.2 马鞍山市地理位置

一、马鞍山市发展概况

马鞍山市是安徽省的省辖市,境内辖 1 县 3 区。马鞍山市土地总面积为 1686 平方公里,其中,市区规划面积为 715 平方公里,目前,城市建成区面积扩大到 75.5 平方公里。2009 年末,马鞍山市户籍人口为 128.61 万人。

马鞍山市位于长江下游南岸、安徽省东部,东临石白湖与江苏溧水县和高淳县交界,西濒长江,与和县相望,南与芜湖市郊、芜湖县、宣城县接壤,距芜湖市区 30 公里,北与江苏省南京市江宁区毗连,是南京都市圈城市,距南京市中心 45 公里,距上海不到 300 公里,是安徽融入长三角、推进东向发展和长三角城市向内地延伸的重要门户。近期,马鞍山市的经济社会发展特点如下:

1. 国民经济成就突出

2009年，马鞍山市生产总值达665.9亿元，年增长速度为12.1%，三次产业增加值占GDP的比重为3.9%、66.5%、29.6%，其中，第三产业增加值比重呈上升趋势。2009年，马鞍山市充分利用金融危机形成的倒逼机制和洗牌效应，着力推进经济结构调整和产业优化升级，大力扶持与推进新兴产业，新能源、新光源、节能环保和软件动漫等新兴产业集群加速形成，服务业发展水平迈上新台阶。

2. 环境保护成效明显

近年来，马鞍山市不断强化环境保护，加大污染减排工作力度，不断加大环境综合整治力度。2006年，马鞍山市创模工作在安徽省、中部地区及全国钢铁工业城市中第一个通过国家环保总局考核验收，并于2006年1月18日被正式命名为"国家环境保护模范城市"，是69个"国家环境保护模范城市"之一，是1997年到2007年2月被命名的安徽省唯一的"国家环境保护模范城市"。2009年，全市空气质量优良率达95.9%，慈湖河生态环境综合整治扎实推进，城市饮用水水质达标率为100%，工业废水排放达标率为94%，全市万元GDP能耗为2.21吨标煤，比上年下降5.5%。

3. 社会事业发展良好

2009年，全市城镇职工基本养老保险参保人数达29.23万人，失业保险参保人数有18.66万人，医疗保险参保人数有33.48万人，工伤保险参保人数有23.57万人，生育保险参保人数有43.54万人。城镇居民医疗保险参保人数有38.55万人。建立了被征地农民养老金正常调整机制，基础养老金从每人每月120元提高到180元，被征地农民参保人数有5.7万人。建立城乡居民生育保险制度，加快完善城乡社会保障体系，巩固完善新农保、城乡一体化居民医疗保险制度。完善城镇居民养老保险、事业单位养老保险、未参保集体企业职工基本生活保障等制度，促进城乡社会保障体系进一步健全。社会福利事业进展加快，困难群众救助制度逐步完善，社会救助体系建设成效凸显。市区城乡低保标准实现一体化，大幅提高城乡医疗救助年度封顶线标准。

二、资源、工业化与城市发展

马鞍山是有名的钢铁工业城市，其城市化发展的道路来源于钢铁资源和钢铁工业，马鞍山的工业化水平与城市化水平是并行发展的，是以工业化推动城市化发展的典型城市。近年来，马鞍山市的产业结构出现新的较大幅度的调整，尤其是第三产业地位逐步提高，这与马鞍山市在环境治理和环境保护方面的努力是分不开的。

1. 城市化发展

表 4.9　2001～2009 年马鞍山市户籍人口构成表

年份	户籍人口(万人)	非农业人口(万人)	比重(%)
2001	120.05	51.82	43.17
2002	122.12	54.18	44.37
2003	124.09	56.44	45.48
2004	124.39	58.17	46.76
2005	125.64	59.17	47.09
2006	126.57	60.08	47.47
2007	127.32	61.09	47.98
2008	128.10	63.06	49.23
2009	128.61	64.09	49.83

马鞍山市城市化水平逐年提高。衡量城市化水平的指标较多,包括人口城镇化率、工业产值比率等。在这里,我们仅选用户籍人口中非农业人口的比重作为测度指标。2001 年末,马鞍山市户籍总人口 120.05 万人,其中,非农业人口 51.82 万人,占比为 43.17%。此后,马鞍山市人口规模不断扩大,城市规模不断扩大,城市化水平也逐步提高,其中,非农业人口比重呈上升趋势,到 2009 年底,马鞍山市户籍人口增加到 128.61 万人,其中,非农业人口比重达 49.83%。

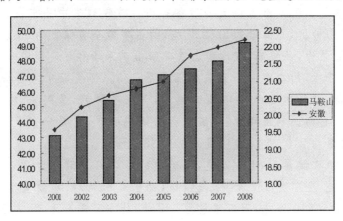

图 4.3　马鞍山与安徽的城市化率比较示意图(2001～2008 年)

马鞍山城市化发展高于安徽省总体水平。2001 年末,安徽省非农业人口占比为 19.59%,远低于马鞍山市同期的 43.17%。近年来,安徽省与马鞍山市的城市化水平都不断地提高,但马鞍山市是安徽省最靠近长三角地区的城市之一,其矿产资源丰富,是典型的资源型城市,工业化水平较高,城市化率一直处于安徽省的前列,持续高于安徽省全省城市化水平,从 2001 年到 2008 年,马鞍山市的城市化水平一直高于安徽省总体水平的近 23%,是安徽省城市化发展较好的城市之一。

城市建设不断推进。2009 年,马鞍山抓住国家扩大内需和建设成本相对较低的有利时机,全面开工建设一批重大基础设施项目,积极推进湖南路等 3 条路"白加黑"改造工程,深入开展水环境整治工程,完成了王百滩、永丰河、碧溪河等清淤工程和雨山河长沟水系整治工程,进一步提高了城市综合承载能力,城市建成区面积扩大到 75.5 平方公里,城市化率提高到 65.7%。

2. 矿产资源

矿产资源是马鞍山实现工业化和城市化发展的基础,铁矿一直是最主要的矿产资源。马鞍山矿区地处长江下游宁芜—罗河成矿带,是我国七大铁矿区之一。矿区内铁矿山有马钢(集团)控股有限公司所属南山、姑山、桃冲铁矿及待开发的罗河铁矿,已探明的铁矿产地有 31 处,伴生矿产地 10 处,铁矿总储量 16.35 亿吨,占安徽全省铁矿总储量的 57.32%。其中,能满足工业开采的 10 亿吨以上。矿床规模以大中型为主,矿体较大,储量亿吨以上的有 5 处,矿石平均品位 36.55%,多属易选的磁铁矿石,经过选别流程可获得精矿品位 53%~64%。马鞍山郊区的高村、陶村、和尚桥,当涂县境内的白象山,庐江县境内的罗河是潜力很大的后备矿山。硫铁矿集中分布在马鞍山郊区的向山、马山地区,总储量约 2.62 亿吨,约占安徽全省储量的 55.39%。伴生的磷资源储量大,品位高,仅以南山铁矿凹山矿采场和尾矿坝中含磷计算,储量达 1427 万吨,约占安徽全省磷矿储量的 1/3。钾长石矿主要分布于市郊葛羊山西部,储量达 100 万吨,剥离层薄,开采条件好,是陶瓷、玻璃、造纸工业的重要原材料。制造钾肥、硫酸原料的明矾石矿,主要分布于向山地区的大黄山,储量约 210 万吨,含明矾品位达 38.7%。

此外,钒矿储量为 81.5 万吨,铜矿中的富矿部分储量为 280 吨,钴矿储量为 7272 吨,金矿为 252 千克,硫铁矿(品位<35%)矿石储量为 1.59 亿吨,明矾石储量为 310 万吨,玉石储量为 932 吨,硅灰石矿石为 35.2 万吨。

3. 工业化发展

马鞍山经济发展水平位于全省前列。2008 年末,马鞍山市人均 GDP 为 49824 元,位居安徽省第一,同期,安徽省人均 GDP 为 14484.90 元,省会合肥市的人均 GDP 为 34482 元。2008 年,马鞍山市国民经济生产总值为 636.30 亿元,位居全省第三,仅次于合肥市的 1664.84 亿元和芜湖市的 749.65 亿元。2008 年,马鞍山市第二产业增加值为 432.46 亿元,占全市国民生产总值的比重为68.0%,位居安徽省之首,高于第二位淮南市工业比重61.1%。

工业发展快、工业化程度高是马鞍山市的主要经济特征。早在1995年,马鞍山市的工业增加值就达到45.80亿元,占第二产业增加值的比重为87.57%,占GDP的比重为55.99%。新世纪以来,马鞍山市的工业依然处于高位发展状态,2005年,工业增加值提高到218.90亿元,占第二产业增加值的比重提高到92.01%,占GDP的比重为58.86%。2008年,工业增加值达403.60亿元,占第二产业增加值的93.32%,占GDP的63.43%。

表4.10　马鞍山市主要年份工业发展指标

年份	GDP(亿元)	工业增加值(亿元)	工业增加值占第二产业增加值(%)	工业增加值占GDP(%)
1995	81.80	45.80	87.57	55.99
2000	137.70	65.50	87.68	47.57
2005	371.90	218.90	92.01	58.86
2007	532.10	325.60	93.11	61.19
2008	636.30	403.60	93.32	63.43

产业结构不断调整。农业在马鞍山经济发展中的地位逐年下降。1995年,农业增加值比重为11.25%,2008年以后,农业增加值占GDP的比重基本保持在3.9%以下。工业为主的第二产业一直处于持续发展状态,2000～2008年占GDP的比重呈现上升势头,2009年,第二产业产值比重才开始回落。第三产业发展加速,地位逐步提高,占GDP的比重先下降、再上升,1995年马鞍山的第三产业产值20.30亿元,2009年提高到197.20亿元。总体上,新世纪以来,马鞍山市的产业结构出现了优化调整,在不断发展工业的基础上,逐步转换到以第三产业快速发展为主的城市化发展。

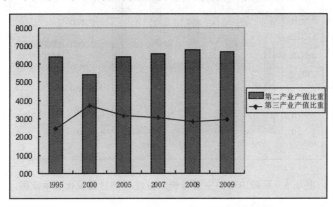

图4.4　马鞍山市的主要年份产业结构图

三、工业城市化中的问题与绩效

一般情况下,通过工业发展推动的城市化发展会出现诸多问题。马鞍山是典型的以矿产资源实现工业化和城市化的城市,在工业推动城市发展的进程中,出现的主要问题是工业污染。矿产资源特性以及钢铁产业的技术要求,使得工业废水等污染成为马鞍山市的主要环境保护问题。经过多年的努力,马鞍山在环境保护方面取得了巨大成就。

1. 工业污染问题

工业污染曾经是马鞍山市的主要城市问题。在早期,马鞍山市依托铁矿石发展钢铁产业,造成了大量的工业污染,尤其是工业废水污染。由于技术因素,钢铁产业需要大量的水资源,给马鞍山带来了大量的工业废水。1998年,马鞍山的工业废水排放总量为12930万吨,占安徽省工业废水总排放量的近30%。1999年马鞍山的工业废水排放总量略微下降到11966万吨,占安徽省工业废水总排放量的近25%。在没有参加评比环保城市之前,马鞍山市的工业污染相当严重。

近年来,马鞍山的工业污染显著下降。2005年,马鞍山市的工业废水排放量显著下降到2120.55万吨,2006年的工业废水排放量为2853.00万吨,2007年的工业废水排放量为9558.00万吨。在安徽省工业废水排放量不断增加的情况下,马鞍山的工业废水排放量的比重呈下降趋势。从总体上看,马鞍山市的工业污水治理取得了巨大成效。

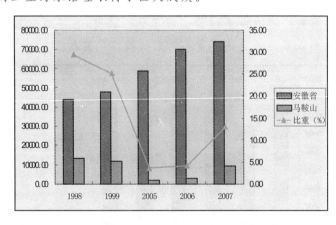

图4.5 马鞍山市的主要年份工业废水排放量及比较示意图

2. 污染治理水平的提升

马鞍山污染治理能力大幅提高。伴随经济的发展,安徽省工业废水处理排放达标量也逐步提高。1998、1999年安徽省工业废水处理排放达标量均在20000万吨以下,2005年为57307万吨,2006、2007年均接近70000万吨。马鞍山的工业废水处理排放达标量经历了由高到低再上升的阶段。1998年,马鞍山工业废水处理排放达标量为5070万吨,1999年,下降到4328万吨。在参与评估之后,2005年马鞍山工业废水处理排放达标量下降到2005.37万吨,2006年又上升到2781万吨,2007年上升到9003万吨。与之相对应的是,马鞍山工业废水处理排放达标量占全省的比重也出现了从下降到上升的趋势。1998年和1999年,马鞍山工业废水处理排放达标量占全省比重分别为29.41%和22.51%,到2005年和2006年,这一比重下降到3.50%和4.08%,但是,2007年又开始回升到12.92%。

目前,马鞍山治理工业废水能力还有待提高。2000年之前,马鞍山工业废水处理能力还不足全省平均水平。1998年,马鞍山工业废水处理排放达标量占工业废水排放总量的比重为39.21%,略高于安徽省的均值39.11%。1999年,马鞍山工业废水处理排放达标量占比为36.17%,低于安徽省的均值40.12%。随着经济收入的提高,财政能力的增强,环境保护意识的进一步增强,马鞍山与安徽省均提高了对工业废水的治理绩效。2005~2007年,安徽省工业废水处理排放达标量占工业废水排放总量的比重分别提高到97.90%、97.11%和94.77%,马鞍山的这一比重也分别提高到94.57%、97.48%、94.19%。从总体上看,马鞍山处在均值水平,其治理工业污染的能力还存在提升的空间。

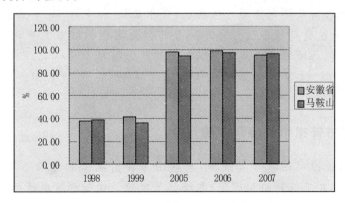

图4.6　马鞍山及安徽省工业废水排放量达标比重示意图

3.城市环境绩效

马鞍山城市环境建设水平名列安徽省前茅。2006年,马鞍山市被列为

"国家环境保护模范城市"。马鞍山市曾经是环境污染严重的钢铁工业城市，自创建环境保护模范城市以来，逐步走向经济发展和环境资源承载能力相适应、人民生活得到改善的良性发展轨道。马鞍山城市环境综合整治考核工作连续15年在安徽省位列前茅，先后荣获"国家卫生城市"、"国家园林城市"、"中国优秀旅游城市"、"中国人居环境模范奖"、"迪拜国际改善居住环境良好范例奖"、"全国创建文明城市工作先进城市"等称号。

环境治理体系不断完善。2001年末，共有环境监理、监测站8个，环境噪声达标区15个，总面积为27.2平方公里；烟尘控制区有9个，总面积为38.2平方公里。2002年末，人均绿地面积为8.49平方米，城区绿化覆盖率达42.57%，城市面貌大为改观；完成环境污染治理项目37项，工业烟尘排放达标率为97.6%，工业废水排放达标率为95.63%，工业固体废物处置利用率为96.5%，集中式饮用水水源地水质达标率为100%；"白色污染"专项整治工作成效显著，城区内"白色垃圾"基本消除。2003年末，烟尘控制区有10个，总面积为44.2平方公里；完成环境污染治理项目36项，工业烟尘排放达标率为98.53%，工业废水排放达标率为98.18%，工业固体废物处置利用率为99.52%，城市集中式饮用水水源地水质达标率为100%。

环保模范城不断发展。2005年，制定实施《马鞍山生态市建设总体规划》，生态市建设迈出可喜步伐，全市单位生产总值能耗达到全国同类城市先进水平。工业固体废物综合处置利用率为91.47%，空气质量优良率为92.9%。2006年，马鞍山创模工作在安徽省、中部地区及全国钢铁工业城市中第一个通过国家环保总局考核验收，并于2006年1月18日被正式命名为"国家环境保护模范城市"。2009年，全市以全国园林城市复查为契机，进一步巩固生态园林城市建设成果。同年新增绿地面积108公顷，市区人均公园绿地面积达13.26平方米，市区绿化覆盖率达42.57%，完成国家园林城市复查工作。

四、城市管理中的绿色政策

在重工业推动的城市发展中，马鞍山市曾出现工业污染不断加重的问题，但是最终在工业污染治理上，取得显著成效。这些治理成绩的取得，离不开城市发展中的相关管理政策，尤其是针对环境保护的绿色政策。

1. 推动技术升级

技术是治理环境污染的有力手段。为了促进环境保护达到标准，马鞍山市推动了以企业技术升级为核心的技术升级。马鞍山是以钢铁为主的重工业城市,其中马钢股份公司起到了举足轻重的作用。马钢股份的工业增加值达到马鞍山市的四成左右,其能耗占全市的70%以上,用水量占全市的60%以上,因此,马钢股份公司是马鞍山治理工业污染、创建环境模范城市的重点和难点。

新世纪以来,加强了以企业和园区为重点促进环境治理与建设。2001年,马钢公司"平改转"工程建成投产后,马鞍山市上空的"黄龙"彻底消除。山鹰造纸废水处理系统和金星硫酸废水治理工程基本完成,全市共完成污染治理和环保技改项目23项,建成东苑小区和马钢厂区烟尘控制区。2002年,安徽山鹰纸业股份有限公司日处理1.8万吨造纸污水的处理工程,获"安徽省环境污染治理优秀工程"称号。矿山生态示范建设取得突破性进展,南山铁矿被国家环保总局命名为"国家级生态示范区"。

一般情况下,治理环境污染需要花费成本,可能会提高企业产出成本,降低企业的生产能力。但是,从长期来看,环境治理也会促进企业产业升级和技术升级,为企业的发展带来更好的机遇。在创建环境保护模范城市的过程中,马钢股份通过开展工序节能、设备改造,建设能源回收工程,提高防治工业污染的硬件条件等多种措施,推动了企业技术升级;马钢股份还通过调整产品结构,提高综合利用能源的水平,实现了部分产品的负能炼钢。经过努力,马钢股份的每吨钢的耗能和新水耗量等指标,达到了行业先进水平,位列全国大型钢铁企业的前列。

2. 增加治理投入

提高对环境保护的投入是保证。环境保护关系到辖区内的每个企业与居民,需要政府扩大公共品供给。马鞍山市政府在环境保护项目和综合治理水系统上面,狠下工夫。创建环境保护模范城市3年内,累计投入17.65亿元,建设了城市生活污水处理厂、生活垃圾无害化填埋场、固体废弃物综合利用处理、医疗垃圾集中焚烧设施、推广使用机动车清洁燃料等160多个环境保护重点工程。

环境保护力度不断加大。2005年,以全面推进创建国家环保模范城市工作为契机,全年环保资金投入达7亿元,环保投资指数逐年上升,工业污染防治和生态环境保护水平不断提高;工业废水排放达标率、工业烟尘排放达标率、工业固体废物处置利用率均超过98%,城市集中饮用水水源地水质达标率稳定在100%,全年空气质量优良天数占全年天数95%以上;新增环境噪声达标区面积达36平方公里,新增烟尘控制区面积达36平方公里;生态市建设正式启动,"生态马鞍山"建设取得积极进展,被批准为安徽生态省建设首批综合示范基地,成为全省唯一的国家清洁生产试点城市。

在水系统方面,也增加了较大投入。马鞍山市实施了以雨山湖水环境综合整治为主的水环境保护,创模3年内累计投入5.76亿元,把城市生活污水处理率从1.79%提高到73.26%,成绩显著。2006年,环保资金投入约6.5亿元,工业污染防治和生态环境保护水平不断提高,工业废水排放达标率、工业烟尘排放达标率分别达到97.96%、98.13%,城市集中饮用水水源地水质达标率稳定在100%。建设水环境的人居环境是重点,在截污、清淤、游道改造、引水布水、三函四道改造及景点建设等方面,下了大力气。2006年,对雨山湖进行综合整治之后,水体质量得到显著改善,由劣Ⅴ类提升为Ⅴ类乃至接近Ⅳ类,"城市明珠"焕发新的光彩。2009年,列入省政府减排计划的项目13个,有10个已经形成减排能力,环境综合整治力度不断加大,慈湖河生态环境综合整治得到推进。

3. 出台环保政策

一系列促进环境保护的政策是创建环保模范城市的保障。自创建工作以来,马鞍山市以项目环境为抓手,通过建设中水回用、工业废弃物焚烧发电、工业废气发电、污水处理沼气回收发电等项目,实现了资源综合利用和节能降耗。经济杠杆是调节企业环境保护行为的有效途径。针对污染型企业用水量过大的问题,马鞍山市通过实行超定额递增加价收取水费的政策,调节水资源配置,有效地提高了企业利用水资源的效率,节水工作取得了明显成效。出台环境保护政策,促进中小企业发展转型。为全面实现环境保护,马鞍山市还出台了《关于促进中小企业发展的若干意见》,鼓励企业大力发展循环经济,实施清洁生产,从政策上重点扶持发展生态补偿、环境保护、高新技术产业等项目,促进经济增长方式转变和产业结构调整。

五、有关启示

在我国转轨经济中,工业化与城市化相互促进和相互推动,产业结构升级促进了城市发展,城市发展也推动产业结构的进一步升级。但是,在工业推动的城市化进程中不可避免地会出现一些经济问题和社会问题。在此,我们以资源型城市马鞍山市为案例,剖析了马鞍山市发展的工业化动力,以及由此带来的环境污染问题与治理措施。这个案例告诉我们,需要更新发展理念,及时采取措施,促进工业推动型城市的健康发展。

环境保护是工业主导的资源型城市的突出问题。在城市发展进程中,不可避免地会出现交通拥挤、环境污染、空气质量下降、医疗资源短缺等问题。

马鞍山市在依赖资源发展的城市化进程中,环境污染首当其冲,成为城市发展的关键问题。一方面,工业城市的工业污水、工业废气及工业废弃物等污染严重;另一方面,工业急速发展带来的噪音污染、空气质量下降和水源质量降低等情况日趋严重。这些都严重地影响了马鞍山市的人居环境,不利于人口向马鞍山市的转移,阻碍了当地居民生活水平的提高。从产业的角度看,水资源的不合理配置和污染加剧,限制了部分企业的迁入,提高了本地部分企业的生产成本,对企业的发展起到了约束作用。但是,在城市发展初级阶段,财政资金短缺等问题限制了对环境问题的治理,阻碍了城市生活质量的提高。

环境保护需要多方面的综合治理。在马鞍山市的初期发展中,以马钢股份为首的钢铁企业,是主要的环境污染源,但是其也在全市工业发展中处于核心地位,这必然导致在经济增长与环境保护上的两难选择。从短期效应看,对环境的治理,不仅需要企业加大环境保护支出,增加企业的生产成本,也需要财政出资改进环境保护的基础设施,在企业成本的高企和财政资源短缺的情况下,会制约短期的经济快速增长。从长期效应看,环境恶化会成为经济进一步发展的瓶颈,低效的环境资源配置,不利于企业的技术升级和产业升级,妨碍了水资源和矿产资源利用效率的提高,降低了整体发展效率。马鞍山的综合环境污染治理,需要多方面的合作与努力。在技术方面,需要不断提高企业技术水平,促进企业技术升级,在技术和工程工序工艺上促进节能,降低能耗和水耗指标。在资金使用上,建设治理环境污染需要大型综合设施,提高城市治理污染的硬件设施,整治水资源系统。在政策方面,倡导绿色经济和清洁生产,采用经济杠杆调节企业利用水资源和矿产资源的效率。这些都需要大量的资源投入,需要各方面的协调与配合,需要牺牲一定的短期效益。当然,在实践中,综合治理的长期结果是好的,最终能促使马鞍山市走上可持续发展的良性轨道。

第五章 产业集聚扩散与城市化

城市化从空间上说,是劳动力从农村向城市转移的过程;从产业集聚角度看,是劳动力从农业向非农产业转移的过程。产业集聚与城市化之间存在互动发展的关系,产业集聚增强了城市集聚效应,导致城市空间结构的演化,同时,城市的发展从多方面影响产业空间上的集聚。但是,在城市化进程中,地域相邻的不同省份产业集聚将具有怎样的特性、差异以及关联性?产业扩散又是如何将不同地区经济紧密联系在一起的?上述问题的深入研究,对于促进区域协调发展,有着十分重要的意义。

本章在行业门类和制造业大类基础上,分析江浙皖赣四省产业集聚扩散的特征和形成原因,研究产业集聚扩散与城市化之间的互动关系,对皖赣两省在承接江浙产业转移的过程中取得的成效进行比较和分析,提出相应的政策建议。

第一节 产业集聚与城市化的互动

一、产业集聚与扩散

国家或区域在经济上的成功,并不是在一切产业领域都取得成功,而是在一些特色的产业领域,形成国家或区域竞争优势产业。而竞争优势产业在地理上高度集中,相关企业和机构在一个地方结群和结网,就形成产业集聚现象。"产业集聚"概念最早是由哈佛大学教授波特在其《国家竞争优势》(1990)一书中提出的。根据他的定义,"产业集聚"(industrial cluster)是指在地理上一些相互关联的公司、专业化的供应商、服务提供商、相关的机构,如学校、协会、研究所、贸易公司、标准机构等,在某一地域、某一产业的集中,是它们既相互竞争又相互合作的一种状况。导致产业集聚的主要原因在于:一些企业在价值链上具有上下游的关系;企业间的横向联系十分密切;企业与其他机构,如高校、科研机构的联系;政府在集聚中的作用发挥。美国学者斯科特与斯多波则指出,在当今的世界版图上,由于大量产业集群的存在,形成了色彩斑斓、块状明显的所谓"经济马赛克",世界的财富主要是在这些块状区域内创造的。经济全球化的今天,产业集群呈现出异乎寻常的竞争优势,成为带动一个国家或地区经济腾飞的骨干力量。

1. *产业集聚的形成*

"在现实经济活动中,一个最突出的特点就是产业地理集群",马歇尔早在1890年就已经对产业集群进行了研究。马歇尔解释了基于外部经济的企业在同一区位集中的现象,他发现了外部经济与产业集群的密切关系,他认为产业集群是外部性导致的。马歇尔关于产业集群理论起源的外部性理论,成为产业集群形成机理分析的经典,被称为"马歇尔外部性"。自从马歇尔(1890)提出产业集群,并提出著名的"三原因"(劳动市场共享、专业化投入品和技术、服务、知识外溢)后,产业集群及其原因、影响就成为经济学家研究的重点。并且不同学派从不同假设条件出发,通过不同的研究方法,得出了不少有意义的研究结果。对产业集群的研究,各学派所取得的一致意见是外部性是产业集聚的原动力。在一般的经济区域,存在运输与通信等基础设施、信息服务、相关产业的发展、熟练劳动力的供给等因素产生的正的外部性。产业集群也不例外,但产业集群还存在其他一般经济区域所不具备的正外部性:创新的外部性、市场的外部性、外部规模经济与范围经济。尽管产业集群离不开外部性,但不同产业对外部性的要求不同,集群的原因也有所不同。如劳动密集型产业主要依赖于劳动力市场共享,知识密集型产业的集群更依赖于技术溢出,而资本—技术密集型产业更多依赖于中间产品投入的共享。

促成同一产业及其相关产业在某一地区集中的原因是多方面的,而企业在地域上的接近,对企业间各种交易成本的降低起了关键性作用。一方面,产业在地域上的集聚使得企业间信息的交易成本降低,信息能迅速扩散;另一方面,相关产业在地理上的集聚使得企业间的运输费用大幅度降低。企业总体成本的下降,将使得更多的厂商进入,同时上下游企业为了节约交易成本也迁入该地区,规模的扩大也将导致中间产品的生产更加专业化,并最终形成各种配套服务的专业化市场。众多企业的集中,形成一个产业群,相关产业的厂商、劳动者、技术人员实行高度专业化,提高劳动生产率,同时也促使整个行业的技术进步和创新。

2. *产业的扩散*

产业在一个地区的集聚不可能无限制地持续下去。新经济地理学认为,当产业集群发展到一定程度,由于集群内企业众多,市场竞争激烈,从而产生的外部性会降低集群企业的利益。一方面,由于企业众多,对生产要素的需求使其价格猛涨,对专业化技术工人、中间投入品的需求远远大于供给,其价格的上涨会超出企业的承受能力,企业之间"挖墙脚"成为集群内司空见惯的事情,同时众多企业集群带来的公共设施短缺也影响企业的利益,如交通、水、电供应等;另一方面,企业技术创新会很快在集群内传播,创新技术会在集群内迅速流动,熟练的技术工人会在企业之间有更多的选择,给企业带来的是技术工人的不稳定,这些有利因素虽然使一些企业获得利益,但客观上却伤害了创新企业的创新积极性。如果企业都想坐享其他企业的创新成果,集群就会失去创新活力,技术的这种负的外部性可以使许多集群内的企业坐享创新外溢的利益,却对创新企业的利益造成"搭便车"式的损害,而对集群广泛存在的负的技术和货币外部性,生产要素和产业就开始趋于向外扩散,在新的区域落脚。生产要素和产业在区域间的流动并在新的区域进行发展的直接结果就是为城市的兴起、发展带来最基本的条件,使得城市发展在不同经济规模上动态进行,客观上推动了在不同经济水平上的城市发展,从而有力地推动了城市化的进程。

二、产业集聚推动城市化进程

城市是区域的重要组成要素,是区域内经济和社会活动的聚集体。如果把区域视为一个系统,城市的形成与演变是在特定的区域中完成的,城市的发展轨迹受制于所在区域的总体发展格局。从历史的角度看,城市是一个区域内第二和第三产业分化、独立发展,并在空间上趋于集中而形成的。20世纪90年代后才发展起来的新型区域发展理论(又称"产业集群理论")吸收了三大传统区域经济发展理论(即"梯度推移理论"、"增长极发展理论"和"地域生产综合体理论")的合理成分,并摒弃了它们随着实践发展而产生的一些不合理性,增加了更适合当前市场经济环境的合理因素,表现出一定的创新性:一是并非简单地争论区域发展的平衡与否,而是强调发挥区域各种资源要素的整合能力,追求适合于区域具体特征的区域发展道路;二是突出技术进步与技术创新,说明了创新在国家或区域的经济增长中发挥的作用与日俱增(技术进步是生产力发展的决定性因素);三是强调区域发展要素中资源整合的协同效应(投入要素不仅包括一般意义上的资本、劳动力、自然资源,而且还强调企业家资源的培育及其在发展中发挥的作用)。新型区域发展理论在强调区域分工的重要性以外还进一步强调了发挥区域内各种资源整合能力的作用,尤其是技术进步与技术创新的作用。

城市化是一个全球性的社会经济转型现象,是经济发展进程中必然面临的重大问题之一。城市化也是生产要素、产业(二次产业、三次产业)在城市地理位置上集聚,以及在此过程中伴随着的社会文化、制度、规则变迁的一个动态过程。在产业结构高度化的过程中,必须伴有相应城市化的发展,因为任何产业都要有自己的空间载体——产业的空间实现形式。没有产业空间载体的变换,就不可能有产业结构的全局高度化。城市即是这个空间载体的主角,而城市化则是产业空间实现方式的主要形式。城市在本质上是集聚经济,城市化是集聚经济在一个国家或地区动态发展的过程,当这一过程达到某些标准,便实现了城市化。所以,只有城市的不断产生、发展,生产要素(主要表现是人口)、产业不断向城市转移,才有城市化的动态发展过程及其实现。

产业集聚推动城市形成、发展。从经济地理学的观点看,生产要素和产业之所以会在城市这个空间地理上集中,主要原因就是生产要素、产业的集中会产生集聚经济,集聚经济会降低生产成本,提高生产效率,也就获得集聚利益。这种利益的来源之一就是外部性所带来的利益,一方面,企业在空间地理上有集中的倾向,这种集中是一种动态的、持续的过程,这种地理上的集中吸引产业内和相关产业以及服务部门的加入,排斥不相关的产业进入;另一方面,要素也有在此地理上的集中,除了追求外部性经济利益外,还因为集聚企业对相关生产要素产生的吸引力以及市场经济的调节。

产业集聚与城市化之间存在互动发展的关系,一方面,产业集聚促进城市化,另一方面,城市化反过来促进产业集聚。产业集聚为城市要素集聚奠定基础,增强了城市集聚效应,导致了城市空间结构的演化,并提升了城市的功能。城市化反过来促进产业集聚,城市自身的发展会从自然资源和自然条件、人力资源、相关产业和公共产品等方面影响产业空间上的集聚。

1. 产业集聚促进人口集中于城市

大量的企业和产业在地域集中,引起人口的集中,不断吸引其他相关的经济活动和人口进一步集聚,促进城市化"量"的发展。在人类社会的任何阶段,人口流动的主要目的就是寻找就业岗位,务工经商。人口流动的关键在于劳动力的市场需求,就流入地而言,需要有一系列的就业机会。产业集聚尤其是制造业的集聚能够产生较高的就业乘数,创造和提供大量的就业机会,吸引劳动力的流动和人口向城市迁移,加速人口的集中化。

2. 产业集聚为城市化提供强有力的产业支持

城市化水平的提高离不开产业的发展,产业的发展既包括产业结构的演变,也包括产业素质即产业竞争力的提高。产业结构是否合理,产业竞争力的高低是判定城市化质量的重要标准。产业集聚正是通过促进产业结构转换、提高产业竞争力来加快产业发展,从而为促进城市化进程提供坚实的产业基础和物质保障。

一般说来,城市化水平与产业结构之间存在一定的相关性。从总的趋势来看,城市化水平的不断提高与产业结构的高级化相伴而行,城市化水平与第一产业呈负相关关系,而与第二、第三产业呈正相关关系。也就是说,产业集聚促进了产业的高度化和合理化,加快了产业结构的转换,促进了第二、第三产业的发展,从而促进了城市化进程。

3.产业集聚导致了城市空间结构的演化

在集聚效应下,不同厂商、投资者和居民对区位的选址影响着城市空间结构的形成和变化。一般说来,在城市发展初期,城市产业集聚的基本态势不明朗,城市土地利用结构和类型单一。随着城市现代产业的集聚,城市集聚经济效应增强,必将吸引更多的产业和居民向城市空间集聚。城市土地利用结构实现多样化,居住用地、工商业用地、办公用地和公共用地的空间布局进一步优化。不仅如此,现代产业在城市空间的集聚还增强了城市持续演进的自增强动力机制,导致城市地域的外延与扩展。城市地域外延的不断扩展最终会形成具有网络性特征的城市经济区。城市系统的开放性以及中心城市经济的溢出效应,使得城市与域外空间发生广泛的经济贸易联系,并不断加强产业的空间集聚。

4.产业集聚降低了城市化的成本

据国家发改委经济研究所的调查分析,按照城市化的要求,产业集聚后,可以节约土地30%,提高能源利用率40%,节约行政管理费用20%以上。这主要是因为产业集聚的专业化分工优势有效地推动了城市生产与生活功能的分离,提高了城市规划的科学性、布局合理性、设施共享性,可以为城市居民提供更多的福利。

三、城市化进程促进产业集聚

城市是产业集聚的产物,城市形成以后,随着城市化水平的提高又进一步强化了产业集聚。在城市发展进程中,过去形成的人口和经济活动的分布格局会影响到现期的区位选址决策。一般而言,产业总是在区位条件比较优越、现有人口和经济活动集聚状况较好的地方实现空间上的集聚,而城市自身的发展会从以下几个方面影响产业空间上的集聚。

其一,城市人口多、密度大、企业集中,因而市场规模大。大规模的本地市场降低了实际的生产费用。

其二,良好的基础设施(能源供应、交通运输、邮电通讯、供水设施)降低了城市生产成本,提高了劳动生产力,吸引更多的企业和劳动力选址于此,并刺激私人部门的投资。

其三,城市汇集了有才能的企业家、会计和专家等具有较高文化素质的人口,吸引大量的资金和产业并形成高度密集的空间集聚状态,这为产业集聚提供了强大的人力资本支持。

其四,城市具有能够容纳并支持众多产业相互合作、协调发展的系统。从横向来看,包括提供互补产品的制造商或其他能够提供相关技能、技术支持的企业。从纵向来看,包括上下游企业,比如零部件、机械设备、产品服务、分销渠道和客户等。此外,还包括政府及其他提供专业化培训、交易、研究和技术支持的机构,比如大学、质量标准检测机构等。

其五,金融和商业机构的优越性,能在筹措资金和管理投资方面提供很大的帮助;良好的娱乐、社交、教育及其他设施,舒适的生活水平对人们有很大的吸引力。

其六,城市化的推进、人口的集聚和流动,还有利于信息、知识的交流和传递,实现信息资源的共享。

四、产业集聚与城市化互动发展的过程

产业集聚与城市化互动发展的过程,往往与"推动型产业"的作用分不开。推动型产业是产业集聚、城市成长的"增长极",具有规模大、增长较快、创新能力较强、产业链长和能够带动其他部门成长等特点。

佩鲁认为,推动型产业与被推动型产业通过经济联系建立起非竞争性的联合体制度,在一定的地域上集聚。也就是说,对于推动型企业或产业选址于有利场所之后,其配套企业或产业及相关生产部门就会被吸引聚集到这里,形成产业综合体。产业综合体一经形成,就会迅速发展,并向城市转换。而推动型产业和城市的发展必然促进其他经济部门的发展,吸引周围地区的资源、经济要素、企业等向城市集中。即城市的发展需要扩大原有经济部门的规模或建立新的经济部门,这样,就为发展门槛更高的经济部门或企业的建立及原有经济部门或企业的进一步发展提供了机会。而这些发展机会的利用又必然促进产业进一步向城市集聚。

应注意的是,并非所有的产业向城市集聚,都可以给城市带来积极的发展。只有当产业能够被城市原有产业尤其是推动型产业吸收、容纳时,集聚才具有积极的意义。而城市的成长过程并非仅仅吸纳、融合新的产业、人口的过程,还表现在对原有产业的重新选择上。

第二节　四省产业集聚扩散的比较研究

江浙皖赣四省在行政区划上同属于华东地区,其中,江苏省与浙江省位于我国经济最发达的长三角经济圈,而安徽和江西两省同属于泛长三角经济圈,成为长三角经济发展的纵深腹地。2009年,江浙两省国内生产总值分别为34061.2亿元和22832.4亿元,人均 GDP 分别为44232元和44335元;与江浙接壤的安徽、江西两省,2009年,实现 GDP 分别为10052.9亿元和7589.2亿元,人均 GDP 分别为14485元和14781元。江浙皖赣四省毗邻,经济发展水平却相差甚远,原因是多方面的,此处试图从产业集聚和城市化的角度予以分析。

一、区域产业集聚测度

按照《国民经济行业分类》(GB/T 4754—2002)中的分类,国民经济行业共有20个门类,由于"国际组织"数据缺乏,本课题选定19个门类,对江浙皖赣四省产业集聚进行比较研究,分析四省产业集聚的现状与特点。在行业门类分析基础上,再细化到行业大类层面。由于制造业包含行业大类众多,是工业体系的主体部分,所以选取制造业进行分析。又因为制造业中部分行业数据难以获取,且不具有代表性,故共选取制造业30个行业中的21个进行分析。实证数据来源于各年的《中国工业经济统计年鉴》、《中国统计年鉴》、《江苏统计年鉴》、《浙江统计年鉴》、《安徽统计年鉴》和《江西统计年鉴》。对产业集聚的测度使用区位商、产业集聚指数两个指标,并将二者结合起来考察江浙皖赣四省的产业集聚。

1. 区位商

区位商是分析区域产业集聚的规模指标,它衡量的是某一产业的某一方面在某一特定区域内的相对集中度。其计算公式为:

$$LQ_{ij} = \frac{x_{ij}/\sum_{i} x_{ij}}{\sum_{j} x_{ij}/\sum_{i}\sum_{j} x_{ij}}$$

式中:i 表示第 i 个产业;j 表示第 j 个地区;x_{ij} 表示第 j 个地区的第 i 产业的产值(或就业人口)指标。区位商也称为区域规模优势指数,表示该地区该行业的规模在全国的位置。区位商越大意味着该地区该产业的地方专业化程度越高,比较优势越明显,集聚能力越强。

(1)当 $LQ_{ij} > 1$,表明该地区该产业具有比较优势,一定程度上显示出该

产业较强的集聚能力;

(2)当 $LQ_{ij}=1$,表明该地区该产业处于均势,该产业的集聚能力并不明显;

(3)当 $LQ_{ij}<1$,表明该地区该产业处于比较劣势,集聚能力弱。

2. 产业集聚指数

产业集聚指数是分析区域产业集聚的动态指标。假定考察周期为[0,t],有 n 个产业 m 个地区,j 地区 i 产业期初和期末的产值分别为 q_{ij0} 和 q_{ijt},用 A_{ijt} 表示 j 地区 i 产业的集聚指数,令:

$$S_{ijt} = \sqrt[t]{q_{ijt}/q_{ij0}} - 1 , S_{it} = \sqrt[t]{\sum_{j=1}^{m} q_{ijt} / \sum_{j=1}^{m} q_{ij0}} - 1$$

则考察期内 j 地区 i 产业的产业集聚指数为: $A_{ijt} = S_{ijt}/S_{it}$。

其中,S_{ijt} 表示考察期内 j 地区 i 产业产值(或就业人口)的平均增长速度,S_{it} 表示全国 i 产业产值(或就业人口)的平均增长速度。

(1)当 $S_{it} \geqslant 0$ 时,表明 i 产业在全国仍处于成长阶段,此时如果 $A_{ijt} \geqslant 1$,表明 i 产业向 j 地区集聚,该产业的发展速度超过全国平均水平,即 j 地区 i 产业在全国的比较优势显著;如果 $0 \leqslant A_{ijt} < 1$,表示 i 产业尽管在 j 地区也在增长,但增长速度低于全国平均水平;如果 $A_{ijt} < 0$,说明 j 地区的 i 产业已出现了萎缩。

(2)当 $S_{it} < 0$ 时,表明 i 产业在全国出现衰退。此时,如果 $A_{ijt} < 0$,表示 i 产业在 j 地区仍然在增长,即该产业在 j 地区存在比较优势;如果 $A_{ijt} > 0$,即 S_{ijt} 小于 0,表明 i 产业在 j 地区也出现了衰退。

考虑到数据的统一性,在计算行业门类时采用各行业的就业人口指标(2007 年数据),计算制造业行业大类均采用各行业的工业总产值。同时,本课题根据产业集聚程度(即 2006 年的区位商和产业集聚指数)不同,将其划分为集聚强化型产业、集聚成长型产业、集聚退化型产业和集聚劣势型产业 4 个部分,并对各地区进行归类,以便进行比较分析。以下各表中所有行业名称多以代码表示。需特别强调的是,区域产业集聚的测度指标为相对概念,即只能在特定的时间跨度内衡量该区域某产业的集聚水平。

二、区域产业集聚比较

1. 行业门类的产业集聚

从表 5.1 和 5.2 可以看出,在 19 个行业门类中,江苏省有高区位商行业(制造业)1 个,低区位商行业 18 个;浙江省有高区位商行业 5 个,低区位商行业 14 个;安徽省有高区位商行业 10 个,低区位商行业 9 个;江西省有高区位商行业 8 个,低区位商行业 11 个。江浙两省高区位商行业数目少,低区位商行业数目较多,而皖赣两省则相反。这一方面说明,江浙在少数行业形成了高度集聚的态势;另一方面说明,在同一行业,江浙的技术进步要高于皖赣两省,因为此处区位商是以行业就业人口计算的,在同样的行业,技术装备不同,就业人口比重自然不同,经济总量也会不一样。

表 5.1　2007 年江浙皖赣四省行业门类区位商

行业	A	B	C	D	E	F	G	H	I	J
江苏	0.61	0.44	1.53	0.75	0.60	0.88	0.73	0.91	0.84	0.95
浙江	0.07	0.05	1.49	0.65	1.82	0.58	0.80	0.75	1.15	1.03
安徽	0.67	1.90	0.72	1.12	1.05	0.87	0.74	1.06	0.60	1.00
江西	1.54	0.68	0.85	1.29	0.98	1.05	0.86	0.73	0.45	0.98
行业	K	L	M	N	O	P	Q	R	S	
江苏	0.65	0.64	0.65	0.94	0.31	0.95	0.99	0.70	0.76	
浙江	0.90	1.32	0.65	0.63	0.33	0.65	0.88	0.70	0.70	
安徽	0.66	0.74	0.80	1.07	0.27	1.36	1.21	1.01	1.17	
江西	0.67	0.37	0.97	1.00	0.45	1.28	1.15	1.21	1.24	

资料来源:根据《中国统计年鉴》(2008)计算得到。

江浙两省在制造业这一细分大类最广泛的行业上具有明显的比较优势,体现了较强的集聚能力。浙江省在建筑、住宿和餐饮、金融、租赁和商业等服务业上具有较强的比较优势。安徽省则在采矿业、电力生产供应、建筑、批发零售、金融、水利等行业具有比较优势,江西省的比较优势体现在农林牧渔、电力生产供应、教育、服务等行业。

表 5.2　2007 年江浙皖赣四省行业门类划分表

	高区位商行业	低区位商行业
江苏	制造业	农林牧渔、采矿、电力燃气及水、建筑业、房地产、租赁与商业服务、居民服务和其他服务等
浙江	制造业、建筑业、住宿与餐饮、金融业、租赁和商业服务业	农林牧渔、采矿、电力燃气及水、交通运输仓储和邮政、科技服务和地质勘察、居民服务和其他服务等
安徽	采矿业、电力燃气及水、建筑、批发与零售、金融业、水利和公共设施管理、教育、卫生社保、公共管理与社会组织	农林牧渔、制造业、住宿与餐饮、房地产、租赁与商业服务、科研技术服务和地质勘察、居民服务和其他服务等
江西	农林牧渔、电力燃气及水、交通运输仓储邮政、水利和公共设施、教育、卫生社保、文体娱乐、公共管理与社会组织	采矿、制造业、批发与零售、住宿与餐饮、房地产、租赁与商业服务、居民服务和其他服务等

通过对比江浙皖赣四省的行业门类区位商,可以看出以下几点特征:

(1)东部江浙两省在制造业这一最大的行业门类上有着共同的比较优势,而在农业、资源类行业、服务业等领域体现比较劣势,两省优、劣势行业有着较强的共性。

(2)中部皖赣两省在农业、资源类行业,以及服务业上具有比较优势,而在制造业等资金密集型行业体现比较劣势,两省的优、劣势行业也具有共性特征。

(3)江浙与皖赣产业之间具有明显的互补性。江浙两省资本密集型产业优势明显,而在农业、资源类行业等初级产业,在社会服务等劳动密集型行业优势相对较弱;皖赣两省劳动力资源丰富,工业基础较为薄弱,就业劳动力大多集中于服务业,因此,服务业比重相对较大;江浙的优势产业基本上是皖赣的劣势产业,江浙的劣势产业则多为皖赣的优势产业。

2. 制造业大类的产业集聚

按照《国民经济行业分类》(GB/T4754—2002)中的分类,制造业共有31个大类,由于缺少部分数据,故选取制造业中21个大类。通过区位商指标LQ_{ij}与产业集聚指标A_{ijt}相结合,根据指标分类,将江浙皖赣四省制造业21个大类分为集聚强化型产业、集聚成长型产业、集聚退化型产业和集聚劣势型产业4个部分。

(1)集聚强化型产业。如表5.3所示,该部分产业的区位商和产业集聚指数都大于1,已经形成了空间上的集聚,实现了地方专业化生产和规模经济,而且近几年的发展水平已经赶超全国平均水平,产业竞争优势凸现。

表5.3 江浙皖赣四省集聚强化型产业

江苏			浙江			安徽			江西		
代码	LQ_{ij}	A_{ijt}	代码	LQ_{ij}	A_{ijt}	代码	LQ_{ij}	A_{ijt}	代码	LQ_{ij}	A_{ijt}
C18	1.58	1.25	C17	2.48	1.19	C14	1.53	1.68	C18	1.18	1.19
C26	1.32	1.07	C18	1.97	1.05	C16	2.24	1.11	C27	2.57	1.59
C28	2.14	1.09	C22	1.29	1.02	C31	1.21	1.02	C31	1.50	1.53
C32	1.03	1.32	C27	1.06	1.11	C33	2.14	1.22	C32	1.24	1.05
C34	1.22	1.13	C28	4.24	1.75	C37	1.49	1.07	C33	4.20	1.34
C39	1.11	1.06	C33	1.03	1.17	C39	1.75	1.19			
C40	1.32	1.44	C34	1.41	1.15						
C41	1.25	1.19	C35	1.59	1.03						
			C39	1.41	1.06						
			C41	1.25	1.17						

数据来源:《中国工业经济统计年鉴》,表5.4、5.5、5.6同。

总的来说,上述产业正处于集聚强化的阶段,应当作为各自地区的主导产业和优势产业的选择领域,"十一五"期间及今后,工业发展的重点也理应集中在这些优势行业之中。各地区应致力于巩固其优势地位,为其进一步的壮大发展奠定基础。

从该部分产业的分布来看,江苏有 8 个,浙江有 10 个,安徽、江西分别有 6 个和 5 个。从具体行业来看,如江浙的纺织业(C17)、服装鞋帽业(C18)已经处于高度集聚的状态,2006 年两省合计的纺织业、服装鞋帽业市场占有率达到了 46.6% 和 41%;江苏电子设备制造业(C40)的产值达到了全国的 19.3%,分别是安徽、江西的 56 倍和 82 倍。浙江化纤制造业(C28)市场占有率达到 38.7%,与江苏合计则高达 69.9%,集聚程度非常高,发展速度异常迅猛。两省合计,造纸及纸制品(C22)、化学原料及制品(C26)、医药(C27)总产值占全国的 23%、27% 和 20%。另外,有色金属(C33)、金属制品(C34)、通用设备(C35)、电气机械(C39)占比达 20%、31%、33% 和 29%。

安徽、江西处于集聚强化阶段的行业数虽然也不少,但是每个行业的规模都不大。21 个行业的市场占有率基本上都在 1%~3% 之间。比如,安徽省是个农业大省,但是农副食品加工(C13)、食品制造(C14)的总产值只占全国的 2.1% 和 2.8%,最好的行业烟草制品(C16)和有色金属(C33),也只占 4.1% 和 3.9%。安徽和江西优势行业的另一个特点是,集聚强化行业集中于食品制造(C14)、非金属矿物制品(C31)、有色金属(C33)等行业,与农业、矿产等自然资源的开发利用的关联度较大。

(2)集聚成长型产业。如表 5.4,该部分行业的区位商小于 1,而产业集聚指数大于 1,表明这些产业目前的地方专业化程度虽低于全国平均水平,但近年来的发展速度却高于全国平均水平,产业集聚之态势明显。

表 5.4 江浙皖赣四省集聚成长型产业

江苏			浙江			安徽			江西		
代码	LQ_{ij}	A_{ijt}	代码	LQ_{ij}	A_{ijt}	代码	LQ_{ij}	A_{ijt}	代码	LQ_{ij}	A_{ijt}
C16	0.46	1.78	C16	0.58	1.45	C34	0.74	1.93	C14	0.97	1.78
C27	0.72	1.19	C25	0.61	1.09	C41	0.43	1.27	C15	0.95	1.47
C33	0.75	1.03	C26	0.84	1.09				C17	0.70	1.40
			C31	0.70	1.03				C22	0.97	1.53
			C32	0.35	1.23				C26	0.76	1.04
			C37	0.89	1.30				C28	0.81	1.01
			C40	0.52	1.24				C34	0.64	1.83
									C39	0.63	1.40

产业集聚成长部分的行业,江苏、浙江分别为 3 个、7 个,安徽、江西分别

为2个和8个。从各省的具体行业来看,烟草制品业(C16)在江、浙两省都取得了较快发展,产业集聚指数达到了1.78和1.45。江苏的医药(C27)、有色金属(C33)集聚效果比较明显,总产值已分别占全国的10.5%和10.9%。浙江省的非金属矿物制品(C31)、交通运输设备制造(C37)等的集聚效果也比较明显,总产值分别由2001年的251亿元和392亿元,迅速提升到2006年的755亿元和1659亿元。

从安徽、江西两省看,一方面,安徽省产业集聚成长部分的行业个数明显少于江西省,另一方面,安徽省产业集聚成长部分行业为金属制品(C34)、仪器仪表及文化办公用机械制造业(C41),基本上属于传统重工业的范畴,而江西集中于食品制造业(C14)、饮料制造业(C15)、纺织业(C17)等轻工行业,较充分地发挥了劳动力丰富的比较优势。

(3) 集聚退化型产业。如表5.5,该部分产业的区位商大于1,产业集聚指数小于1,表明这些产业仍具备一定的地方专业化水平,但是近年来的平均发展速度已滞后于全国平均水平,其产业的集聚能力正在退化,比较优势逐渐丧失。

表5.5 江浙皖赣四省集聚退化型产业

江苏			浙江			安徽			江西		
代码	LQ_{ij}	A_{ijt}	代码	LQ_{ij}	A_{ijt}	代码	LQ_{ij}	A_{ijt}	代码	LQ_{ij}	A_{ijt}
C17	1.64	1.00				C13	1.17	0.99	C16	1.35	0.92
C35	1.24	0.83				C15	1.62	0.60	C37	1.05	0.75
						C32	1.11	0.89			

产业集聚退化部分的行业中,江苏、江西均为2个,安徽有3个,浙江空缺。江苏传统优势产业纺织业(C17)、安徽农副食品加工(C13)的产业集聚指数缩减的不多,也就是其发展速度基本与全国平均水平持平。另外,江苏通用设备(C35)、安徽饮料制造(C15)、浙江交通运输设备制造业的发展速度落后于全国平均水平,退化比较明显。属于该部分的产业大都是各地区传统优势领域的产业;各地区政府应充分发挥其产业配套能力、发展基础较好的优势,积极加以改造,提升其产业的集聚能力,以在日趋激烈的市场竞争中长盛不衰。

(4) 集聚劣势型产业。如表5.6,该部分产业的区位商和产业集聚指数均小于1,这意味着这些产业无论是地方专业化水平还是近年来的发展状况都处于劣势,其产业竞争力很弱。

该部分产业可谓江浙皖赣各省的弱势产业,既无比较优势,也不具备产业集聚能力,一般来说,它们都不应作为各地区的支柱产业或主导产业选项,但如果由于区域战略需要而发展这些产业,应考虑发展填补国内空白或科技创新型项目,而不是普通产品。比如,江苏与浙江的农副食品加工(C13)、食品制造(C14)、饮料制造(C15),江苏的石化炼焦及核燃料加工(C25)、非金属矿物制品(C31)等。江浙处于劣势的行业主要是受地理环境和自然资源所限制而难以发展的。安徽与江西处于产业集聚劣势的行业,包括石化炼焦及核燃料加工(C25)、设备制造(C35、C36)、电子通信设备制造(C40)。另外,安徽的纺织业(C17)、服装鞋帽(C18)等,也缺乏比较优势和集聚力,退化比较明显。

表 5.6　江浙皖赣四省集聚劣势型产业

江苏			浙江			安徽			江西		
代码	LQ_{ij}	A_{ijt}	代码	LQ_{ij}	A_{ijt}	代码	LQ_{ij}	A_{ijt}	代码	LQ_{ij}	A_{ijt}
C13	0.45	0.64	C13	0.38	0.64	C17	0.67	0.41	C13	0.98	0.94
C14	0.32	0.58	C14	0.45	0.85	C18	0.38	0.26	C25	0.96	0.84
C15	0.50	0.88	C15	0.68	0.62	C22	0.64	0.97	C35	0.35	0.76
C22	0.78	0.91	C36	0.91	0.90	C25	0.68	0.82	C36	0.36	0.78
C25	0.35	0.88				C26	0.94	0.91	C40	0.17	0.95
C31	0.59	0.75				C27	0.68	0.87	C41	0.45	0.93
C36	0.97	0.82				C28	0.43	0.87			
C37	0.59	0.97				C35	0.84	0.97			
						C36	0.89	0.92			
						C40	0.19	0.59			

3. 主要结论

笔者将以上四种情形归纳为表 5.7。其中,"＋＋"表示某行业属于集聚强化型产业,"＋"表示某行业属于集聚成长型产业,"－"和"－－"分别表示某行业属于集聚退化型产业或集聚劣势型产业。我国国民经济行业门类分为第一产业、第二产业、第三产业,是根据社会生产活动历史发展的顺序对产业结构进行划分的;而制造业行业大类的排列,从轻重工业角度看,体现了从轻工业向重工业的顺序,从生产要素的相对密集度看,体现了从劳动密集型向资本密集型再到技术密集型的顺序。

根据表 5.7 及前文的研究,可以对江浙皖赣四省的产业集聚作几点判断。

(1)从行业门类看,江浙两省产业集聚是以制造业为主。其中,江苏省高区位商行业只有制造业,浙江省除制造业外,还有建筑业和部分第三产业。

因建筑业属于第二产业,所以江浙产业集聚是以工业化为基本特征的。相比之下,皖赣两省第一产业的特征还比较明显,制造业和建筑业的优势还不明显,第三产业还主要集中于劳动密集型的简单化的服务业。

表5.7 江浙皖赣四省制造业产业集聚分类

	C13	C14	C15	C16	C17	C18	C22	C25	C26	C27	C28
江苏	--	--	--	+	-	++	--	--	++	+	++
浙江	--	--	--	+	++	++	++	+	+	++	++
安徽	-	++	-	++	--	--	--	--	--	--	--
江西	--	+	+	--	+	++	+	--	+	++	+
	C31	C32	C33	C34	C35	C36	C37	C39	C40	C41	
江苏	--	++	+	++	-	--	--	++	++	++	
浙江	+	+	++	++	++	+	+	+	+	+	
安徽	++	+	+	+	--	--	++	++	--	--	
江西	++	++	++	+	--	--	-	+	--	--	

(2) 无论是从行业门类,还是从制造业大类看,江苏与浙江之间、安徽与江西之间的优劣势产业都具有同构性,因此,江浙两省与皖赣两省在产业结构上又具有互补性。同构性对江浙来说,体现在其以资金密集型的制造业为产业集聚主体,兼具技术密集型的第三产业;对皖赣来说,体现在其以资源、自然禀赋为依托的劳动密集型产业为集聚主体。

(3) 从制造业大类看,江浙两省产业集聚集中在资金密集型的重化工业;皖赣两省产业集聚集中在劳动密集型的轻工产业、以自然资源为基础的资源加工业和低端服务制造业。这种产业格局,与要素禀赋论、比较优势理论是一致的,产业分工既反映了历史,又延续了现实。

对于各省未来的产业布局和决策制定以及投资者而言,上述研究都具有一定的借鉴意义和参考价值。针对已经具备比较优势和聚集优势的产业,各地区应采取适宜的策略,优先安排这些行业的发展;在产业结构的优化升级和推进工业化的进程中,应不断优化产品结构,加快技术创新,以便在促进地区经济增长和全国的工业格局中承担其应有的劳动地域分工责任。

三、区域产业扩散比较

江浙在制造业上体现出强大的产业集聚能力,在所研究的21个行业大类上,江浙的总产值均远高于皖赣两省,处于绝对的强势地位。但动态地看,在部分行业上,江浙的优势在衰减,体现出产业扩散的特征。表5.8列出了四省21个行业2001年和2006年的总产值比例,可以看出产业的扩散情况。

表 5.8 江浙皖赣四省各行业产值的比较(单位:%)

行业	2001				2006			
	江苏	浙江	安徽	江西	江苏	浙江	安徽	江西
制造业	54.3	33.9	7.4	4.5	54.3	34.0	6.8	5.0
农副食品	53.1	28.4	11.1	7.4	48.6	25.9	15.7	9.8
食品制造	50.4	34.1	10.8	4.7	36.1	32.0	21.7	10.2
饮料制造	37.8	39.0	18.8	4.4	40.9	35.3	16.6	7.2
烟草制造	30.1	29.2	27.1	13.6	37.2	29.8	22.8	10.2
纺织业	52.3	41.6	4.7	1.5	49.1	46.5	2.5	2.0
服装鞋帽	50.2	43.5	2.7	3.6	53.2	41.5	1.6	3.7
造纸	47.7	44.5	4.7	3.2	44.5	45.8	4.6	5.1
石化炼焦核	41.8	36.3	10.8	11.1	38.8	42.1	9.3	9.8
化学原料制品	64.6	25.1	6.8	3.6	64.9	25.8	5.8	3.5
医药制造	41.9	41.4	6.4	10.2	42.1	38.9	5.0	14.0
化学纤维	57.5	38.4	1.8	2.2	43.4	53.9	1.1	1.5
非金属矿业	53.5	30.0	10.4	6.0	44.9	33.3	11.3	10.5
黑色金属冶炼	61.7	14.5	14.2	9.6	68.6	14.5	9.2	7.7
有色金属冶炼	43.1	30.4	11.9	14.6	36.5	31.5	13.0	19.0
金属制品	56.6	39.9	2.1	1.4	54.2	39.1	4.1	2.6
通用设备	57.9	36.4	4.1	1.6	52.2	42.0	4.4	1.4
专用设备制造	59.6	32.2	6.1	2.1	57.5	34.0	6.6	2.0
交运设备制造	46.1	31.3	13.0	9.5	41.4	38.9	12.9	6.8
电气机械	49.9	39.6	8.6	1.9	49.0	38.8	9.6	2.6
通讯计算机	72.7	22.3	3.4	1.5	78.3	19.4	1.4	1.0
仪器仪表	57.8	37.3	2.3	2.6	58.6	36.9	2.5	2.0

资料来源:根据《中国工业经济统计年鉴》数据计算得到。

从制造业总产值比重看,皖赣两省所占比重很低,江浙两省则处于绝对优势。2006年与2001年相比,江苏和浙江的主导格局变化不大,而安徽的比重有一定下降,江西则呈现上升之势。从总量上看,江浙制造业对皖赣的扩散尚不明显。从结构上看,制造业大类的集聚与扩散则有分化的态势,主要表现为:

首先,皖赣两省在农副食品加工业(C13)、食品制造业(C14)、非金属矿业(C31)、有色金属冶炼业(C33)、电气机械制造业(C39)五个行业上的比重均有所上升,相应地,江浙在这五大行业的比重下降,产业扩散的趋势明显。这些行业基本上是与皖赣的农业、矿产等自然禀赋相对应的,是其比较优势产业。

其次,江西省的饮料制造(C15)、纺织(C17)、服装鞋帽(C18)、造纸

(C22)、医药制造(C27),安徽省的通用设备(C35)、专用设备制造(C36)、仪器仪表(C41)总产值比重均有一定程度的提高。这部分行业的比重变化不是皖赣同时增长,也不是江浙同时降低。因江浙总体比重下降不是很明显,它反映的只是个别省份在此行业的发展与衰退,所以产业扩散不具有全局性和趋势性。

再次,以上两类之外的行业,在皖赣的比重进一步下降,在江浙的比重进一步强化,体现的是在江浙的产业集聚。如烟草制造(C16)、化学纤维(C28)、黑色金属冶炼(C32)、通讯计算机(C40)等。

最后,比较皖赣两省,在共同承接江浙两省产业转移的过程中,安徽侧重于资金密集型产业,如通用设备、专用设备制造、仪器仪表等,而江西省主要立足于劳动密集型产业,如饮料制造、纺织、服装鞋帽等,这与前文的结论是一致的。

第三节 产业集聚与城市化的实证研究

如前所述,城市化从空间上说,是劳动力从农村向城市转移的过程,从产业集聚角度看,集中表现为劳动力从农业向非农产业转移的过程。虽然产业集聚现象不再局限于工业,有向第三产业扩展的趋势,但由于我国目前制造业集聚特征最为明显,而且制造业仍是吸纳劳动力较多的行业,对分析城市化水平相关关系存在现实的合理性,因此,可以制造业为研究对象。

本节通过对江苏省制造业的产业集聚与城市化的协整分析和因果关系分析,揭示制造业集聚与城市化的内在动态关系。制造业的产业区位商由行业职工人数对比全国职工人数求得,城市化水平按城镇人口在总人口中的比重而得出。

表5.9 江苏省制造业区位商与城市化水平调查表

年度	制造业区位商	城市化水平(%)	年度	制造业区位商	城市化水平(%)
1993	1.23	24.0	2000	1.30	41.5
1994	1.22	24.7	2001	1.31	42.6
1995	1.24	27.3	2002	1.33	44.7
1996	1.24	27.3	2003	1.36	46.8
1997	1.25	29.9	2004	1.39	48.2
1998	1.27	31.5	2005	1.42	50.5
1999	1.28	34.9	2006	1.50	51.9

数据来源:根据《中国统计年鉴》、《江苏统计年鉴》整理得到。

以江苏省 1993~2006 年的相关数据进行实证,并以 lq 代表区位商,csh 代表城市化水平。为了消除时间序列引起的异方差现象,分别对相关数据取自然对数。分析软件使用 Eviews5.0。

一、制造业集聚与城市化的协整分析

非平稳时间序列数据的"变化趋势"带来的"伪回归问题"。在进行计量分析时,首先要对时间序列样本数据的平稳性进行检验,从而确定是否有必要采用协整分析方法。本课题的平稳性检验采用目前广泛应用的扩展迪基—富勒检验(Augmented Dickey-Fuller Test,简称"ADF 检验"),结果如表 5.10。

表 5.10 江苏省产业集聚与城市化的 ADF 检验

检验变量	检验形式 (C,T,P)	ADF 检验值	ADF 临界值 5%	ADF 临界值 10%	检验结果
lncsh	(c,t,0)	−1.0293	−3.7912	−3.3423	非平稳
△lncsh	(c,0,0)	−3.5660	−3.1199	−2.7011	平稳
lnlq	(c,t,0)	−0.2806	−3.8290	−3.3630	非平稳
△lnlq	(c,t,0)	−4.3462	−3.8290	−3.3630	平稳

说明:(1)检验形式中(C,T,P)分别表示在单位根检验方程中有常数项和趋势项,P 表示滞后项;(2)滞后项 P 的选择以 AIC 和 SC 值最小为标准。

可以看出,原始时间序列数据在 5%的显著性水平上都是不平稳的,而经过一阶差分后在 5%的显著性水平上是平稳的。所以,原始时间序列都是一阶单整 I(1)的,它们之间可能存在一定的协整关系,即变量之间可能存在长期且稳定的比例关系。

对 lncsh 与 lnlq 之间协整关系的检验使用"EG 两步法"。EG 两步法协整检验是通过对同阶单整变量,用一个变量对另一个变量进行回归求得残差序列,然后检验其平稳性,若残差序列平稳,说明变量间存在协整关系;否则,不存在协整关系。利用最小二乘法(OLS)对 lncsh 与 lnlq 的线性方程进行回归,进而得回归方程:

$$lncsh = 4.204 \times lnlq + 2.4636$$

方程的系数 4.204 表明,江苏省制造业产业集聚与城市化呈同方向变化,且在其他条件不变的情况下,区位商增长 1%,城市化水平将增长 4.2%,系数即为城市化水平对制造业产业集聚变化的弹性。$R^2=0.8284$,表明拟合度很高,解释变量对被解释变量的解释能力为 82.84%。

表 5.11　制造业与城市化的线性回归

Variable	Coefficient	Std. Error	t—Statistic	Prob.
lnlq	4.203642	0.552255	7.611784	0.0000
C	2.463644	0.151485	16.26334	0.0000
R—squared	0.828423	Mean dependent var		3.590522
Adjusted R—squared	0.814124	S.D. dependent var		0.278610
S.E. of regression	0.120118	Akaike info criterion		−1.269125
Sum squared resid	0.173139	Schwarz criterion		−1.177831
Log likelihood	10.88387	F—statistic		57.93926
Durbin—Watson stat	0.406126	Prob(F—statistic)		0.000006

对回归方程的残差进行单位根检验，ADF 检验统计量−1.9096(P=3)小于显著性水平为 10%时的临界值−1.6337，估计残差序列为平稳序列，回归方程即为协整方程，表明 lncsh 与 lnlq 之间存在协整关系，江苏省制造业产业集聚与城市化之间存在着长期动态均衡关系，而不是简单的线性回归关系。二者具有正向关系，集聚水平的提高与城市化水平的提高是同步的。

二、制造业集聚与城市化的因果关系

协整检验揭示的是时间序列之间是否存在长期均衡关系，但并不意味着变量之间必然存在因果关系，如果不考虑因果关系的回归，则无法揭示变量之间的内在联系。因此，对具有协整关系的变量之间是否构成因果关系，还需要进一步检验。对二者的格兰杰(Granger)因果检验见表 5.12。

检验结果表明，在 10%的显著水平下，在滞后 2 期时，lncsh 构成 lnlq 的格兰杰原因，而 lnlq 不构成 lncsh 的格兰杰原因。在滞后 3 期，lnlq 是 lncsh 的格兰杰原因，同时 lncsh 不是 lnlq 的格兰杰原因。因此我们可以认为，江苏省制造业集聚程度的提高与城市化水平的提高互为因果关系，只是在因果关系上存在的时滞不同。

表 5.12　制造业与城市化的 Granger 因果关系分析

Null Hypothesis	Obs	F—Statistic	Probability
lnlq does not Granger Cause lncsh	12	0.5017	0.6257
lncsh does not Granger Cause lnlq		3.9563	0.0709
lnlq does not Granger Cause lncsh	11	59.7513	0.0009
lncsh does not Granger Cause lnlq		1.8151	0.2842

因此,江苏省城市化促进了制造业的产业集聚,是制造业集聚优势强化的原因。同时制造业的集聚也促进了江苏省城市化水平的提高。二者互为因果关系。但是,从时间上看,城市化对制造业产业集聚的促进要显著一点,而制造业产业集聚对城市化的推动要滞后一点。

江苏省制造业产业集聚与城市化的相互带动关系,给皖赣两省带来了两点启示:

首先,优势产业的集聚必然带动劳动力向集聚产业和城市集中。因此,皖赣两省应在制造业大类及其他门类中锁定优势产业,制定相关政策予以扶持引导,强化优势产业的集聚效应,以工业化推动城市化的进程,加快二元经济结构转型。

其次,城市化的推进有助于优势产业的集聚。皖赣两省应有意识地对促进劳动力向城市转移制定更多的政策,城市化的加快,不仅会对优势产业集聚起到拉动作用,也会以激发新产业成长的方式消化相应的就业压力。

第四节 本章小结

产业在地理空间的集聚发展与区域城市化进程存在互动关系。产业集聚促进人口向城市集中,推动关联产业向城市集中,降低了城市化的发展成本。城市化发展带来的规模经济效应,也刺激相关企业与产业向特定城市集中,推动产业在城市空间上的集聚。但是,伴随着产业集聚成本提高与城市规模的边际效益递减,相关产业开始由集聚转变为扩散。本章通过比较江浙皖赣四省的产业集聚、产业扩散及其与城市化发展的关系,总结出产业集聚扩散与城市化互动发展的若干规律性结论。

(1)江浙皖赣四省产业集聚错位发展与互补发展并存。比较江浙皖赣四省各行业的区位商,江浙两省在制造业上有着共同的比较优势,皖赣两省在农业、资源类行业、服务业上具有比较优势。从行业集聚看,江浙与皖赣产业之间具有明显的互补性,江浙两省资本密集型产业优势明显,而在农业、资源类行业等初级产业,在社会服务等劳动密集型行业优势相对较弱;皖赣两省劳动力资源丰富,工业基础较为薄弱,就业劳动力大多集中于服务业,因此,服务业比重相对较大;江浙的优势产业基本上是皖赣的劣势产业,江浙的劣势产业则多为皖赣的优势产业。通过区位商与产业集聚指数分析,江浙皖赣四省制造业集聚也出现差别化与同构化并存。江浙两省产业集聚集中在资金密集型的重化工业,皖赣两省产业集聚集中在劳动密集型的轻工产业、以自然资源为基础的资源加工业和低端服务制造业。江浙与皖赣在产业集聚上存在内部同构化与区域差别化,为江浙皖赣四省区域产业的互补发展提供了契机。

(2)江浙皖赣四省存在区域内的产业扩散与转移。比较江浙皖赣四省2001年与2006年的制造业产值变化,总体上,皖赣两省制造业所占比重低,江浙两省处于绝对优势,江浙制造业对皖赣的扩散尚不明显。从制造业产值结构变化看,制造业大类的集聚与扩散则有分化的态势,皖赣两省在农副食品加工业、食品制造业、非金属矿业、有色金属冶炼业、电气机械制造业上比重有所上升。比较皖赣两省,在共同承接江浙两省产业转移的过程中,安徽省侧重于资金密集型产业,如通用设备、专用设备制造、仪器仪表等,而江西省主要立足于劳动密集型产业,如饮料制造、纺织、服装鞋帽等,但是安徽省承接江浙产业转移的成效暂时不如江西省。

(3)产业集聚与城市化存在互为因果的正相关协整关系。通过对江苏省制造业区位商与城市化的协整分析,结果表明,江苏省制造业产业集聚与城市化呈同方向变化,且在其他条件不变的情况下,区位商增长1%,城市化水平将增长4.2%。通过格兰杰因果关系检验,表明江苏省制造业产业集聚与城市化之间互为因果关系,产业集聚与城市化发展是互为推动的。江苏省产业集聚与城市化之间的经验可供安徽与江西的城市化发展借鉴。

案例:浙江温岭市的产业集聚与城市发展

在经济发展过程中,产业集聚是城市化发展的重要现象,也是城市化发展的重要动力。产业集聚发展推动了劳动力、技术等资源在城市空间的集聚,促进了城市规模的扩大和城市的持续增长。但是,产业集聚发展是需要条件的。在产业集聚发展到一定阶段,会出现产业集聚发展的障碍,需要调整产业集聚的发展模式。下面以浙江省温岭市的产业发展为例,进一步剖析产业集聚与城市化发展之间的关系,有助于理解江浙地区的城市化发展进程。

一、温岭市发展概况

温岭市是隶属于浙江省台州市的县级市。1994年3月,温岭撤县设市,下辖5个街道、11个镇和832个行政村。2009年末,温岭市户籍人口为118.45万,地区生产总值为498.73亿元。

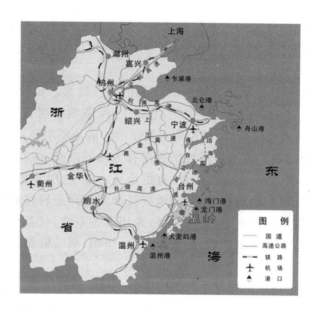

图 5.1 温岭市地理位置图

温岭市地处浙江东南沿海,长三角地区南翼,三面临海,东濒东海,南连玉环,西邻乐清及乐清湾,北接台州市区。全市陆域面积为 926 平方公里,海域面积为 1079 平方公里,大小岛屿有 170 个,海岸线长 317 公里。陆域地势自西和西南向东渐倾,西部和西南部为海拔 100～250 米的低山丘陵,最高处为太湖山主峰,海拔 734 米,系北雁荡山余脉,北部、中部和东部为平原。气候温和湿润,四季分明;年平均气温为 18℃,年平均降水量为 1693 毫米,无霜期约 251 天,属亚热带季风气候区。温岭市的经济社会发展特点如下:

国民经济优化发展。在 2009 年第九届全国县域经济竞争力排名中,温岭市居全国百强县市第 15 位,中小城市综合实力居全国第 30 位。2009 年,温岭市地区生产总值为 498.73 亿元,比上年增长 10%。人均生产总值为 42260 元,增长 9.1%,按现行年平均汇率计算的人均生产总值为 6187 美元。三次产业结构为 7.2∶52.4∶40.4。

科学技术发展迅速。2009 年,规模以上工业企业中,高新技术企业完成工业总产值 162.41 亿元,占规模以上工业总产值 25.4%。新增国家创新基金项目 2 项,省农业成果转化项目 2 项,省级区域技术创新服务平台 1 个,省级高新技术研发中心 1 家。组织实施市级科技计划项目 126 项,新增台州市级以上科技进步奖 10 项。目前,温岭市拥有国家级示范生产力促进中心 1 家,省级区域技术创新服务平台 1 个,台州市级区域创新服务中心 13 家,高新技术企业47家。专利申请量为1381项,专利授权量为1264项。年末全市拥有注册商标12270件,中国驰名商标20件、中国名牌产品3个、省著名商标33件、省名牌产品33个。塑鞋产业集群被中国社会科学院工业经济研究所评为"中国百佳产业集群"。

社会事业发展良好。2009年,组织承办了安踏全国女子排球大奖赛和浙江省第九届田径运动会,共举办庆祝建国60周年活动58场次,达标综合文化站覆盖率近100%,公共图书馆新增馆藏图书12650册,借阅人次达20.11万。2009年末,各类医疗卫生机构有711家,拥有医疗床位3465张,卫生技术人员5971人。2009年末,基本养老保险参保职工17.04万人,全年共征缴养老保险费4.69亿元;基本医疗保险参保人数11.74万人;失业保险参保人数10.1万人,工伤保险、生育保险参保人数分别为37.2万人和2.5万人;社会福利院55家,床位3861张,在院人员2330人。2009年,城镇居民人均可支配收入为25966元,比上年增长7.6%;农村居民人均纯收入为11313元,比上年增长9.3%。

二、产业集聚基本状况

产业集聚是温岭市经济发展的主要特征。温岭市有6类产品——水泵、空压机、小型电机、鞋类、汽摩配和摩托车产业集群先后获"中国出口基地"称号。经过多年发展,温岭产业集聚也逐步发生变化,已经形成了以水泵、鞋类、摩托车等为主要产品的产业集聚。

温岭市的产业集聚出现较早。21世纪初,温岭市实施"三集中"战略,推动了乡村工业向城镇集中、家庭工业向工业园区集中、一般企业向优势企业集中,形成了具有一定规模的集聚产业,形成了摩托车、水泵、制鞋、注塑、水产品为主的产业集聚。太平街道集中了温岭市摩托车产业产值的92.3%,大溪镇集中了注塑行业总产值的78.6%,松门、石塘和箬横集中了水产行业总产值的80%以上,横峰街道和大溪镇集中了水泵行业总产值的70%以上,横峰、石粘和牧屿集中了制鞋行业总产值的60%以上。①

以2003年对温岭市产业集聚的调查数据看,温岭产业集聚非常显著。2003年温岭市摩托汽配产业主要集中于太平镇,现在改为太平街道,其摩托汽配的企业数目占行业企业总数的53.3%,摩托汽配产值占行业总产值的92.3%,显示出高度的空间聚集。水泵产业方面,大溪镇、泽国镇、山市镇位

---

① 余训培:《浙江温岭乡镇产业集聚现状分析及问题探讨》,载《乡镇经济》2003年第2期。

列前三位,其企业个数占比分别为45.7%、13.1%和22.5%,其产值占比分别为46.4%、20.2%和18.2%,这三个地区水泵产值总量占比为84.8%。鞋类产业方面,横峰镇、泽国镇、石粘镇居于前三名,其企业个数占比分别为45.3%、18.7%和14.8%,其企业产值占比分别为26.4%、39.2%和14.9%,这三个地区鞋类产值总量占比达80.5%。注塑产业方面,大溪镇注塑企业个数占总行业比重为78.6%,企业产值占行业比重为70.7%,其余地区注塑企业较为分散。

表5.13 2003年温岭市产业集聚状况表

乡镇	摩托汽配	水泵	鞋类	注塑
太平镇	53.3(92.3)	2.2(3.9)	2.1(1.8)	2.6(4.5)
大闾镇	1.2(0.1)			
岙环镇	2.4(1.7)			
石桥头镇	0.6(0.1)	1.1(1.5)	0.4(1.9)	0.3(0.4)
横山乡	0.6(/)			
石粘镇			14.8(14.9)	0.6(0.6)
横峰镇			45.3(26.4)	1.1(0.6)
锦屏镇			9.0(5.7)	0.9(1.1)
温峤镇	0.6(/)		2.3(0.8)	
江厦乡	1.8(0.6)		0.4(0.1)	
坞根乡	0.6(0.1)			
大溪镇		45.7(46.4)	2.1(5.6)	78.6(70.7)
潘郎镇		14.2(8.7)	4.4(3.3)	8.0(13.3)
山市镇		22.5(18.2)	0.2(0.3)	
太湖乡		0.4(0.2)		0.6(0.7)
泽国镇	11.4(2.5)	13.1(20.2)	18.7(39.2)	4.9(5.1)
新河镇	3.0(0.2)			2.5(0.8)
长屿镇	1.2(0.1)			
镇海乡		0.7(0.9)		
箬横镇	23.4(2.3)			
松门镇				0.3(2.2)
合计	100(100)	100(100)	100(100)	100(100)
基尼系数	0.73(0.88)	0.62(0.61)	0.65(0.63)	0.80(0.78)

注:括号外数据表示企业个数占全行业比重,括号内数据表示企业产值占全行业比重,单位:%。

资料来源:朱磊:《浙江温岭市的中小企业群落研究》,载《经济地理》2002年第5期。

表 5.14　2010 年温岭市部分重点工业企业分布表

地区	重点工业企业名录
大溪	浙江新界泵业股份有限公司、台州森林彩印包装有限公司、浙江东音泵业有限公司、浙江光陆振动器有限公司、浙江仨亿电器有限公司、浙江好兄弟鞋业有限公司、台州佳迪泵业有限公司、台州谊聚机电有限公司、台州凌宵泵业有限公司、浙江大福泵业有限公司、台州凯利达鞋业有限公司、日德电机有限公司、温岭腾飞鞋业有限公司、台州豪贝泵业有限公司、台州沙龙鞋业有限公司、浙江巨霸焊接设备制造有限公司、台州正立电机有限公司、浙江杰豹机械有限公司
横峰	温岭市成奇鞋业有限公司、台州石林鞋业有限公司、台州齐江鞋业有限公司、浙江天亿奇鞋业有限公司
箬横	浙江申林汽车部件有限公司、浙江长江机械有限公司、浙江海天机械有限公司、台州清华机电制造有限公司、台州中天卫厨有限公司、浙江大鹏机械有限公司、浙江奥利达气动工具有限公司、温岭市舜浦帽业有限公司、浙江紫光电器有限公司
松门	浙江金港船业股份有限公司、浙江海之味水产有限公司、台州富岭塑胶有限公司、浙江鱼童发达造漆有限公司、浙江深度光电科技有限公司、浙江风驰机械有限公司、温岭市君豪造船厂、浙江松川燃气表具有限公司、台州远景体育用品有限公司、台州天和水产有限公司、台州市嘉华保温容器有限公司、台州瑞格机电工业有限公司
太平	钱江摩托股份有限公司、中马集团有限公司、钱江集团有限公司、正田摩托车零部件有限公司、温岭市环力电器有限公司
温峤	浙江恒泰源聚氨酯有限公司、台州玳尔合成革有限公司、台州斯特美鞋业有限公司、台州斯美特鞋业有限公司、台州华茂工艺品有限公司、台州富利鞋业有限公司
新河	浙江广涛卫厨有限公司、浙江绿驹车业有限公司、浙江步步乐箱包有限公司、浙江美机缝纫机有限公司、浙江康明斯机械有限公司、台州金舒足鞋业有限公司、浙江联合齿轮有限公司、台州市超越卫浴有限公司
泽国	浙江跃岭轮毂制造有限公司、浙江大元集团、台州宝利特鞋业有限公司、浙江鑫磊机电股份有限公司、台州李林皮革有限公司、台州浙诺尔鞋业有限公司、浙江家利乐机电有限公司、浙江西菱台钻有限公司、台州五洲鞋业有限公司、温岭市恒发空调部件有限公司、浙江卓凌鞋业有限公司、浙江兴益风机电器有限公司、浙江喜得宝鞋业有限公司、台州奥利莱鞋业有限公司、浙江万星电工器材有限公司、台州环洋机电有限公司、浙江大发齿轮有限公司、浙江格凌实业有限公司、浙江荣时实业有限公司、浙江领先机电有限公司、温岭市联星机械有限公司、台州市中和鞋业有限公司、台州美丽宝鞋业有限公司、台州阳春机电有限公司、台州富凌机电有限公司、浙江中马精密锻造有限公司、台州正标鞋业有限公司、浙江申元机电有限公司、浙江进发轴承有限公司

资料来源：http://www.wlgy.gov.cn/Article/ArticleShow.asp? ArticleID=1118。

近年来，温岭地区产业集聚日益发展。根据 2010 年度温岭市重点工业企业名单，可以清晰看到温岭工业企业布局及集聚情况。温岭市列出了 2010 年度重点工业企业 100 家，本书列出了主要地区及企业。大溪镇依然以鞋业、注塑和泵业为主导产业，形成了强大的泵业和鞋业等有关的产业集聚。横峰街道主要企业集中于鞋类行业。箬横镇主要企业集中于摩托汽配行业。松门镇形成了水产行业及相关行业的集中。太平街道依然是以摩托汽配产业为主导。温峤镇专注于注塑行业。新河镇出现了家电、机械及体育等多产业布局。泽国镇产业高度集中于水泵、鞋类及相关产业,呈现出非常强的产业集聚效应。

但是,温岭市的产业集聚特征也在发生变化。比如,大溪镇出现了机械行业企业,泽国镇也存在部分重点机械行业企业。还有部分地区的产业出现多元化及产业分布的多地区性等现象。

三、产业集聚的动因分析

温岭市已经形成了以水泵、空压机、小型电机、鞋类、汽摩配和摩托车等6类产品为主导的产业集聚,特定产业的集聚发展提高了温岭城乡居民的收入,有力地推动了温岭地区的城镇化发展。这些经验是值得借鉴的,需要我们深刻地剖析产业集聚的内在动因。

1. 乡村工业

乡村工业是温岭产业集聚的起点。乡村工业可以划分为乡镇政府所有或控制的集体企业,以及农村家庭所有的作坊企业。后者称为"家庭工业",是形成温岭产业集聚的重要源泉。家庭工业是以家庭为生产资料所有者,依靠家庭劳动或者是雇佣少量工人,以家庭为生产场所的工业生产经营模式。

农户的兼营模式,是农民的副业经营形式。

家庭作坊,是低级的家庭工业,是以家庭劳动或雇佣少数工人,生产工具以手工器具为多数,生产技术较为简单,主要产品为小商品的生产模式。

家庭工业,与现代企业的生产模式类似,是根植在农村的工业生产,在资金、管理、销售、生产等方面存在分工,可以大批量地生产出质量较高的产品。

在以乡村工业为主的基础上,温岭地区拥有了可能实现产业集聚的基础,这些乡村工业也为日后的特色产业集聚提供了物质条件。

以温岭市泽国镇牧南村[1]为例,乡村工业是其产业集聚发展的基础。牧南村是泽国制鞋企业最集中的地区之一,拥有35家法人企业,主要生产仿真皮鞋及相关的模具和鞋底等产品。在300户农民家庭中,95%以上存在各种形式的家庭工业,其中家庭工厂有20家,占总数的30%。还存在各种以家庭为主体的兼营副业生产和专业化生产的家庭作坊生产。一般情况下,作坊式生产的家庭,其以夫妻或子女经营为主,主要是家庭劳动。类似于泽国镇牧南村的情况较多,反映了乡村工业的重要性和普遍性,多种形式的乡村工业及其不断的演化,为温岭的产业集聚提供了养料,是形成产业集聚的重要

---

[1] 胡家勇等:《浙江省温岭市泽国镇经济社会调研报告》,中国社会科学出版社,2008。

因素。

2. 集群分工

集群分工是温岭产业集聚的形式,更是温岭产业集聚的原因。集群是指许多企业在有限的地理空间内呈现出集中的特征,是企业扎堆的现象。分工是指不同企业从事不同的专业生产或服务,是不同企业或专业完成一条产业链或一种产品的各个环节。集群与分工是相互促进的,共同发挥降低交易成本的作用,大量扎堆在一起的企业共享外溢效应。集群与分工可以同时降低单个企业的短期成本和长期成本,还可以降低众多企业之间的交易成本和合作成本等。

在集群方面,单个企业可能面对有限地理空间内生产类似产品的企业,包括原材料供应商、设备供应商等,这样可以有选择地挑选供应商,形成有效的竞争,有利于产品质量的提高和生产技术的改进。集群发展还可以促进企业之间知识的传播,通过劳动力转换、供应商竞争和产品流动等方式,推动新技术在不同企业之间的传播,提高了集群企业的整体技术能力。在空间上,企业之间的运输成本非常低,伴随着集群企业规模的扩大,不同企业的需求可以在既定范围内得到满足,大大降低了企业之间的交易成本和运输成本。

企业集群离不开专业分工。专业分工可以提高技术积累和降低交易成本,进而提高单个企业的效益和整体企业集群的效益。专业分工的形式是多样化的,可以是不同企业在同一产业链上的分工,也可以是在同一产品的不同工序上的分工。专业分工还可以表现为不同生产组织之间的协作,包括企业和家庭工厂之间的协作。以温岭地区的制鞋产业为例,制鞋产业集群的企业主要分布在横峰镇、泽国镇、石粘镇三个地区,每一个地区的制鞋企业均呈现出股份合作企业和家庭生产工业相结合的形式。这些股份企业和家庭工厂之间对不同的制鞋工序进行分工,企业和家庭工厂发挥各自的比较优势,在不同工序上做到专业和精深。最后,温岭的产业分工还表现为主导产业之间的产业协作。例如,在温岭地区同时出现了制鞋和注塑、泵业和机电等关联性强的产业集群。

3. 产业文化

产业文化是温岭地区产业集群发展的内在动力。温岭的产业集群发展是产业文化的表现形式,是具体的企业和企业家及相关者的价值认同的结果。产业文化本质上属于非正规制度因素,包括企业家精神、产业环境和区域价值等子系统。产业文化首要强调了企业家精神的重要性,然后是在特定产业发展进程中的企业、政府与其他社会组织间的协作,尤其是企业与政府之间的协作,还包括区域环境上的整体价值认同。

企业家精神是文化因素促进经济增长的第一途径。从自然资源及其他有关生产要素看,包括温岭市在内的台州地区不具备成为经济发达地区的先天条件。但是,这些地区拥有一批企业家,使得该地区成为中国区域经济最为发达的地区之一。企业家作为企业家精神的承载者,表现为企业家的创业能力与坚韧的品格。企业家的个性品格是企业家精神的具体体现,是企业家承担要素资源重组的精神动力,可以从根本上调动人力等资源,有力地促进企业与地区经济发展。企业家还显示出承担风险和冒险的精神品格,在充满不确定性因素的环境下,企业家有利地促进了企业投资,刺激了社会总需求。不断创新是经济发展的灵魂要素,创新不仅可以提高企业生产和管理技术,而且可以重新调整设备、自然资源和人力资源等要素的配置。从长期看,创新是经济发展的根本推动力。

产业文化中的产业环境,主要体现在产业发展所必需的社会文化环境中,强调产业发展的软环境及其节约交易成本的益处,具体指地区范围内的经济主体之间形成的长期正式与非正式的合作与交流。从温岭的产业集聚及其他类似地区的产业集聚发展情况看,产业环境离不开特定的产业集聚地理范围,其主要功能包括:各类经济主体之间的信息交流的加强和拓宽,降低了交易成本;有利于形成更加高效的技术市场、劳动力市场等;有利于形成强大的企业分工的网络型格局;有利于推动地区产业品牌的形成。在我国特定的经济环境中,地方政府的管制行为与手段,是形成产业环境的重要因素。一定程度上,台州地区的"小政府"为温岭的产业集聚提供了发展空间。

从历史角度看,产业环境是区域社会价值的体现。区域社会价值理念是区域人民形成的长期社会认同,是包括地方政府行为、企业行为和个体行为的总和。温岭地区的产业集聚发展还得益于台州地区的价值理念,包括经商传统、创业热情、创新与冒险精神等。区域社会价值观念不仅受到地理空间的影响,还受到祖辈的价值取向的影响。在浙江地区,大多数居民以经商为生,极容易形成集体经商、集团经商的行为,为产业集聚发展提供了软环境。在我国改革开放的大潮中,这些具有经商传统的地区必然得到新的发展机遇与发展空间,而产业集聚发展仅仅是其中的具体表现。

4. 社会资本

社会资本的发展是温岭及周边地区形成产业集聚的重要因素。这里的"社会资本"主要是指根据人缘、地缘、亲缘等关系交织形成的网络社会,其中每个网络节点主要指单个人。这些网络之间的信息传递、资源共享等优势,就体现了社会资本的价值。

社会资本可以被俗称为"圈子"。这些"圈子"是建立在特殊主义基础之上的、以差别化为特征的人际关系网络。"圈子"内的人,可以形成一种牢固的相互信任关系,"圈子"外的人进入"圈子"具有一定的障碍和成本,"圈子"内的人难以信任"圈子"外的人,使得"圈子"内和"圈子"外的人之间的交易成本增大。本质上,"圈子"关系是一种非正式制度安排,是一种具有价值的社会关系,"圈子"资源是具有价值的社会资本,对资源配置起到了特殊作用。同样,因为维护"圈子"也是需要成本的,所以"圈子"内的人是不会轻易让"圈子"外的人分享这些益处的。

在产业集聚的初级阶段,由于市场规模较小,这些以"圈子"为载体的社会资本起到了关键作用。在特定的地理空间,区域内部的精英的创新活动的传播途径是特定的,受到了"圈子"关系的影响,通过人缘、地缘、亲缘等关系逐渐传播,形成了特定范围的企业聚集和创新益处的外化。并且,这些"圈子"内部的集体创新和相互传播,加速了企业和产业的发展,有利于形成产业集聚。创新活动和"圈子"资源,促进了产业在特定地理空间的集聚发展。

四、产业集聚发展的困境

1. 技术创新瓶颈

产业集聚在带来效益的同时,也产生一定的成本。温岭地区的产业集聚同样面临着新的发展困境。首当其冲的是产业技术的创新问题。在产业技术扩散的同时,技术创新和保护创新的措施显得尤为不足。对于温岭地区,要保持产业的可持续发展,必须解决技术创新这一难题。技术创新是产业持续发展和区域经济良好发展的关键点。

温岭地区的产业集聚发展面临的首要问题是技术创新观念滞后。一方面,这些企业主具有小富即安的思想。由于大多数企业主是农民出身,在渴望富裕并且实现了心目中的富裕之后,极容易产生小富即安的思想,妨碍其逐步转化为更为强大的企业家。另一方面,产业集聚带来的扩散效应的益处,削弱了企业主技术创新的积极性。在相对狭小地区的企业创新,是极容易通过各种关系和渠道传播出去,使得其他企业主几乎不费成本地获得新的商业模式和新产品技术,这不仅降低了获得者创新的积极性,也大大削弱了创新企业的技术创新积极性。

其次,技术创新设施不足。技术创新不仅需要硬件设备,还需要机制。一方面,温岭地区的技术创新的硬件投资不足。由于在历史上缺乏技术创新积累,加上技术创新得不到重视,企业不愿意加大对技术创新的投资,政府对技术创新的投资是相当有限的,这些导致技术创新的硬件投入相当不足。另一方面,缺乏技术创新机制。技术创新平台及其他相关资源的缺失,严重阻碍了技术创新的进展。在缺乏技术创新平台的背景下,部分企业被迫单个实行技术创新,增加了企业生产成本。技术创新平台的缺失还包括缺乏产学研的结合,无法形成技术创新的规模效益等。

科技人才不足。从总体上看,温岭地区的科技人才所占比重较低。一方面,本土科技人才较少。由于崇尚经商的氛围,本地区大多数年轻人较早地从事商业活动,不喜好读书。并且新一代的年轻人由于家族企业的存在,需要成为管理型人才,而不是技术型人才。区域价值和区域产业发展决定了本土技术人才难以出现。另一方面,外来人才难以流入。产业集聚后的整体环境制约了外地人才的流入,尤其是中高级人才的流入。缺乏人才引进机制,高级人才发展受限等因素,不利于高级人才的流入。产业层级也制约了中高级人才的流入。部分产业的技术水平相当低,加上企业主不重视技术创新,严重阻碍了中高级人才的流入。

2. 产业竞争无序

产业竞争无序是产业集聚缺乏管制而体现出来的产业集聚劣势。在产业集聚带来降低交易成本等优势的同时,也刺激了产业竞争,过度竞争降低了企业的利润,也不利于加大技术创新投入,进而会影响整个产业竞争力的提升和长期发展。单个企业产品的竞争加剧,和整个产业的类同,降低了整体产业的发展能力。

企业过度竞争。企业产品类同和过度竞争,是产业竞争无序的首要表现。一方面,企业产品技术含量低并且类同。企业产品的低技术含量,降低了企业的进入成本;企业产品类同,缺乏差异化,也加剧了产品的竞争程度。过度竞争的市场降低了企业积累,对产业的长期发展是极为不利的。另一方面,劳动密集型产业的比较优势会因为过度竞争而下降,并且会出现一定的问题。比如,过度竞争有可能导致部分企业铤而走险,生产假冒产品和劣质产品,不仅给自己的企业带来声誉风险,还给整个产业带来声誉风险。

产业的低水平增长。低水平增长是指产业发展依靠产品的数量,而不是依靠企业的效率。地区产品结构趋同和低层次化,造成了集聚资源的浪费,不能有效地提高资源的使用效率。在产品结构、质量和种类类似的情况下,产品市场定位也出现类同,导致产品的过度竞争,迫使企业增产的同时不增加利润。温岭地区还出现了产业集聚中的"低、小、散"现象,大大降低了集聚资源的配置效率。过度竞争和产业集聚的低效，必将导致地区经济增长但不增效，数量增加但效益不提高。

产业竞争的无序还会导致生产要素的相对紧缺。在追求数量不追求质量的情况下，产业集聚发展和产品数量的日益增长，使得大量的生产资源生产不足。一方面，电力资源不足；另一方面，劳动力和土地资源不足。这些资源不足，也会迫使这些企业寻找新的商业模式和技术升级发展，但产业竞争无序不利于这一进程的推进。

3. 治理模式转型

企业的治理模式是企业发展的制度支撑，不仅影响单个企业的发展，而且引领整个产业的发展方向。温岭地区的企业治理模式迫切需要解决两个问题，一是引进外部职业经理人问题，二是第二代或是第三代企业家的接班问题。企业治理模式不仅受制于企业的长远发展，还夹杂着企业家的家族感情等因素。

温岭地区的企业主要是家族化经营模式。但是，不同的企业家有着不同的想法。以温岭市泽国镇为例，泽国企业家子女在国外读书的占10%，在事业单位做公务员的占30%，仅有30%的企业家准备让其子女接班。不同规模的企业，其对企业接班问题的态度是大不相同的，中等规模的企业对其子女接班问题显得顾虑重重。产业前景也是影响企业接班人选择的重要因素。有些产业属于劳动密集型产业，企业家子女对企业的前景并不看好，因此也不打算接手。竞争环境和市场环境，也影响企业接班人的选择，"第二代比第一代钱难挣"的现实环境使得部分企业家子女选择了公务员等职位。

聘请职业经理人还不成熟。在家族企业中，也不乏存在聘请职业经理人的企业，但是，主要模式是企业家自己当董事长，下面的生产经营、财务管理等聘请职业经理人。很少有企业家把企业整体让职业经理人代管。这不仅受到企业家情感制约，还受到整体职业经理市场的影响。温岭地区还缺乏职业经理人全盘接手的氛围。家族企业的治理困境是产业集聚带来的问题，也是产业持续发展必须要解决的问题。

五、结论

我国城市化发展进程中一个重要的现象是产业在空间上的集聚发展。一方面，城市化发展促进劳动力、技术等资源向特定空间的聚集，为产业的集聚发展提供了条件。另一方面，产业集聚发展推动劳动力转移和产业空间布局调整，有利于新城市和城市新区的形成。一般情况下，产业集聚和城市化存在相互促进发展的内在联系。但是,产业集聚在推动城市发展的过程中也存在一些挑战,需要不断完善产业的集聚发展,便于更好地提高城市发展水平。这里以浙江台州市温岭地区的产业集聚发展为例,进一步剖析了产业集聚发展的前提条件和产业集聚发展面临的问题。

产业集聚发展需要同时具备硬件和软件条件。产业在一定空间的集聚发展是一种特殊的地区发展过程,不是一蹴而就的。从温岭地区的产业集聚发展过程看,产业集聚不仅需要产业基础,还需要制度文化。产业基础是产业集聚的硬件条件。温岭地区的乡村工业是该地区的特殊产业模式,更是后来产业集聚发展的硬件基础。在乡村工业规模扩大和范围扩大的基础上,逐步形成了产业分工、企业分工和集聚分工。在知识传播和示范效应的作用下,乡村工业逐步壮大,推动了产业的集聚分工和发展。但是,乡村工业由弱变强、由小变大,离不开产业环境和企业家的干劲。企业家是产业集聚发展的核心要素,是地区经济发展的内在动力。企业家不仅具有带动作用、示范效应,还是地区产业文化的缔造者和影响者。企业家也是地区文化的呈现者,企业家精神是地区文化的精华。社会资本是企业家和企业发展的必需资源。在依靠人缘、地缘、亲缘等关系交织形成的网络社会中,企业家需要通过各种网络关系获得资源,以促进企业的不断壮大。温岭地区的产业集聚也得益于这些社会资本的成长。

低层次的产业集聚需要升级。以温岭地区为例,由于乡村工业的弊端等,产业集聚发展获得的利益和社会外部效益呈现了边际下降,产业集聚发展的问题逐步凸显。首先是技术升级和技术创新不足。技术创新不足已经严重地制约了温岭产业的进一步发展,需要一整套适合技术创新的体系促进技术不断改进。产业升级的核心是产业技术,不仅需要技术人才,还需要各类制度体系的搭建,形成一个创造新技术、应用新技术和推广新技术的创新平台。其次是产品市场的竞争无序化是产业集聚地区恶性竞争的重要表现。产品的恶性竞争会导致当地经济的低水平增长和要素资源利用效率低下等。究其原因是产业集聚地区的产品类同、企业模式类同等。地区产业集聚的升级,不仅需要技术层面、产业层面的升级,还需要企业发展。再者,温岭地区的企业接班和持续发展是关键问题之一。家族企业的治理模式和发展模式直接关系温岭地区的经济发展。由此可见,产业的集聚发展在一定阶段之后也需要不断地调整和继续发展。

第六章 城市的专业性与多样性[①]

城市专业性是城市所具有的较高的经济活动集中度和地区专业化特征,是地区分工和专业化发展的结果。城市多样性以城市经济结构的多元性和功能多样化为基础,反映城市社会各阶层人们的多样化需求和偏好。城市的专业性与多样性体现城市的功能形态和服务类型,与城市产业发展方向和产业结构状态有着密切的关系。

专业性与多样性各有利弊。一般而言,中小城市的专业化特征显著,如果规模越大,服务功能越全,则多样化优势越明显。当考虑到规模经济、资源禀赋、交易成本和运输成本时,城市的专业性与多样性通常很难在单个城市中得到兼顾。

如何解决特色专业化城市与多样化服务需求的矛盾,是城市化进程中迫切需要关注的问题。本章对城市专业性和多样性的形成机理进行探讨,运用城市专业化和多样化指数的测度指标,测算出江浙皖赣四省城市的专业性和多样性系数,并对其中的差异着重从产业结构和产业集群角度进行分析比较。

第一节 城市专业性理论与实践

一、城市专业性概念

"城市专业性"(specialization)即城市所具有的专业化特征。一般而言,专业化是指某一地区专门从事某一产业或产品的生产。根据《牛津经济学词典》的解释,所谓"专业化",是指某一经济主体"依赖于其他(经济主体)提供自己不生产的东西,集中提供特定类型的商品和服务"。因此,地区专业化也可以看成某些产业在特定地区的集中程度。如果这些产业在特定地区的集中程度相当高,可以说该地区的专业化特征明显。换言之,如果一个城市具有较高的经济活动集中度,就被看作专业化的,反之则是多样化的。

[①] 本章数据收集、整理、计算由周金锐承担。

二、城市专业性理论与机理

古典贸易理论对区域专业化形成的研究基于两个关键假设:一是完全竞争;二是规模报酬不变,且运输成本忽略不计。在此基础上,可以认为区域要素禀赋或比较优势的差异是区域分工和产业专业化形成的前提条件。不同区域具有自然资源、物质资源和人力资源等要素禀赋的不同组合,构成了区域比较优势。如果地区间进行了贸易,则这个地区将会集中从事某类产品和服务的专业化生产。专业化的类型由资源禀赋和技术能力所导致的比较优势所决定。

但是与古典贸易理论不同的是,克鲁格曼等新经济地理学家认为,完全竞争和规模报酬不变的范式不能解释大规模经济集聚现象的出现和增长,也不能科学地解释区域或城市的专业性和多样性(Krugman,1995)。他们通过使用垄断竞争和规模报酬递增模型,论证了生产中的递增报酬(规模经济)与运输成本之间的权衡替代关系,这是理解经济活动的地理分布的中心内容,也是空间经济运行的基础。比如,城市经济学家米尔斯(Mills,1967)认为,城市规模是由递增报酬与运输成本之间的相互替代所决定的。这种相互替代的权衡是诠释城市发展的关键点。

早在 20 世纪 50 年代廖什就指出,市场区域不是某类自然或政治不均衡的结果,而是产生于纯经济力量的相互作用,这些力量有些倾向于集中,有些倾向于分散。集中的益处在于专业化和大规模生产,分散的益处在于较低的运输费用和多样化的产品。显而易见,自然属性(资源的空间差异性)可以解释为什么某些地点会孕育出集聚群(如专业性的资源型城市),但不足以解释城市规模的增长。城市规模必须通过经济模型中经济参数的相互影响及其社会交互作用来加以解释。

实证研究表明,城市的专业性程度高低与发生于同一产业内或单个企业外部的规模经济(胡佛所谓的"地方化经济")正相关,与交易成本大小负相关,与运输成本呈现出"倒 U 型曲线"的关系。

地方化经济是区域专业化形成的必要条件。而这种企业外部的规模经济是通过纵向的产业联系将厂商层次的报酬递增转化来的。这种产业联系包括"前向关联性效应"和"后向关联性效应"。"前向关联效应"是指一个大的区域市场能够支持该区域中间商品的生产,进而降低下游生产者的成本。"后向关联效应"是指在一个接近较大规模市场的区域从事商品的生产所能够带来的规模经济性;专业化的集中生产可以节约各种联系成本。正如马歇尔所述的三种外部经济性：

一是中间投入品的共享（即专业化的供应商）。一个产业中心可以提供该产业专用的多种类、低成本的非贸易投入品，使得厂商的生产成本降低。能够获得多种类的中间产品（如生产者服务和标准化的投入品），无论是对专业化城市还是大城市都具有相当重要的意义。

二是专业化劳动力市场的共享。产业集中形成了一个专业技术工人共享的劳动力市场，这个共享的市场对劳动者和厂商都有利，厂商可以随时雇佣到有专业能力的劳动者，劳动者也因为共享的劳动力市场而减少了失业的风险。

三是知识和技术的外溢共享。因为同类的厂商相距很近，因而有利于信息的交流，厂商可以利用知识和技术外溢获得收益。一个厂商的技术创新可以在很短时间内扩散到整个产业，从而增强整个产业发展的活力。

在现实生活中，规模经济的实现受到要素流动性和产品运输成本大小的限制。如果是在一个国家内，要素的流动性是不受限制的或相对于地区间的贸易壁垒来说是不受限制的，则影响产业专业化（多样性）的唯一因素是有形和无形的产品运输成本。这种运输成本直接影响了一个地区市场规模效应的实现、工人工资水平的高低与地区间的收入差距等。

区域交易成本对地方专业化的程度的影响也是显而易见的。假设存在严重的地方保护主义或要素流动障碍，则会导致交易成本的产生和增长，从而抑制分工和专业化生产。因此，城市的开放性与专业性是相互促进和共生的。

关于专业化城市的形成机理，Henderson（1974）在 Alonso—Muth 有关城市内部结构模型的框架中，给出了最早的解释。在 Henderson 的模型中，有四个关键的假设：其一，存在地方化经济，不存在城市化经济。就是说，规模报酬递增仅发生于同一产业内，不同的产业具有强弱不同的地方化经济，产业之间没有范围经济。因此，任何给定产业的劳动生产力都随城市产业的就业总量的增加而增加；其二，由通勤成本和地租构成的拥挤效应随着城市人口的增加而增加；其三，城市间最终产品的贸易不存在交易成本（包括运输成本），劳动力可在城市间自由流动；其四，大的行为主体（如城市开发商）可以创造新城市。

结果，在第一、二、三假设条件下，若最初的城市数量足够多，则城市体系中的城市完全是专业化的城市；如果把假设四加上，则就会形成一个具有最优规模的有效城市体系。因为正外部性仅发生在同一产业内，不同产业的集聚只能导致不经济,所以,把不存在关联效应和相互溢出效应的产业放在同一城市是毫无意义的。不产生外部正效应的产业应位于不同的城市,这样它们既不会彼此造成拥挤也不会抬高地租。可见,通过分离城市内不产生范围经济的不同产业,拥挤成本的减少并不影响生产力。而让不同的产业位于不同的城市,提高了城市的生产效率,实现了城市完全专业化。在一个充分竞争的市场环境下,城市最终会达到最优规模。因此,这种最优的城市规模,是地方化经济(集聚力量)和城市化不经济(趋于分散人口)平衡的结果。最优城市规模随着地方化经济的增加而上升,随着拥挤成本的增加而下降。由于不同产业具有不同程度的地方化经济,不同产业的专业化城市的规模也不相同。但是,相同专业化程度的城市应该具有相同的规模。

Helsley & Strange(1990)则从专业化劳动力市场共享与匹配的视角,指出专业化城市形成的微观经济基础在于随着单一产业规模的增加所导致的专业化劳动力集聚。因为在大城市里,雇主和专业化工人之间的劳动匹配比较容易,城市可以为专业化工人提供更多的就业机会。反过来,城市劳动力市场又使雇主更容易找到其所需要的专业化工人。但由于规模报酬递增只存在于城市产业内,不存在于产业间,典型地依赖于单一产业的规模。因此,这样的城市只能是专业化劳动力集聚的城市。但这明显与经验观察相矛盾。在现实世界里,并不是所有的城市都是专业化的,也有许多多样性的大城市;城市体系也不是完全由专业化的城市组成,而是专业化城市与多样性城市共存。

杜兰顿和普盖(Duranton & Puga)在他们的文章中比较细致地考察了城市的专业化并给出了如下的特征事实:专业化与城市的规模有弱的相关性;大城市平均来说更专业化于服务业(金融、保险和房地产)和新兴产业(电子元件仪器等),而中等城市更专业化于制造业及成熟的产业(纺织、食品和造纸等)。

三、城市专业性的衡量指标

城市专业化的度量有多种方式。我们采用地区专业化指数来衡量一个城市的专业化水平。地区专业化指数是根据基尼系数构造的 β 指数,简单模型表示为:

$$\beta = \frac{\dfrac{Q_{ij}}{Q_j}}{\dfrac{Q_i}{Q}}$$

其中，Q_{ij} 表示地区 j 的产业 i 的产值，$Q_j = \sum_{i=1}^{n} Q_{ij}$ 是地区 j 的全部工业产值，$Q_i = \sum_{j=1}^{n} Q_{ij}$ 表示产业 i 的全国总产值，Q 表示全国工业总产值，地区专业化指数即为通常所说的区位商。

因此，β 指数的分子是地区 j 的产业 i 占该地区工业的份额，分母是产业 i 占全国工业值的份额。它能够测度该地区的生产结构水平与全国平均水平之间的差异，借此可以评价一个地区的专业化水平。某地区某产业在全国市场占有率比较小，但可能这个产业在该地区制造业中所占份额很大，或者该地区制造业在全国所占份额较小，因而这个产业在该地区还是有比较优势的，称这种比较优势为"地方化优势"。

具有地方化比较优势的产业必须满足两个标准：第一个标准是某地区某产业的 β 指数必须大于 1。β 指数越大，名次越高，说明地方性比较优势越强。第二个标准是该地区该产业的总销售收入必须高于全国的平均水平。第一个标准是相对数标准，第二个标准是绝对数标准。满足这两个标准的产业，称它为某地的"地方化优势产业"，也就是说该产业在该地区形成了一定的空间集中，有了一定的规模，达到了某种程度的地方专业化，具有一定的比较优势。

四、专业性城市发展实践——资源型城市的兴衰

根据所使用的生产要素的不同，产业可分为劳动密集型产业、资本密集型产业和技术密集型产业。另外，根据产业所处的产业生命周期阶段的不同，也可将产业分为幼稚型产业、增长型产业、成熟型产业和衰退型产业等。按照区域经济学的观点，区域经济发展很大程度上取决于区域产业结构状况，而产业结构状况取决于地区经济部门，特别是占主导地位的专业化产业在产业生命周期中所处的阶段。如果主导产业部门由处于增长阶段的专业部门所构成，则说明该区域具有发展潜力。反之，若主导专业化产业处于成熟和衰退阶段，则区域持续发展就会缺乏后劲。区域经济学的这种观点也同样适用于城市。

我国东北地区和中西部地区不少城市的专业化程度很高，但其专业化门类主要为采掘业，属资源指向性产业，形成初期是以矿业的专门化发展作为城市的主要功能的。城市专业化的层次还比较低，还没有形成技术和资本主导城市专业化的态势。由此决定了这些城市的属性就是资源型城市。大多以中小城市为主体，其中，市区人口在 50 万以下的小城市约占资源型城市总

数的73%。

资源型城市的一个典型特征就是,城市因资源的开采而兴起,资源型城市是资源开发型工业不断发展的产物。这类城市存在的一个巨大风险可能是"矿竭城衰",即矿产资源可耗竭性的结果。城市可能因矿产资源的枯竭而衰退,这是资源型城市的基本特征,也是实现其可持续发展面临的主要问题之一。

近年来,随着经济结构的逐步调整以及资源型产品供求关系的重大变化,我国资源型城市的发展出现了主导资源濒临枯竭、经济持续衰退、接续产业难以发展、生态环境急剧恶化、低收入和高失业长期并存等一系列重大经济、社会和资源环境问题,其生存与发展受到了前所未有的威胁与挑战。

从产业结构的层次性来看,经济发展中的粗放型、低技术含量是资源型城市的"通病"。大部分资源型城市以原材料和资源密集型的初级产品输出为主导。从三次产业的构成来看,资源型城市第二产业占绝对主导地位,但这种主导地位是由大量输出原料型产品拉动的,高深加工产品输出较少。同时,部分资源型城市不注重资源关联产业的构建,产业链条短,范围经济小,第二产业的弱质也制约了第三产业的发展,产业持续力不强。而且,由于吸纳劳动力能力较强的第三产业发展较为滞后,制约了就业机会的大规模扩展;而资源型企业下岗职工总体文化程度不高,技术单一也限制了其再就业的可能性,由此导致就业和社会保障压力巨大,经济转型的难度增大,严重影响社会稳定与和谐社会建设。

其中,尤其值得一提的是资源型城市资源濒临枯竭所带来的日益严重的社会问题。目前已出现了"资源濒临枯竭—资源产业规模递减—相关产业规模递减—就业机会减少—下岗失业人员增多—社会保障问题突出"的经济社会难题。我国因矿山资源枯竭而产生的困难矿工总量约300万到400万,并影响到1000万矿工家属。根据2000年人口普查数据,全国有22个地级矿业城市的失业率超过10%。其中,6个城市城镇失业率超过20%,4个已进入资源枯竭期。

根据中国矿业协会的统计,中国目前以采矿为主的资源型城市中,20%处于成长期,68%处于成熟期,12%处于衰退期。资源型城市濒临资源枯竭是自然资源的供给有限性与其需求无限性矛盾的必然结果,而传统的对自然资源的掠夺式、粗放式开采加速了资源枯竭的进程。

结构单一的资源型城市实现经济转型必须塑造多元化的产业结构,因此,立足优化产业结构推动发展,把调整经济结构作为主线,促使经济增长由主要依靠资源产业带动和数量扩张带动向三次产业协同发展驱动转变。拓展资源型城市转型的时间和空间,从经济结构单一化向多元化转变,减轻经济发展对自然资源的依赖程度,形成资源型城市自主发展的长效机制。

第二节 城市多样性与城市发展

一、城市多样性的概念

多样性是城市的内在禀赋和天性。所谓多样性(diversity),《牛津经济学词典》定义为"一个企业或国家的活动在不同类型产品或不同市场间的扩展"(第一版,2000:129)。城市的多样性以城市经济结构的多元化和功能多元化为基础。城市自身的资源禀赋、产业结构、创新能力、基础设施和人文素养、城市品位等,决定着城市的未来的竞争优势和发展趋势,也决定着城市的活力和吸引力。当代城市处于全球化的背景之下,正在步入多元时代,伴随着社会的民主化发展,城市形态的发展更多地反映社会各阶层人们的多样化要求。

二、城市多样性的原因

从需求的角度看,造成一些城市多样性的一个重要原因在于,无论作为生产者还是消费者都有多样化的偏好。作为消费者,其所享用的消费品种类越多,其主观效用水平就越高;作为厂商,其生产活动需要大量的生产者服务部门,如金融服务、法律服务、信息管理、广告、保险、员工培训等。只有容易获得大量的生产性服务业,其生产活动才能够经济有效地进行。

人们的需求总是多样化的,而且需求层次是逐步发展的。为了满足消费的多样性,生产也必须多样化。而生产的多样化只有在城市中才能够展开。所以城市的特色就体现在各种各样的职业、花样繁多的产品和精细的专业分工(茅于轼,2007)。

一般来说,在具有大量复杂需求且挑剔性顾客的地方,孕育着众多产品差别化的信息。所以,消费偏好的多样性和产品的差异性不仅可以培育空间集聚(梁琦,2004),而且也因产品差异程度的不同分化了专业化城市和多样性城市。诚如胡佛、杰莱塔尼(1992)所言,在城市里真正吸引顾客的东西是多样性。如果不同卖主的产品是一模一样的,就不会有什么集聚优势。因此,属于其他类的产品或劳务可能增进集聚优势,只要它们为同一买主提供了在同次采购旅行中可能一同购入的其他各种商品,由于这个原因,城市的吸引力可因为高档时装店、专卖高档时髦鞋或时髦首饰商店、甚至专门迎合高收入旅行者的旅行社的加入而提高。

从供给的角度分析,范围经济和高运输成本的存在是多样性城市形成的关键原因。当城市达到一定规模,从规模经济所能够获得的收益已经穷尽时,城市转而寻求范围经济(谢燮、杨开忠,2003)。这里的范围经济实际上就是所谓的"城市化经济"。如果说城市专业化产生的部分原因是同一产业内经济活动的相互作用(地方化经济),那么,城市多样化则是产业部门间经济相互作用(城市化经济)即产业间的外部性的结果。

导出多样性城市的另一个原因是城市间的运输成本。在专业化城市里,产业规模较大,很多专业化服务可从本地得到,但大量种类的制成品必须由城市间的贸易获取。这样,商品运输成本的降低(如铁路和公路运输技术的提高)有利于专业化城市的形成,而高的商品运输成本则刺激城市多样性,降低服务运输成本有利于多样性城市的形成(如电话和因特网的出现)。

产业间的知识溢出是城市多样性的又一重要原因。当产业间知识溢出给企业带来的收益大于增加的拥挤成本时,城市不同产业的相互依赖性增强,产业部门就会迅速增加,从而多样性城市自然就会依托多样性的产业而稳定地存在。

大量的文献发现,在国家尺度上,尤其是在幅员广阔的国家范围内,城市体系具有不同于传统观点的新的特征:

其一,专业化和多样化是共存的。如 Duranton 和 Puga(2000)通过计算美国城市 1992 年的两位数制造业的相对专业化指数和相对多样化指数,发现不仅城市体系中专业化城市和多样化城市共存,而且同一城市中专业化和多样化并非完全对立。一个具有主要产业和其他基础产业的城市,可以同时具有专业化和多样化的特征。专业化程度最高的城市对自然资源的依赖性高,而专业化于制造业的城市对资源的依赖性低。

其二,大城市的多样化趋势明显。Henderson(1997)进一步研究了城市规模与多样化之间的关系。他发现,总体上大城市趋向在服务业上专业化,中等城市很少在新产业上专业化,而往往在成熟产业上专业化,且专业化部门相似的城市往往具有相似的城市规模。

三、城市多样性的衡量指标

为了研究城市的多样化,我们通常使用城市多样化指数。多样化指数是

衡量一个城市的多样化程度的指数,其定义式如下:

$$\text{HDI} = \frac{1}{\sum S_{ij}{}^2}$$

其中,HDI 为地区多样化指数,S_{ij} 表示为城市 i 在产业 j 的经济指标所占的份额。多样化指数随着其多样化程度的提高而不断增加。如果一个城市完全专业化于一个产业,则其多样化指数为 1。为了正规化,本书采用相对专业化指数,其定义式如下:

$$\text{RDI} = \frac{1}{\sum_j |S_{ij} - S_j|}$$

其中,S_{ij} 表示为城市 i 在产业 j 的经济指标所占的份额,S_j 为产业 j 的经济指标在整个国家所占的份额。RDI 为相对多样化指数,$\text{RDI} \geqslant 1/2$,其值越大,说明相对全国平均而言,其多样化程度越高。经验研究表明,相对专业化指数与城市规模呈负相关,即城市规模越大,其专业化程度越低;相对多样化指数与城市规模呈正相关,即城市规模越大,其多样化程度也越高。

四、城市多样性与城市发展的一般规律

(1)产业多样化较之专业化更利于城市增长的长期稳定性。这可从经济演化的角度给予解释,演化经济学认为,多样性的提高是经济长期增长和充分就业的必要条件,多样性的创造推动着系统的演化。因此,多样性的城市通常更具有活力和可持续发展能力,其规模相对较大,多为大中城市。

(2)城市的增长潜力很大程度上又取决于城市的创新能力。按照新增长理论的观点,城市不同的产业专业化或多样性分工程度通过地方化经济和城市化经济影响着知识溢出、扩散和积累的速度,进而影响城市的学习能力和创新能力,由此形成城市内在的增长动力。

(3)城市的增长速度与城市专业化或多样性产业使用的不同生产要素密集度相关,也与主导产业的生命周期阶段密切相关。若产业的生产要素密集度不同,或(主导)专业化产业处于产业生命周期的不同阶段,则相同程度的专业化或多样化城市,其增长速度也会不同。

(4)城市多样性并非一定依靠单体城市的规模增长而得到,完全可以通过建立克里斯塔勒式的城镇等级体系或规模不等、功能各异的专业化城市构成的城市群或都市圈实现。

第三节 四省城市发展的实证研究

一、四省城市专业化指数

根据前面介绍的城市专业性衡量指标,可以分别测算江浙皖赣四省的城市专业化程度。

1. 江苏省城市的专业化分析

表 6.1 2006 年江苏省城市产值表(单位:亿元)

市县	生产总值	第一产业	第二产业	工业	第三产业
南京市	2773.78	82.02	1359.94	1181.94	1331.82
溧水县	103.75	11.67	58.73	50.03	33.35
高淳县	111.03	14.23	58.58	46.00	38.22
无锡市	3300.59	51.34	1968.75	1849.85	1280.50
江阴市	980.17	17.16	620.45	596.45	342.56
宜兴市	428.03	17.32	256.72	243.78	153.99
徐州市	1428.80	180.82	741.36	632.84	506.62
丰县	67.94	20.63	25.77	19.76	21.54
沛县	147.60	30.61	68.01	59.79	48.98
铜山县	168.66	25.23	91.24	80.27	52.19
睢宁县	72.10	21.28	27.64	24.04	23.18
新沂市	91.01	22.32	38.26	32.82	30.43
邳州市	149.96	39.70	62.56	51.36	47.70
常州市	1569.46	59.45	947.42	868.44	562.59
溧阳市	217.63	16.57	123.54	106.51	77.52
金坛市	182.00	14.63	97.50	81.50	69.87
苏州市	4820.26	94.01	3152.03	2978.55	1574.22
常熟市	809.28	17.49	484.26	462.64	307.54
张家港市	841.62	12.48	545.69	529.36	283.45
昆山市	932.01	10.53	632.41	605.06	289.07
吴江市	500.80	17.11	321.43	304.40	162.26
太仓市	366.63	15.63	223.05	204.18	127.95
南通市	1758.34	168.06	985.04	815.06	605.24
海安县	177.42	25.17	91.98	73.31	60.27
如东县	175.02	30.10	86.88	67.41	58.04
启东市	238.59	35.06	124.73	97.32	78.80
如皋市	180.27	24.75	94.13	76.94	61.39
通州市	270.58	24.46	161.17	136.74	84.95

续上表

海门市	261.09	23.65	153.36	128.94	84.08
连云港市	527.38	96.26	241.55	188.36	189.57
赣榆县	91.82	23.95	37.28	31.24	30.59
东海县	92.73	26.88	36.08	30.08	29.77
灌云县	55.93	18.30	21.28	15.84	16.35
灌南县	49.03	13.88	20.17	16.05	14.98
淮安市	651.06	123.78	305.23	252.61	222.05
涟水县	74.07	25.56	27.13	21.64	21.38
洪泽县	48.89	11.75	20.44	16.94	16.70
盱眙县	74.52	18.85	35.08	28.53	20.59
金湖县	46.32	11.03	19.12	16.82	16.17
盐城市	1174.26	245.65	536.18	456.98	392.43
响水县	54.13	15.40	23.28	19.93	15.45
滨海县	93.30	25.32	38.62	32.34	29.36
阜宁县	100.03	24.10	45.48	33.88	30.45
射阳县	142.13	40.41	57.75	51.94	43.97
建湖县	118.73	22.83	55.27	48.70	40.63
东台市	194.73	44.03	88.10	76.65	62.60
大丰市	149.45	36.55	64.80	54.12	48.10
扬州市	1100.16	94.52	620.59	545.90	385.05
宝应县	116.02	25.19	54.40	44.79	36.43
仪征市	130.10	8.55	86.09	75.32	35.46
高邮市	123.72	26.20	58.42	49.12	39.10
江都市	230.20	21.28	142.02	122.22	66.90
镇江市	1021.52	41.54	618.64	567.02	361.34
丹阳市	300.24	16.40	176.84	167.38	107.00
扬中市	125.05	3.93	76.32	68.81	44.80
句容市	124.30	11.76	74.04	69.80	38.50
泰州市	1002.28	95.00	585.56	501.29	321.72
兴化市	178.36	39.15	82.54	68.95	56.67
靖江市	161.89	9.07	93.83	82.88	58.99
泰兴市	207.08	24.01	117.25	94.79	65.82
姜堰市	161.66	17.33	91.92	75.20	52.41
宿迁市	454.20	107.09	203.68	155.88	143.43
沭阳县	124.12	35.90	51.78	44.20	36.44
泗阳县	81.21	22.15	34.98	28.09	24.08
泗洪县	81.00	26.03	29.72	24.46	25.25

注：数据来源：《2007年江苏省统计年鉴》。

根据专业化指数计算公式，结合《2007年江苏省统计年鉴》数据和《2007

年中国统计年鉴》数据,计算出江苏省所有城市的三次产业专业化指数。

表 6.2 2007 年江苏省三次产业专业化指数

江苏省城市	第一产业 β 指数	第二产业 β 指数	第三产业 β 指数
南京市	0.25	1	1.22
溧水县	0.96	1.16	0.82
高淳县	1.09	1.08	0.87
无锡市	0.13	1.22	0.99
江阴市	0.15	1.29	0.89
宜兴市	0.34	1.23	0.91
徐州市	1.08	1.06	0.9
丰县	2.59	0.78	0.81
沛县	1.77	0.94	0.84
铜山县	1.28	1.11	0.79
睢宁县	2.52	0.78	0.82
新沂市	2.09	0.86	0.85
邳州市	2.26	0.85	0.81
常州市	0.32	1.23	0.91
溧阳市	0.65	1.16	0.91
金坛市	0.69	1.1	0.98
苏州市	0.17	1.34	0.83
常熟市	0.18	1.22	0.97
张家港市	0.13	1.33	0.86
昆山市	0.1	1.39	0.79
吴江市	0.29	1.31	0.82
太仓市	0.36	1.24	0.89
南通市	0.81	1.15	0.87
海安县	1.21	1.06	0.86
如东县	1.47	1.01	0.84
启东市	1.25	1.07	0.84
如皋市	1.17	1.07	0.87
通州市	0.77	1.22	0.8
海门市	0.77	1.2	0.82
连云港市	1.56	0.94	0.91
赣榆县	2.22	0.83	0.85
东海县	2.47	0.8	0.82
灌云县	2.79	0.78	0.74
灌南县	2.41	0.84	0.78
淮安市	1.62	0.96	0.87
涟水县	2.94	0.75	0.73
洪泽县	2.05	0.85	0.87

续上表

盱眙县	2.16	0.96	0.7
金湖县	2.03	0.84	0.89
盐城市	1.78	0.93	0.85
响水县	2.43	0.88	0.73
滨海县	2.31	0.85	0.8
阜宁县	2.05	0.93	0.77
射阳县	2.42	0.83	0.79
建湖县	1.64	0.95	0.87
东台市	1.93	0.92	0.82
大丰市	2.08	0.89	0.82
扬州市	0.73	1.15	0.89
宝应县	1.85	0.96	0.8
仪征市	0.56	1.35	0.69
高邮市	1.81	0.97	0.8
江都市	0.79	1.26	0.74
镇江市	0.35	1.24	0.9
丹阳市	0.47	1.2	0.91
扬中市	0.27	1.25	0.91
句容市	0.81	1.22	0.79
泰州市	0.81	1.19	0.82
兴化市	1.87	0.95	0.81
靖江市	0.48	1.18	0.93
泰兴市	0.99	1.16	0.81
姜堰市	0.91	1.16	0.82
宿迁市	2.01	0.92	0.8
沭阳县	2.47	0.85	0.75
泗阳县	2.33	0.88	0.75
泗洪县	2.74	0.75	0.79
平均值	1.353692	1.043538	0.841538

通过计算可得知,江苏省城市的第一产业专业化指数与第二产业专业化指数平均值均大于1,具有比较优势,但是其第三产业专业化指数较低。

不过这里还要进行细化研究。比如,那些第一产业专业化指数偏高的县级市,其实是江苏相对落后的地方,因为其专业化特征主要表现为农、矿等资源型产品的专业化比较优势。从第三产业专业化指数看,除了南京第三产业β指数大于1,其他城市的第三产业专业化指数均小于1,说明江苏大多数城市的第三产业发展不充分,服务功能不突出,不具有比较优势。这也基本印证了杜兰顿和普盖(Duranton&Puga)的研究结论。统计结果还说明:江苏省虽是我国的发达省份,但仍处于我国工业化中期阶段,制造业比重畸高,产业结构亟待升级,城市化仍有巨大的发展潜力。

2. 浙江省城市的专业化分析

表 6.3 2006 年浙江省城市产值表(单位:亿元)

城市	生产总值	第一产业	第二产业	工业	第三产业
浙东北	10436.44	587.18	5715.75	5112.01	4133.5
杭州市	3441.51	154.86	1734.58	1559.09	1552.07
宁波市	2874.44	139.34	1583.56	1425.95	1151.55
嘉兴市	1346.65	88.16	807.22	723.68	451.27
湖州市	761.02	65.59	435.18	385.78	260.25
绍兴市	1677.63	97.35	1015.72	913	564.55
舟山市	335.2	41.88	139.5	104.52	153.82
浙西南	5278.28	335.2	2809.38	2495.08	2133.7
温州市	1837.5	65.51	1006.49	915.94	765.51
金华市	1234.7	67.68	665.95	586.4	501.07
义乌市	352.86	9.84	162.89	142.68	180.13
衢州市	387.4	51.15	191	156	145.25
台州市	1463.31	105.97	782.26	705.62	575.08

数据来源:《2007 年浙江省统计年鉴》。

根据以上专业化指数定义,结合《2007 年浙江省统计年鉴》数据和《2007 年中国统计年鉴》数据,计算出浙江省所有城市的三次产业专业化指数。

表 6.4 2007 年浙江省三次产业专业化指数

浙江省城市	第一产业 β 指数	第二产业 β 指数	第三产业 β 指数
浙东北	0.48	1.12	1.01
杭州市	0.38	1.03	1.15
宁波市	0.41	1.13	1.02
嘉兴市	0.56	1.23	0.85
湖州市	0.73	1.17	0.87
绍兴市	0.49	1.24	0.86
舟山市	1.07	0.85	1.17
浙西南	0.54	1.09	1.03
温州市	0.3	1.12	1.06
金华市	0.47	1.1	1.03
义乌市	0.24	0.94	1.3
衢州市	1.13	1.01	0.95
台州市	0.62	1.09	1
平均值	0.570769	1.086154	1.023077

由上表中数据可知,浙江省城市的第二产业β指数与第三产业β指数平均值均大于1,与全国城市相比,具有地方专业化的比较优势。尤其是第二产业β指数高的城市,通常都是经济体量大、较为发达的城市。但浙江最大的问题在于省内区域发展不平衡,浙东北与浙西南经济发展水平差距较大。

3. 安徽省城市的专业化分析

表6.5 2006年安徽省城市产值表(单位:亿元)

城市	生产总值	第一产业	第二产业	第三产业
合肥市	817.7573	5.4625	394.444	417.8508
淮北市	173.87	7.49	105.01	61.37
亳州市	105.7847	24.6396	36.7908	44.3543
宿州市	136.74	34.79	42.02	59.93
蚌埠市	184.3342	6.4005	92.553	85.3807
阜阳市	127.2331	23.8705	47.1907	56.1719
淮南市	227.88	17.57	124.37	85.94
滁州市	100.5621	10.4363	47.0392	43.0866
六安市	80.76	21.61	23.91	35.24
马鞍山市	356.3728	2.0354	241.5828	112.7549
巢湖市	103.5021	13.5716	50.5125	39.418
芜湖市	349.1711	6.1065	208.6772	134.3874
宣城市	89.65	19.24	26.74	43.67
铜陵市	215.47	2.18	149.75	63.54
池州市	66.3957	11.7466	31.0322	23.6169
安庆市	164.9345	6.0605	77.0972	81.7768
黄山市	83.013	8.6963	28.4593	45.8569
宁国市	67.5	9.88	32.89	24.73

注:以上数据除宁国外均为地级市。宁国是安徽省2006年"十强县"之首的城市,具有典型性。地级市数据来源于《2007年安徽省统计年鉴》,宁国市数据来源于宁国市统计局官方网站。

根据专业化指数公式,结合《2007年安徽省统计年鉴》数据和《2007年中国统计年鉴》数据,计算出安徽省所有城市的三次产业专业化指数。

表 6.6　2006年安徽省三次产业专业化指数

安徽省城市	第一产业 β 指数	第二产业 β 指数	第三产业 β 指数
合肥市	0.06	0.99	1.30
淮北市	0.37	1.23	0.90
亳州市	1.99	0.71	1.07
宿州市	2.17	0.63	1.11
蚌埠市	0.30	1.03	1.18
阜阳市	1.60	0.76	1.12
淮南市	0.66	1.12	0.96
滁州市	0.88	0.96	1.09
六安市	2.28	0.61	1.11
马鞍山市	0.05	1.39	0.8
巢湖市	1.12	1.00	0.97
芜湖市	0.15	1.22	0.98
宣城市	1.83	0.61	1.24
铜陵市	0.09	1.42	0.75
池州市	1.51	0.96	0.90
安庆市	0.31	0.96	1.26
黄山市	0.89	0.70	1.40
宁国市	1.25	1.00	0.93
平均值	0.972778	0.961111	1.059444

分析表6.6中数据，可以明显看到安徽与江苏和浙江的差距所在。安徽省城市的第一产业β指数平均值接近1，特别是安徽发展倒数的宿州市和六安市的第一产业专业化指数竟然超过2，而第二产业专业化指数均值却低于1，这表明，安徽是名副其实的"农业大省、工业弱省"。

数据分析同时表明：落后的工业化和城市化水平，是安徽不发展的根本原因。所以，安徽迫切需要实施工业强省战略和城镇化战略，加快农村劳动力转移，推进城市化步伐。

4. 江西省城市的专业化分析

表6.7 2006年江西省城市产值表（单位：亿元）

城市	生产总值（亿元）	第一产业	第二产业	第三产业
南昌市	1183.897	77.2964	642.4463	464.1546
景德镇市	224.7759	20.8353	121.5761	82.3645
萍乡市	265.4942	26.2352	158.3533	80.9057
九江市	506.2201	78.1853	262.8587	165.1761
新余市	214.2709	23.5945	125.7188	64.9576
鹰潭市	143.2082	18.3081	75.8295	49.0706
赣州市	582.732	135.5774	226.5936	220.561
吉安市	351.7803	85.9672	139.4195	126.3936
宜春市	439.7203	101.5562	204.8146	133.3495
抚州市	313.5607	74.6922	138.8934	99.9751
上饶市	451.4277	87.7244	200.6935	163.0098

数据来源：《2007年江西省统计年鉴》。

表6.8 2006年江西省三次产业专业化指数

江西省城市	第一产业β指数	第二产业β指数	第三产业β指数
南昌市	0.56	1.11	1
景德镇市	0.79	1.11	0.93
萍乡市	0.84	1.22	0.77
九江市	1.32	1.06	0.83
新余市	0.94	1.2	0.77
鹰潭市	1.09	1.08	0.87
赣州市	1.98	0.79	0.96
吉安市	2.08	0.81	0.91
宜春市	1.97	0.95	0.77
抚州市	2.03	0.91	0.81
上饶市	1.66	0.91	0.92
平均值	1.387273	1.013636	0.867273

江西省城市的第一产业和第二产业β指数平均值均大于1，比安徽的专业化水平高，但第三产业较低。

这一方面说明，江西省城市普遍存在第一产业比重较高，另一方面说明，工业化、城市化水平低下，第三产业不发达，发展滞后。反过来，它制约了工业化进程。

5. 江浙皖赣城市的综合分析

为了突出江浙皖赣城市的特色产业,以下采用相对专业化指数 α 进行分析。其定义如下:

相对专业化指数 $\alpha = \max_j(\beta)$,其中 β 为专业化指数,相对专业化指数即为某个城市各产业专业化指数最大者。其中各个省份的城市专业化指数我们选取平均值。

表6.9　2006年江浙皖赣城市的三次产业专业化指数平均值表

	第一产业β指数均值	第二产业β指数均值	第三产业β指数均值
江苏省	1.353692	1.043538	0.841538
浙江省	0.570769	1.086154	1.023077
安徽省	0.972778	0.961111	1.059444
江西省	1.387273	1.013636	0.867273

从得出的结果来看,浙江省城市与江苏省城市的第二产业相对专业化指数都高于安徽省和江西省,说明具有地方专业化的比较优势,与实际情况一致。同时,江苏省第一产业长期以来发展较好,其相对专业化指数也较高,这得益于其得天独厚的气候及地理环境等自然条件与农民较高的文化科技素质;相反,浙江的自然环境造成了其极低的第一产业水平。而江西省城市的第一产业专业化指数在四个省份中最高,也就是说江西省第一产业在产业结构中比重较高,专业化明显。

浙江省城市第二产业的专业化指数在四个省份最高,正说明浙江的"块状经济"优势突出。在当前经济转型时期,浙江省应从如何增加其产品的附加值入手,提高产业集群的科技含量,推动技术创新和产品创新。

另一值得关注的现象是江苏省第三产业的专业化指数在四个省份中是最低的,只有0.841538,说明江苏省工业比重大,产业结构以第二产业为主,今后需要逐步升级。而安徽省城市则恰恰相反,"工业短腿"现象突出,表现在第二产业的专业化指数平均值比第一产业和第三产业都低,因此,抓住机遇推动工业快速发展是安徽崛起的关键。

二、四省城市多样化指数

为了进一步研究江浙皖赣四省城市的产业发展的多样化程度,以下对四省的相对多样化指数进行计算。江浙皖赣四省的城市多样化指数的计算的数据,均来源于四省各自的2007年统计年鉴。

1. 江苏省城市的多样化指数

表6.10 2006年江苏省城市的相对多样化指数

江苏省城市	相对多样化指数	江苏省城市	相对多样化指数
南京市	5.56	灌南县	2.94
溧水县	6.67	淮安市	7.14
高淳县	10.00	涟水县	2.22
无锡市	4.55	洪泽县	4.17
江阴市	3.57	盱眙县	3.57
宜兴市	4.55	金湖县	4.17
徐州市	12.50	盐城市	5.56
丰县	2.63	响水县	2.94
沛县	5.56	滨海县	3.23
铜山县	6.25	阜宁县	4.17
睢宁县	2.78	射阳县	3.03
新沂市	3.85	建湖县	7.14
邳州市	3.33	东台市	4.55
常州市	4.35	大丰市	3.85
溧阳市	6.25	扬州市	7.14
金坛市	10.00	宝应县	5.00
苏州市	3.03	仪征市	2.94
常熟市	4.55	高邮市	5.26
张家港市	3.13	江都市	4.00
昆山市	2.63	镇江市	4.17
吴江市	3.33	丹阳市	5.00
太仓市	4.35	扬中市	4.00
南通市	7.14	句容市	4.76
海安县	10.00	泰州市	5.26
如东县	8.33	兴化市	4.76
启东市	8.33	靖江市	5.56
如皋市	10.00	泰兴市	6.25
通州市	4.55	姜堰市	6.25
海门市	5.00	宿迁市	4.17
连云港市	7.69	沭阳县	2.94
赣榆县	3.57	泗阳县	3.13
东海县	2.94	泗洪县	2.50
灌云县	2.38	平均值	5.00

2. 浙江省城市的多样化指数

表 6.11 2006 年浙江省城市的相对多样化指数

浙江省城市	相对多样化指数
浙东北	2.50
杭州市	8.20
宁波市	6.90
嘉兴市	7.25
湖州市	4.55
绍兴市	6.06
舟山市	4.31
浙西南	6.85
温州市	9.26
金华市	6.10
义乌市	8.06
衢州市	4.27
台州市	2.63
浙东北	11.11

3. 安徽省城市的多样化指数

表 6.12 2006 年安徽省城市的相对多样化指数

安徽省城市	相对多样化指数
合肥市	11.11
淮北市	4.17
亳州市	4.55
宿州市	3.45
蚌埠市	2.78
阜阳市	6.25
淮南市	4.17
滁州市	8.33
六安市	16.67
马鞍山市	2.63
巢湖市	2.63
芜湖市	5.00
宣城市	4.55
铜陵市	2.63
池州市	2.38
安庆市	8.33
黄山市	5.00
宁国市	3.13

4. 江西省城市的多样化指数

表6.13　江西省城市的相对多样化指数

江西省城市	相对多样化指数
南昌市	10
景德镇市	10
萍乡市	4.55
九江市	7.14
新余市	5
鹰潭市	10
赣州市	4.35
吉安市	4
宜春市	4.55
抚州市	4.17
上饶市	6.67

数据显示：皖赣的一些城市，甚至相对落后的城市的多样化指数反而高于江浙的大城市。可能的解释是，这些地区一是缺乏分工优势，专业化程度低，从而提高了多样化指数，二是这些地区形成了"大而全，小而全"的格局，没有特色产业。

三、四省城市行业规模评价

本书选取江浙皖赣地级及以上城市，按行业分组的单位从业人员统计作为分析指标。数据来源于《2007年中国城市统计年鉴》，数据运用SPSS软件进行主成分及因子分析。各指标的标号和单位如下表。

表6.14　变量解释说明表

标号	指标	单位
指标1	农、林、牧、渔业	万人
指标2	采矿业	万人
指标3	制造业	万人
指标4	电力、燃气及水的生产和供应业	万人
指标5	建筑业	万人
指标6	交通运输、仓储及邮政业	万人
指标7	信息传输、计算机服务和软件业	万人
指标8	批发和零售业	万人
指标9	住宿、餐饮业	万人
指标10	金融业	万人

续上表

指标 11	房地产业	万人
指标 12	租赁和商务服务业	万人
指标 13	科学研究、技术服务和地质勘察业	万人
指标 14	水利、环境和公共设施管理业	万人
指标 15	居民服务和其他服务业	万人
指标 16	教育	万人
指标 17	卫生、社会保障和社会福利业	万人
指标 18	文化、体育和娱乐业	万人
指标 19	公共管理和社会组织	万人

1. 江苏省城市行业规模评价

表 6.15 江苏省公因子载荷矩阵表

公因子	特征值	贡献率(%)	累积贡献率(%)
公因子 1	12.61766	66.40876	66.40876
公因子 2	2.377994	12.51576	78.92452
公因子 3	1.339673	7.050911	85.97543
公因子 4	1.238547	6.518668	92.4941
公因子 5	0.626382	3.296746	95.79085
公因子 6	0.249473	1.313014	97.10386
公因子 7	0.217829	1.14647	98.25033
公因子 8	0.181104	0.953177	99.20351
公因子 9	0.060798	0.319987	99.5235
公因子 10	0.040261	0.2119	99.73539
公因子 11	0.039353	0.207119	99.94251
公因子 12	0.010922	0.057486	100
公因子 13	$4.54E-16$	$2.39E-15$	100
公因子 14	$2.5E-16$	$1.31E-15$	100
公因子 15	$1.54E-16$	$8.09E-16$	100
公因子 16	$-5.9E-17$	$-3.1E-16$	100
公因子 17	$-1.9E-16$	$-1E-15$	100
公因子 18	$-4.1E-16$	$-2.1E-15$	100
公因子 19	$-8.7E-16$	$-4.6E-15$	100

从上表可以看出,前 4 个公因子的累积贡献率已达 92.4941%,因此,可以用前 4 个公因子的变化代表整个样本的相关变量变化。

表 6.16　旋转后的因子载荷矩阵表

标号	指标	公因子1	公因子2	公因子3	公因子4
指标1	农、林、牧、渔业	−0.03459	0.703173	0.439128	0.515035
指标2	采矿业	0.108908	0.788827	−0.15591	−0.5074
指标3	制造业	0.607791	−0.40026	0.602029	−0.23199
指标4	电力、燃气及水的生产和供应业	0.906678	0.242585	0.018113	−0.29033
指标5	建筑业	0.649781	0.225679	−0.04242	0.638908
指标6	交通运输、仓储及邮政业	0.886837	0.25707	−0.34728	−0.08887
指标7	信息传输、计算机服务和软件业	0.96133	−0.03671	0.216117	0.060902
指标8	批发和零售业	0.975067	0.04125	0.105436	0.023367
指标9	住宿、餐饮业	0.926027	−0.32722	0.00594	−0.07927
指标10	金融业	0.82658	0.092499	0.517209	−0.0616
指标11	房地产业	0.936756	0.23068	−0.19926	0.003084
指标12	租赁和商务服务业	0.863445	−0.26576	−0.18747	0.233155
指标13	科学研究、技术服务和地质勘察业	0.903997	−0.0429	−0.40622	0.074801
指标14	水利、环境和公共设施管理业	0.932057	0.03117	−0.11329	0.116996
指标15	居民服务和其他服务业	0.365266	−0.64692	0.027941	0.028175
指标16	教育	0.800726	0.456275	−0.06553	0.003452
指标17	卫生、社会保障和社会福利业	0.896296	0.144221	0.207319	−0.26583
指标18	文化、体育和娱乐业	0.9713	−0.12484	−0.10396	0.044071
指标19	公共管理和社会组织	0.978991	0.129689	0.020994	−0.01481

从上表可以看出，公因子1为第二产业与第三产业，这说明江苏省在城市化过程中第二产业与第三产业对城市的行业规模影响最大。公因子2为第一产业与第二产业中的采矿业。公因子3为第二产业中的制造业和第三产业中的金融业，这说明对第二产业和第三产业再进行细分，第二产业中的制造业与第三产业的金融业对江苏省城市的行业规模影响最大。公因子4为第一产业。

表 6.17　公因子权重表

公因子	特征值	贡献率(%)	累积贡献率(%)	因子权重
公因子1	12.61766	66.40876	66.40876	0.72
公因子2	2.377994	12.51576	78.92452	0.14
公因子3	1.339673	7.050911	85.97543	0.08
公因子4	1.238547	6.518668	92.4941	0.06

根据公因子权重及公因子得分，最终得到江苏省城市行业规模排序结果。如下表：

表 6.18　江苏省城市行业规模排序结果表

江苏省城市	公因子1得分	公因子2得分	公因子3得分	公因子4得分	城市行业规模
南京市	2.83417	−0.64226	−0.24485	−1.50972	1.84
徐州市	0.48393	3.13157	−0.11003	0.15601	0.79
苏州市	0.80039	−0.75613	−0.25787	2.57959	0.6
无锡市	0.3517	−0.21899	−0.8292	0.58234	0.19
盐城市	−0.01025	−0.40192	2.80675	0.08175	0.17
南通市	−0.10945	0.22348	0.50324	0.87807	0.05
连云港市	−0.56839	0.16325	0.48267	−0.70927	−0.39
淮安市	−0.55718	−0.1671	0.75301	−0.53342	−0.4
扬州市	−0.52052	0.14247	−0.44808	−0.48545	−0.42
泰州市	−0.53746	−0.28992	−0.24543	−0.0667	−0.45
常州市	−0.55124	0.05906	−0.94924	0.00663	−0.46
镇江市	−0.52995	−0.70561	−0.81261	−0.03299	−0.55
宿迁市	−1.08575	−0.53788	−0.64834	−0.94684	−0.97

　　从江苏省行业规模排序结果来看,行业规模排名前三的城市有各自的优势产业。南京市的第二产业与第三产业相对于本省城市具有较大的比较优势,徐州的第一产业具有较大的比较优势,苏州市的农、林、牧、渔业具有较大的比较优势。

2. 浙江省城市行业规模评价

表 6.19　浙江省公因子载荷矩阵表

公因子	特征值	贡献率(%)	累积贡献率(%)
公因子1	14.42848	75.93938	75.93938
公因子2	1.48556	7.818735	83.75812
公因子3	1.094098	5.758409	89.51653
公因子4	0.752882	3.962535	93.47906
公因子5	0.659892	3.473115	96.95218
公因子6	0.321875	1.694081	98.64626
公因子7	0.132744	0.698653	99.34491
公因子8	0.0752	0.395791	99.7407
公因子9	0.032624	0.171707	99.91241
公因子10	0.016642	0.08759	100
公因子11	1.34E−15	7.03E−15	100
公因子12	4.39E−16	2.31E−15	100
公因子13	3.41E−16	1.79E−15	100
公因子14	2.84E−16	1.49E−15	100
公因子15	9.48E−17	4.99E−16	100
公因子16	−4E−17	−2.1E−16	100
公因子17	−7.1E−17	−3.7E−16	100
公因子18	−2E−16	−1E−15	100
公因子19	−1.5E−15	−8E−15	100

从上表可以看出，前 4 个公因子的累积贡献率已达 93.4791%，因此，可以用前 4 个公因子的变化代表整个样本的相关变量变化。

表 6.20　旋转后的因子载荷矩阵表

标号	指标	公因子 1	公因子 2	公因子 3	公因子 4
指标 1	农、林、牧、渔业	0.110558	0.865674	−0.0798	0.116325
指标 2	采矿业	−0.08701	−0.79123	−0.0964	0.141923
指标 3	制造业	0.736322	−0.17334	0.069905	0.594998
指标 4	电力、燃气及水的生产和供应业	0.896208	0.147852	0.050512	0.355856
指标 5	建筑业	0.496519	0.029318	0.85416	0.025003
指标 6	交通运输、仓储及邮政业	0.968267	−0.06499	0.061436	−0.05228
指标 7	信息传输、计算机服务和软件业	0.925983	0.02845	−0.26671	−0.18241
指标 8	批发和零售业	0.986158	−0.00859	0.059424	0.057508
指标 9	住宿、餐饮业	0.990168	−0.03227	−0.07567	−0.02363
指标 10	金融业	0.97691	0.082111	0.132721	0.06196
指标 11	房地产业	0.94799	−0.038	−0.1219	0.22792
指标 12	租赁和商务服务业	0.91245	0.029695	0.027976	−0.30905
指标 13	科学研究、技术服务和地质勘察业	0.967533	−0.02845	−0.20213	−0.13993
指标 14	水利、环境和公共设施管理业	0.878494	0.096508	0.275852	−0.15771
指标 15	居民服务和其他服务业	0.952391	0.113489	−0.15041	−0.07729
指标 16	教育	0.944891	0.048441	0.190224	0.173901
指标 17	卫生、社会保障和社会福利业	0.974564	0.063315	0.161534	0.087767
指标 18	文化、体育和娱乐业	0.973784	−0.07615	−0.04068	−0.15885
指标 19	公共管理和社会组织	0.961921	0.03398	0.088311	0.062109

从上表可以看出，公因子 1 为第二产业与第三产业，这说明在浙江省的城市化过程中，第二产业与第三产业对城市的行业规模影响最大。公因子 2 为第一产业。公因子 3 为第二产业中的建筑业，这说明对第二产业再进行细分，第二产业中的建筑业对浙江省城市的行业规模影响最大。公因子 4 为第二产业中的制造业，这也说明如果再细分，那么，制造业是在第二产业中对浙江省城市行业规模影响第二大的因素。

表 6.21 公因子权重表

公因子	特征值	贡献率(%)	累积贡献率(%)	因子权重
公因子 1	14.42848	75.93938	75.93938	0.81
公因子 2	1.48556	7.818735	83.75812	0.08
公因子 3	1.094098	5.758409	89.51653	0.06
公因子 4	0.752882	3.962535	93.47906	0.05

根据公因子权重及公因子得分,最终得到浙江省城市行业规模排序结果。如下表:

表 6.22 浙江省城市行业规模排序结果表

江苏省城市	公因子 1 得分	公因子 2 得分	公因子 3 得分	公因子 4 得分	城市行业规模
杭州市	2.61141	−0.28924	−1.10163	−0.82308	1.98
宁波市	0.74946	0.26358	1.40538	0.13613	0.72
温州市	0.35258	−0.50237	0.39314	1.82727	0.36
台州市	−0.1057	1.95822	0.18908	0.1848	0.09
嘉兴市	−0.13644	0.41504	−0.78951	1.67748	−0.04
金华市	−0.17236	0.25313	1.29316	−1.35482	−0.11
绍兴市	−0.23725	−0.83535	1.47256	0.04443	−0.17
丽水市	−0.69507	0.98564	−0.99987	−0.22371	−0.56
湖州市	−0.6506	−1.93084	−0.59515	0.06241	−0.71
衢州市	−0.85761	0.03549	−0.62421	−0.60163	−0.76
舟山市	−0.85841	−0.35331	−0.64296	−0.92929	−0.81

从浙江省行业规模排序结果来看,行业规模排名前三的城市有各自的优势产业。杭州市的第二产业与第三产业相对于本省城市具有较大的比较优势,宁波市的建筑业具有较大的比较优势,温州市的制造业具有较大的比较优势。

3. 安徽省城市行业规模评价

表6.23 安徽省公因子载荷矩阵表

公因子	特征值	贡献率(%)	累积贡献率(%)
公因子1	10.51258	55.32937	55.32937
公因子2	2.582827	13.59383	68.9232
公因子3	1.938774	10.20408	79.12727
公因子4	0.998595	5.255766	84.38304
公因子5	0.91824	4.832842	89.21588
公因子6	0.577805	3.041082	92.25696
公因子7	0.458921	2.415375	94.67234
公因子8	0.322958	1.699778	96.37212
公因子9	0.213673	1.124595	97.49671
公因子10	0.140004	0.736863	98.23357
公因子11	0.129886	0.683613	98.91719
公因子12	0.110217	0.580088	99.49727
公因子13	0.048823	0.256963	99.75424
公因子14	0.03061	0.161108	99.91535
公因子15	0.010724	0.056444	99.97179
公因子16	0.00536	0.028211	100
公因子17	$1.37E-16$	$7.22E-16$	100
公因子18	$-8.8E-17$	$-4.6E-16$	100
公因子19	$-7.6E-16$	$-4E-15$	100

从上表可以看出，前6个公因子的累积贡献率已达92.25696%，因此，可以用前6个公因子的变化代表整个样本的相关变量变化。

表6.24 旋转后的因子载荷矩阵表

标号	指标	公因子1	公因子2	公因子3	公因子4	公因子5	公因子6
指标1	农、林、牧、渔业	0.0888	0.8325	0.0554	−0.2981	0.1387	−0.0535
指标2	采矿业	−0.1743	−0.0882	0.8303	0.4556	−0.1214	0.0008
指标3	制造业	0.7182	−0.4391	−0.1016	−0.1043	0.0209	−0.4406
指标4	电力、燃气及水的生产和供应业	0.4993	0.2758	0.7091	0.0403	0.3380	−0.0391
指标5	建筑业	0.8464	0.0106	0.0413	−0.1542	−0.4097	−0.1327
指标6	交通运输、仓储及邮政业	0.9773	−0.0986	0.0344	0.0554	0.0141	−0.0479
指标7	信息传输、计算机服务和软件业	0.9451	0.0383	−0.1386	0.0416	0.1270	0.0990
指标8	批发和零售业	0.7478	0.5458	−0.0970	0.1309	−0.0948	−0.0935

续上表

指标 9	住宿、餐饮业	0.6752	−0.3903	−0.0769	−0.0624	0.0635	0.5566
指标 10	金融业	0.9673	0.0683	0.0797	−0.0398	0.0331	−0.0057
指标 11	房地产业	0.7458	−0.1542	0.5376	−0.2351	−0.1456	0.0526
指标 12	租赁和商务服务业	0.0017	−0.1329	0.2149	0.9457	0.0170	−0.0034
指标 13	科学研究、技术服务和地质勘察业	0.9299	−0.2450	−0.0300	0.0593	0.1128	−0.0419
指标 14	水利、环境和公共设施管理业	0.8014	0.2151	0.1126	0.0607	−0.2811	0.0358
指标 15	居民服务和其他服务业	0.7155	0.2823	0.0640	−0.0389	0.6034	0.0030
指标 16	教育	0.6202	0.7385	−0.0550	0.1112	−0.0613	−0.0032
指标 17	卫生、社会保障和社会福利业	0.8487	0.4859	0.0272	−0.0277	−0.0302	−0.0363
指标 18	文化、体育和娱乐业	0.8413	−0.1845	−0.0865	−0.0159	0.2954	0.0834
指标 19	公共管理和社会组织	0.7583	0.5354	−0.0789	0.0807	−0.0652	0.2044

从上表可以看出公因子1为第二产业与第三产业，这说明在安徽省的城市化过程中第二产业与第三产业对城市的行业规模影响最大。公因子2为第一产业与第三产业中的批发和零售业、教育、公共管理和社会组织。公因子3为第二产业中的采矿业、电力、燃气及水的生产和供应业与第三产业中的房地产业。公因子4为第三产业中的租赁和商务服务业。公因子5为第三产业中的居民服务和其他服务业。公因子6为住宿和餐饮业。上述6个因子中每个因子都包含第三产业中的行业，可以看出第三产业对安徽省城市的行业规模影响的特殊地位。

表 6.25 公因子权重表

公因子	特征值	贡献率(%)	累积贡献率(%)	因子权重
公因子 1	10.51258	55.32937	55.32937	0.60
公因子 2	2.582827	13.59383	68.9232	0.15
公因子 3	1.938774	10.20408	79.12727	0.11
公因子 4	0.998595	5.255766	84.38304	0.06
公因子 5	0.91824	4.832842	89.21588	0.06
公因子 6	0.577805	3.041082	92.25696	0.02

根据公因子权重及公因子得分，最终得到安徽省城市行业规模排序结果。如下表：

表 6.26　安徽省城市行业规模排序结果表

安徽省城市	公因子1得分	公因子2得分	公因子3得分	公因子4得分	公因子5得分	公因子6得分	城市行业规模
合肥市	3.44857	−1.28142	−0.24595	0.31231	0.22559	0.05453	1.88
安庆市	0.52886	1.64025	0.49758	−0.22683	2.64998	0.84697	0.78
阜阳市	0.57436	1.26659	−0.3624	0.75318	−1.02988	0.31316	0.48
淮南市	−0.06275	−0.35932	3.5403	−0.94585	−0.56309	0.23287	0.21
宿州市	0.0666	1.26531	−0.20798	−0.02741	−0.24944	−0.34314	0.18
六安市	0.0895	1.39083	0.01566	−0.34132	−1.04642	−0.54941	0.17
蚌埠市	0.04968	−0.03165	−0.43853	0.38924	0.25663	−0.48677	0.01
滁州市	−0.07671	0.87989	−0.46074	−0.33199	−0.48355	−0.16624	−0.02
芜湖市	0.23959	−1.1089	−0.16114	−0.58669	−0.40376	−1.18138	−0.12
巢湖市	−0.1307	0.46621	−0.1863	−0.57815	−1.50211	0.23947	−0.15
淮北市	−0.81674	0.46224	0.88684	3.46972	0.10647	0.00466	−0.25
亳州市	−0.37122	0.37376	−0.80866	0.18318	0.03379	−0.1727	−0.25
宣城市	−0.77281	−0.18199	−0.10143	−0.70272	1.90046	−0.99721	−0.45
黄山市	−0.52001	−0.9921	−0.61479	−0.44049	−0.14411	3.09797	−0.5
马鞍山市	−0.58934	−1.11628	−0.36045	−0.01369	0.14765	−1.22343	−0.58
铜陵市	−0.77328	−0.99753	−0.31231	−0.73444	0.07093	−0.47384	−0.7
池州市	−0.88361	−0.75141	−0.6797	−0.17805	0.03088	0.80448	−0.71

从安徽省行业规模排序结果来看,行业规模排名前三的城市有各自的优势产业。合肥市的第二产业与第三产业相对于本省城市具有较大的比较优势,安庆市的建筑业具有较大的比较优势,阜阳市的第一产业与第三产业中的批发和零售业、教育、公共管理和社会组织具有较大的比较优势。

4. 江西省城市行业规模评价

表 6.27　江西省公因子载荷矩阵表

公因子	特征值	贡献率(%)	累积贡献率(%)
公因子1	9.350793	49.2147	49.2147
公因子2	6.193527	32.59751	81.81221
公因子3	1.856848	9.772883	91.58509
公因子4	0.843378	4.438831	96.02392
公因子5	0.406584	2.139918	98.16384
公因子6	0.16819	0.88521	99.04905
公因子7	0.073127	0.38488	99.43393
公因子8	0.058065	0.305605	99.73954
公因子9	0.033634	0.177021	99.91656
公因子10	0.015854	0.083443	100
公因子11	4.56E−16	2.4E−15	100
公因子12	2.07E−16	1.09E−15	100

续上表

公因子 13	7.92E−17	4.17E−16	100
公因子 14	−2.2E−18	−1.2E−17	100
公因子 15	−5.1E−17	−2.7E−16	100
公因子 16	−7E−17	−3.7E−16	100
公因子 17	−2.4E−16	−1.3E−15	100
公因子 18	−5E−16	−2.6E−15	100
公因子 19	−1.5E−15	−8.1E−15	100

从上表可以看出,前4个公因子的累积贡献率已达96.02392%,因此,可以用前4个公因子的变化代表整个样本的相关变量变化。

表6.28　旋转后的因子载荷矩阵表

标号	指标	公因子1	公因子2	公因子3	公因子4
指标1	农、林、牧、渔业	−0.04057928	0.961206774	0.177510948	−0.03968404
指标2	采矿业	−0.27625136	0.096293953	0.545274959	0.766631424
指标3	制造业	0.723197639	0.584097455	0.143626526	−0.04690002
指标4	电力、燃气及水的生产和供应业	0.65014215	−0.4364788	0.542965105	−0.24059446
指标5	建筑业	0.766343811	0.621337233	−0.12973984	−0.03271074
指标6	交通运输、仓储及邮政业	0.888748927	0.221739254	−0.32940626	0.189121925
指标7	信息传输、计算机服务和软件业	0.944793783	0.237932115	−0.15099834	0.039345427
指标8	批发和零售业	0.050087864	0.967857858	0.191813599	−0.02199326
指标9	住宿、餐饮业	0.103335841	0.973277687	0.190433196	−0.00418592
指标10	金融业	0.906169092	−0.33560246	0.148007441	−0.02083771
指标11	房地产业	0.935545673	−0.01182594	−0.02660569	−0.16385828
指标12	租赁和商务服务业	0.418950348	0.786034038	0.265995278	−0.14648172
指标13	科学研究、技术服务和地质勘察业	0.918708607	−0.04084263	−0.34910317	0.048595741
指标14	水利、环境和公共设施管理业	0.916717483	−0.13380938	−0.31174791	0.171886031
指标15	居民服务和其他服务业	0.092300427	0.984399114	0.090901559	0.029951424
指标16	教育	0.759370674	−0.44165733	0.413110777	−0.01611742
指标17	卫生、社会保障和社会福利业	0.854506708	−0.41451423	0.288654076	0.088944717
指标18	文化、体育和娱乐业	0.868203764	−0.04917085	−0.36805876	0.251091745
指标19	公共管理和社会组织	0.647089845	−0.51406208	0.530316051	−0.04843003

从上表可以看出公因子1为第二产业与第三产业，这说明在江西省的城市化过程中第二产业与第三产业对城市的行业规模影响最大。公因子2为第一产业中的农、林、牧、渔业，第二产业中的制造业，第三产业中的批发和零售业、住宿、餐饮业及居民服务和其他服务。公因子3为第二产业中的采矿业、电力、燃气及水的生产和供应业。公因子4为第二产业中的采矿业。

表6.29 公因子权重表

公因子	特征值	贡献率(%)	累积贡献率(%)	因子权重
公因子1	9.350792924	49.2146996	49.2146996	0.51
公因子2	6.193526978	32.59751041	81.81221001	0.34
公因子3	1.856847764	9.772882967	91.58509298	0.1
公因子4	0.843377798	4.438830514	96.02392349	0.05

根据公因子权重及公因子得分，最终得到江西省城市行业规模排序结果。如下表：

表6.30 江西省城市行业规模排序结果表

江西省城市	公因子1得分	公因子2得分	公因子3得分	公因子4得分	城市行业规模
南昌市	2.96008	0.01435	−0.47287	−0.09248	1.46
新余市	−0.43716	2.85202	−0.70178	0.28799	0.69
九江市	0.01841	0.44076	1.28339	−1.19361	0.23
赣州市	−0.05847	−0.12294	1.76265	0.64054	0.14
宜春市	−0.07522	−0.39731	0.2157	1.97894	−0.05
上饶市	−0.3018	−0.15417	0.89225	−0.39397	−0.14
吉安市	−0.22497	−0.44863	0.21634	−0.11271	−0.25
抚州市	−0.41187	−0.46811	−0.08236	−0.89075	−0.42
景德镇市	−0.54864	−0.35736	−0.60673	−0.65051	−0.49
萍乡市	−0.48773	−0.63608	−1.00425	1.37126	−0.5
鹰潭市	−0.43263	−0.72252	−1.50234	−0.9447	−0.66

从江西省行业规模排序结果来看，行业规模排名前三的城市有各自的优势产业。南昌市的第二产业与第三产业相对于本省城市具有较大的比较优势，新余市的第一产业中的农、林、牧、渔业，第二产业中的制造业，第三产业中的批发和零售业、住宿、餐饮业及居民服务和其他服务具有较大的比较优势，九江市的第二产业中的采矿业、电力、燃气及水的生产和供应业具有较大的比较优势。

第四节 本章小结

区域是"点、线、面"交织而成的空间结构,城市就是其中的节点和极核。城市的功能决定了城市特色,城市竞争力决定了区域发展水平。无论大、中、小城市,也无论专业化还是多样化,最优城市规模总是随着地方化经济的增长而上升,随着拥挤成本的增加而下降。地方化经济是城市专业化形成的必要条件,分工和专业化的发展、产业的集聚和扩散,形成各具特色的专业化的中小城市。而城市化经济则造就了多样性的大城市,吸引人口集中、企业集聚、产业集群,诱发产业间的溢出效应和范围经济,导致城市产业体系多元化,进一步刺激了城市多样性。正是地方化经济与城市化经济的共同作用,使得城市发展过程中出现了城市专业化和多样化的交替、并存现象。

由于最优的城市规模界限的存在,城市多样化的发展总是会遇到"瓶颈",出现城市化不经济。一条可行的道路是发展大中小城市,即规模合理、特色鲜明、联系紧密、分工合作的城镇体系——都市圈或城市群,这样专业化城市和多样化城市可以共存于一个圈层体系之中,有利于城市的可持续发展,避免单体城市的发展弊端。

本章运用相对专业化指数和多样化指数对江浙皖赣四省的城市专业化和多样化程度进行了衡量。通过实证研究得出以下结论:

(1)浙江省与江苏省的第二产业相对专业化指数都高于安徽省和江西省,说明其具有地方专业化的比较优势。浙江省的第二产业的专业化指数在四个省份中最高,说明浙江的"块状经济"优势突出,尤其是第二产业 β 指数高的城市,通常都是经济体量大、较为发达的城市。但是,浙江最大的问题在于省内区域发展不平衡,浙东北与浙西南经济发展水平差距较大。

(2)江苏省虽是我国的发达省份,但制造业比重畸高,第三产业的专业化指数在四个省份中是最低的,只有0.8415,说明江苏仍处于我国工业化中期阶段,工业比重大,产业结构以第二产业为主,产业结构亟待升级,城市化仍有巨大的发展潜力。

(3)安徽省则恰恰相反,"工业短腿"现象突出,表现在第二产业的专业化指数平均值比第一产业和第三产业都低。落后的工业化和城市化水平,是安徽发展慢的根本原因。当前,迫切需要实施工业强省战略和城镇化战略,抓住机遇推动工业快速发展,加快农村劳动力转移,推进城市化建设的步伐。

(4)江西省第一产业比重较高,工业化、城市化水平低,第三产业不发达,发展滞后,反过来,它制约了工业化的进程。

(5)安徽、江西的一些城市专业化程度低,缺乏分工优势,没有特色产业,形成了"大而全,小而全"的格局。

案例:宁波市的城市专业性和城市多样性

在城市经济发展中,产业的专业性发展和多样性发展是极为显著的现象。一般情况下,在城市发展之初,采用产业的专业化和规模化获得城市规模效益,进而推动城市的发展。在发展到一定阶段时,城市的规模经济效益下降,范围经济效益开始促进城市进一步发展,表现出城市的多样性。下面以宁波市的城市发展为例,深入剖析城市专业性和多样性的具体表现和发展路径,为落后地区的城市发展提供借鉴。

一、宁波市发展概况

图 6.1 宁波市地理位置图

宁波市在地理上属于浙东,位于东经120°55′至122°16′、北纬28°51′至30°33′。宁波地处长江三角洲南翼,北临杭州湾,西接绍兴,南靠台州,东北与舟山隔海相望。全市总面积为9365平方公里,山地面积占陆域面积的24.9%,丘陵占总面积的25.2%,台地占总面积的1.5%,谷(盆)地占8.1%,平原占40.3%。宁波海域总面积为9758平方公里,海岸线总长为1562公里,其中大陆岸线为788公里,岛屿岸线为774公里,占浙江省海岸线的1/3。全市共有大小岛屿531个,面积524.07平方公里。宁波市地势西南高、东北低,市区海拔4~5.8米,郊区海拔为3.6~4米。地貌包括山地、丘陵、台地、谷(盆)地和平原。宁波年平均气温为16.4℃,最热的7月有28.0℃,最冷的1月有4.7℃,无霜期一般为230~240天,平均日照时数为1850小时,地区分布为北多南少、西部山区比平原少。

国民经济发展良好。2009年,宁波市GDP突破4214.6亿元大关,按可比价格计算比上年增长8.6%,三次产业的比重为4.4∶53.3∶42.3。人均生产总值逐年提高,2000~2008年,宁波市人均生产总值同比增速平均值为12.6%;2009年,人均生产总值达到73998元。

服务产业结构逐步优化。2009年,宁波市批发零售业、金融业、交通运输业、仓储业、邮电业和房地产业等占宁波生产总值的比重达27.3%,比上年提高1.6个百分点。在第三产业内部,批发和零售业增加值占第三产业的比重为22.9%;金融业所占比重为18.3%;房地产业所占比重为13.6%;交通运输仓储和邮政业所占比重为9.7%。其中,水路运输发展良好,水运货运量达1.1万吨,增长10.6%,货物周转量达1100.0亿吨,增长2.4%;水路客运量达142.6万人次,下降6.3%,旅客周转量达2876.4万人公里,增长0.3%。港口生产保持增长,2009年,宁波市完成港口货物吞吐量为3.8亿吨,比上年增长6.1%,继续居中国大陆港口第2位,全球第4位,其中外贸货物吞吐量为1.8亿吨,增长7.6%。

社会事业全面发展。2009年宁波市共有6个"全国文化先进县"、1个"浙江省文化先进县"和2个"浙江省文化先进县创建县"顺利通过了复查验收。风情舞剧《十里红妆·女儿梦》获国家"五个一工程奖",姚剧《母亲》、越剧《王熙凤大闹宁国府》、甬剧《风雨祠堂》获"浙江省第十届戏剧节"剧目大奖,51件作品获省政府奖,182件广播电视作品获市政府奖。其中,宁波影视艺术中心拍摄的《名校》等3部作品获"飞天奖",宁波电台老少广播阳光之声荣获全国优秀少儿广播频率奖项一等奖。举办了农民(农村外来务工者)电影节、社区文化艺术节、"海上丝绸之路"文化节、首届"历史文化名城保护日"等重大节庆活动和各类群众文化活动近3000场;宁波逸夫剧院、宁波大剧院、宁波音乐厅等市级主要剧场举办高雅艺术演出300余场;12家公共图书馆实现了"一卡通",实行"零门槛"免费开放;建立了700多个流动图书馆。卫生事业加快发展。2009年末,宁波市实有病床2.3万张,拥有专业卫生人员4.6万人,卫生技术人员3.9万人;共建成社区卫生服务中心145家,社区卫生服务站1188家,城市社区卫生服务覆盖率达100%,农村达95%。体育事业成绩显著。2009年,宁波市举办了25项全国性以上赛事和活动,组队参加了"第十一届全国运动会",获金牌1枚、银牌3枚、铜牌14枚。

二、对城市专业性的分析

在城市发展的历程中,专业化和规模化是城市经济增长的重要途径和表现。从产业结构看,城市专业性通常表现为区位范围内的产业专业性。城市专业性一般表现为相对的产业专业化和产业发展的绝对专业化,后者主要是指特定城市产业产值的绝对优势。这里采用相对城市专业性指标,分析宁波市2000年以来的城市专业性的变化与特征。

1. 城市产业结构优化

近10年来,宁波市的城市经济发展迅速。新世纪之初,宁波市的国民生产总值就突破了千亿元大关;2000年,全市 GDP 为 1144.57 亿元;2004年和2007年,分别跨过 2000 亿元、4000 亿元台阶;2009年,生产总值超越了4000亿元,达 4214.60 亿元;2000~2009 年,年均增速高达 12%。

宁波城市产业结构不断提高。宁波市经济总量的高速增长,与其产业结构的调整相互促进。1990年,宁波市的第一产业产值的比重也高达20.76%,花了8年的时间,宁波市在1997年把第一产业产值比重调整为一成以下,为9.62%。自20世纪以来,宁波市的产业结构得到进一步调整,从2000年到2009年,全市第一产业产值比重从8.23%(见表6.31)迅速降到4.36%,而第三产业产值比重则从36.22%快速上升到42.31%,第二产业产值比重虽然下降,但是技术、品牌、产业竞争力等含量却在快速上升。

表6.31 宁波市生产总值结构表(单位:%)

年份	第一产业	第二产业	(工业)	第三产业
2000	8.23	55.55	(50.53)	36.22
2001	7.71	54.02	(48.87)	38.27
2002	7.13	54.56	(49.21)	38.31
2003	6.28	54.54	(48.47)	39.18
2004	5.71	55.34	(48.70)	38.95
2005	5.40	54.77	(48.53)	39.83
2006	4.85	55.09	(49.61)	40.06
2007	4.40	55.29	(50.22)	40.31
2008	4.22	55.42	(50.21)	40.36
2009	4.36	53.33	(47.61)	42.31

现代服务业发展推动了城市产业升级。产业结构升级的主要标志为第一产业产值比重的下降和第一产业的转型。2000年以来,宁波市的非农产

业得到了巨大发展,第一产业产值比重不断下降。近年来,在工业和服务业迅速发展的同时,宁波市更加注重于服务业的发展。2000年,宁波市的工业产值为578.30亿元,占全市国民生产总值的50%以上,凸显了工业在宁波市的地位。2009年,宁波市国民生产总值达2006.60亿元。但是,近10年来,宁波市的工业产值的比重仍在50%左右徘徊,且具有下降趋势。与工业发展趋势不同的是,服务业在宁波市经济增长中的地位逐步提高。2000～2009年,服务业产值在宁波市国民生产总值中的比重逐步提高,由36%上升到42%。2009年,服务业总产值为1783.00亿元,服务业在宁波发展中的作用日益重要。

2. 相对于全国的城市专业性

测度宁波城市专业性的方法有很多种,这里以区位商为测度指标,测算宁波市的各产业产值占全国相应产业产值比重的情况。数据来源是《统计年鉴》及《统计公报》①。从2000～2009年的区位商看,相对于全国来说,宁波市具有较强的产业专业性。

宁波市的第一产业专业性较弱。测算表明,近年来宁波市的第一产业的区位商一直处于1以下,说明宁波市在第一产业方面不具有专业性,也说明宁波市在第二、第三产业上具有较大优势。2000年,宁波市第一产业产值比重为8.23%,而全国第一产业产值比重则为15.06%。2000年,宁波市第一产业的区位商为0.55,2008年下降到历史低点0.37,2009年有所提高,为0.41。总体上,宁波市2000～2009年第一产业的区位商呈现逐渐下降的趋势,说明宁波市的非农产业发展较快。

宁波市第二产业专业性较强,处于相对下降状态。2000年,宁波市第二产业产值比重为55.55%,同期全国第二产业产值比重为45.92%,宁波市第二产业的区位商为1.21,说明宁波市第二产业的专业性高于全国;2009年,宁波市第二产业的区位商下降到1.14,说明宁波市第二产业的相对专业性在逐渐下降。

单从宁波市的工业看,也处于相对下降状态。2000年宁波市工业产值比重为50.53%,同期全国工业产值比重为40.35%。2000年,宁波市工业的区位商为1.25,一方面说明宁波市工业发展水平高于全国平均水平,另一方面也说明宁波市工业的专业性高于第二产业的专业性。2009年,宁波市工业的区位商下降到1.19。尽管宁波市的工业专业性高于第二产业专业性,

---

① 有关计算公式参见前面章节。

也高于全国平均水平,但是宁波市的工业专业性在逐年下降,这充分说明近年来宁波市的产业结构调整政策产生了效果。

表 6.32 2000～2009 年宁波市相对全国三次产业区位商指数表

年份	第一产业	第二产业	工业	第三产业
2000	0.55	1.21	1.25	0.93
2001	0.54	1.20	1.23	0.95
2002	0.52	1.22	1.25	0.92
2003	0.49	1.19	1.20	0.95
2004	0.43	1.20	1.19	0.96
2005	0.44	1.15	1.15	0.99
2006	0.43	1.13	1.15	1.00
2007	0.40	1.14	1.17	1.00
2008	0.37	1.14	1.17	1.01
2009	0.41	1.14	1.19	0.99

宁波市服务业专业性则呈上升势头。在第一产业和工业发展的专业性逐步下降的情况下,宁波市经过产业结构调整,其服务业发展的效果显现,服务业的专业性逐步提高。2000 年,宁波市第三产业产值为 414.50 亿元,第三产业产值比重为 36.22%,同期全国第三产业产值比重为 39.02%,宁波市第三产业的区位商为 0.93,说明宁波市当时第三产业的专业性低于全国。2006 年,宁波市第三产业的区位商上升到接近 1 的水平,说明到 2006 年宁波市服务业的专业性水平才与全国水平持平。2008 年,宁波市服务业区位商为 1.01,2009 年,在金融危机的影响下,宁波市的第三产业区位商下降到 0.99。但是,宁波市第三产业的区位商总体上呈上升趋势,说明宁波市服务业的专业性在逐步提高。这与宁波市近年来的产业政策是分不开的。

3. 相对于全省的城市专业性

对于宁波市产业专业性的测度,一方面以全国水平为基准,一方面也可以把浙江省水平作为基准。从《统计年鉴》及《统计公报》测算出的区位商指数看,相对于浙江省的其他城市,2000～2009 年宁波市第二、第三产业的专业性具有相对下降趋势,这说明近年来浙江省其他地区的工业化获得了较快发展。

宁波市第一产业的专业性较全省呈上升趋势。宁波市 2000 年第一产业产值比重为 8.23%,同期浙江省第一产业产值比重为 10.3%,这说明宁波市和浙江省的非农比重较高、产业结构较好,宁波市第一产业相对于浙江省的区位商为0.8,说明宁波市第一产业的专业性相对于全省水平较低。但是,自2000年以来,宁波市第一产业相对于浙江省的区位商在不断上升,2002年的区位商为0.83,2009年提高到0.86,这表明,宁波市第一产业的经济地位较低。也说明在宁波市实施产业结构调整的同时,浙江省的全省产业结构也进行了快速调整,其非农化的速度更加突出。

宁波市第二产业专业性较全省处于基本不变状态。2000~2009年,宁波市第二产业产值比重一直呈下降趋势,由2000年的55.55%下降到2009年的53.33%,但同期宁波市第二产业相对于全省的区位商基本保持稳定,2000年为1.04,2009年为1.03,说明宁波市第二产业在浙江省具有一定的专业性优势,且这种优势比较稳定。

与第二产业类似,宁波市工业相对于浙江省存在一定的专业性,且这种专业性也比较稳定。2000年,宁波市工业产值占比为50.53%,浙江省工业产值比重为48%,宁波市工业区位商为1.05,同期宁波市第二产业区位商为1.04。2009年,宁波市工业区位商为1.04,同期第二产业区位商为1.03。这说明,一方面,宁波市工业专业性高于第二产业的专业性水平,另一方面,近年来宁波市工业专业性发展较为平稳。

表6.33 宁波市相对于浙江省的三次产业区位商指数表

年份	第一产业	第二产业	工业	第三产业
2000	0.80	1.04	1.05	1.00
2001	0.80	1.04	1.06	0.99
2002	0.83	1.07	1.08	0.95
2003	0.85	1.04	1.05	0.98
2004	0.82	1.03	1.03	0.99
2005	0.82	1.03	1.03	1.00
2006	0.82	1.02	1.03	1.00
2007	0.83	1.02	1.04	0.99
2008	0.83	1.03	1.04	0.98
2009	0.86	1.03	1.04	0.98

宁波市第三产业相对于浙江省不具有专业性。2000年,宁波市第三产业产值比重为36.22%,同期浙江省第三产业产值比重为36.4%,同年,宁波市第三产业的区位商为1.0,说明宁波市第三产业相对于浙江省不具有专业

性。2009年，宁波市第三产业区位商为0.98。2000~2009年，宁波市第三产业相对于浙江省的区位商处于1.0左右，说明宁波市第三产业相对于浙江省的专业性不高。

与此形成对比的是，相对于全国，宁波市第三产业的区位商在不断提高。比较两类区位商，宁波市相对于全国的第三产业区位商呈现上升趋势，但是处于1.0以下，宁波市相对于浙江省的第三产业区位商处于平稳状态，一直处于1.0左右。这表明近年来宁波市第三产业的专业性与浙江省处于同步发展状态，宁波市和浙江省第三产业的专业性相对于全国，呈不断上升的趋势。

三、城市多样性分析

在城市发展之初，规模经济给城市发展带来了巨大的活力，城市发展表现为相关产业的专业化发展，尤其是工业和制造业的专业化发展。在城市发展达到一定规模时，工业和制造业的规模经济效益开始下降，城市规模的继续发展开始依靠范围经济，这表现为城市发展中的多样化。宁波市属于大型城市，已经呈现出一定的多样化城市发展规律。

1. 城市行业劳动力转移

现代城市发展中的显著现象是劳动力向服务业的转移。在城市规模发展到一定程度时，城市多样性逐渐表现为城市在服务业方面的专业化，劳动力向服务业方面的转移。

宁波市具有强大的制造业基础。2006年，宁波市制造业从业人员占比为0.4586，接近全市从业人员的一半；2007年，这一比重提高到0.4616；2008年，达到0.4665。一方面，说明宁波市具有强大的制造业，这是宁波市经济增长和城市规模发展的基础，也是宁波市产业结构升级的基础；另一方面，表明宁波市的从业人员不断地从其他产业向制造业转移，宁波市的制造业依然在不断发展。

宁波市多样性程度在加大。2006~2008年，宁波市各行业从业人员比重在不断调整，其中金融业、房地产业、租赁和商务服务业的从业人员比重处于上升状态。2006年，宁波市金融业从业人员比重为0.0077；2007年提高到0.0089；2008年达到0.0107。租赁和商务服务业从业人员比重由2006年的0.0133提高到2007年的0.0160和2008年的0.0159。金融业和商务服务业是现代服务产业的核心，是城市多样性发展的重要表现。从劳动力的转移方面看，宁波市从业人员开始向现代服务业转移，宁波市依靠强大的制造业和向服务业的调整,其多样性发展在不断强化。

表 6.34　宁波市按国民经济行业分组的从业人员数占比　（单位:%）

行业	2006 年	2007 年	2008 年
农、林、牧、渔业	0.1647	0.1542	0.1466
采矿业	0.0002	0.0002	0.0002
制造业	0.4586	0.4616	0.4665
电力、燃气及水的生产和供应业	0.0033	0.0032	0.0039
建筑业	0.0596	0.0576	0.0582
交通运输、仓储和邮政业	0.0275	0.0276	0.0273
信息传输、计算机服务和软件业	0.0102	0.0103	0.0102
批发和零售业	0.1000	0.1076	0.1150
住宿和餐饮业	0.0272	0.0267	0.0268
金融业	0.0077	0.0089	0.0107
房地产业	0.0054	0.0059	0.0064
租赁和商务服务业	0.0133	0.0160	0.0159
科学研究、技术服务和地质勘察业	0.0026	0.0025	0.0027
水利、环境和公共设施管理业	0.0026	0.0025	0.0025
居民服务和其他服务业	0.0654	0.0656	0.0568
教育	0.0195	0.0160	0.0161
卫生、社会保障和社会福利业	0.0109	0.0114	0.0116
文化、体育和娱乐业	0.0077	0.0078	0.0077
公共管理和社会组织	0.0137	0.0144	0.0148

2.相对于全国的城市多样性

对于测度城市多样性而言,具有一定的相对性,可以选用不同的基准指标。这里采用相对多样化指标(计算公式见前面章节),首先以全国数据为基准。

宁波市城市多样化程度高于全国平均水平。城市相对多样化指数的本质含义是,该指数必须大于 1/2,且指数越高说明多样化程度越高。城市发展规律表明,在城市规模发展到一定程度时,服务业专业化和城市多样化并存发展。2000 年,宁波市相对于全国的城市多样化指数为 5.19,高于临界值 1/2,表明宁波市在 2000 年就已经呈现出城市的多样化发展水平。2000~2009 年,宁波市多样化程度在逐步提高;2000~2004 年,宁波市的相对多样化指数基本处于

5.0到6.0之间;2005年,宁波市的城市多样化程度取得突破性进展,其多样化指数提高到7.07,2009年达到7.66。这表明,宁波市近年来的城市发展呈现出多样化发展趋势,尤其在2005年,宁波市的多样化发展迈上了新台阶。宁波市的多样化发展与其发展服务业是分不开的,在本质上也是宁波市强大的制造业发展的需要,是近年来宁波市开始向服务业实行专业化发展的结果。

表6.35 宁波市三次产业相对多样化指数

年份	相对于全国	相对于浙江省
2000	5.19	22.23
2001	5.61	22.50
2002	5.12	24.43
2003	5.83	24.49
2004	5.49	28.74
2005	7.07	36.53
2006	7.75	45.83
2007	7.37	38.76
2008	7.05	32.89
2009	7.66	34.17

3. 相对于全省的城市多样性

宁波市的多样化程度高于浙江省平均水平。2000年,宁波市相对于全省的城市多样化指数为22.23,远远高于临界值1/2,表明在2000年宁波市的多样化发展水平就已经高出浙江省平均水平;2000~2009年,宁波市相对于全省的多样化指数均高于20.00,2009年高达34.17,说明宁波市在浙江省也已成为相对水平较高的多样化城市。

宁波相对于全省的城市多样化程度呈上升趋势。2000~2003年,宁波市相对于浙江省的相对多样化指数处于22.23~24.49,宁波市的多样化发展进程并不快。从2004年开始,宁波市相对于浙江省内的其他城市,其多样化水平得到较大提高,2006年,宁波市相对于浙江省的城市多样化指数达到历史最高45.83。2006年以后,宁波市相对于浙江省的多样化水平开始向下波动,2009年,宁波市的相对多样化指数回落到34.17。但是,总体来看,2000~2009年,宁波市相对于浙江省的城市多样化水平是在不断地提高。

宁波市相对于全省的多样化水平高于相对于全国的多样化水平。2000年,宁波市相对于全国的多样化指数为5.19,低于其相对于浙江省的多样化指数22.23,说明宁波市在浙江省的区域范围内更具有多样性。2000~2009年,宁波市相对于全国的多样化指数均低于其相对于浙江省的多样化指数,充分表明宁波市在区域范围内的多样性程度更高。

4. 城市多样性与城市规模

在城市发展路径中,城市规模经济和城市范围经济的相互作用,使得城市发展过程中出现了城市专业化和多样化的交替、并存等经济现象,而这些现象离不开城市规模的变化。

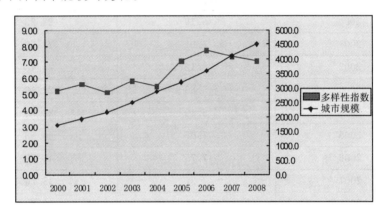

图6.2 2000~2008年宁波市多样性和城市规模折线图

宁波市的城市多样化和城市规模存在正相关关系。以相对于全国的三次产业多样化指数作为宁波市城市多样性指标,以相对人均GDP(1978年为100)衡量城市规模。2000~2008年之间,宁波市的城市多样化程度在不断地提高,呈上升趋势。同期,宁波市的人均GDP在逐年上升,城市规模在不断扩大。这些表明,宁波市的城市多样化和城市规模存在内在联系。宁波市属于大型城市,在城市规模发展到一定程度时,其城市规模经济效益开始下降,表现为工业和制造业进入平稳发展阶段。此时,宁波市开始转向实施城市范围经济,开始提高服务业的转化水平,呈现出城市多样化发展的趋势。

四、总结

在城市发展历程中,起初阶段城市发展呈现专业化趋势,后期城市发展呈现多元化趋势,城市发展的专业化和多元化存在内在联系,并且受到城市规模的制约,也深刻地影响城市规模的扩大。在这里,我们深入地分析了宁波市近年来城市发展趋势,总结了一些城市发展规律和宁波市城市发展的独特性,可以为落后地区的城市发展提供一些借鉴。

宁波市是我国为数不多的大型城市之一。早在1999年,宁波市的GDP就突破了1000亿元大关,2009年,达4214.6亿元,2009年宁波市人均GDP高达10833元。在城市规模日益扩大的同时,宁波市的城市专业性发展出现了新的趋势。一方面,宁波市的产业结构在不断优化,第二、第三产业占比不断提高,尤其是第三产业产值比重逐步增加。另一方面,宁波市相对专业性在提高,并且主要体现在第三产业的专业化上。宁波市相对于全国和相对于浙江省的城市专业性存在差别,相对于全国而言,宁波市的第一产业的专业性在下降,第二产业和工业的专业性保持平稳,第三产业的专业性在逐步提高,体现了宁波市发展服务业的产业政策。相对于全省而言,宁波市的第一产业的专业性在提高,第二、第三产业的专业性基本保持稳定或略微下降的趋势。

宁波市的多样性也逐步发展。从劳动力转移看,近年来,宁波市的劳动力逐步转移到制造业、金融业和商务服务业等行业中,并且制造业的从业者占总从业者的近五成,这说明制造业依然是宁波市的立市之本,也体现了宁波市的产业专业化向服务业的转移。在城市规模高速发展的进程中,宁波市出现了服务业专业化和城市多元化发展并存的现象。近年来,宁波市城市发展的多样性呈现一些特征:一方面,宁波市相对于全国和浙江省的城市多样性在不断提高;另一方面,相对于全国,宁波市在浙江省的城市多样性水平更高。这些体现出宁波市在区域范围内的城市多样化的发展水平。此外,城市发展的多样性与城市规模存在内在联系,这在宁波市发展过程中得到了体现,宁波市的城市多样性与其城市规模呈现正相关关系。

第七章 城市空间格局与区域发展

城市是经济活动空间集聚导致的结果。城市空间格局反映了区域经济增长的状态、人口集聚与产业集聚及区位等状况,以及城市发展与区域经济增长之间的相互关系。

经济活动的空间状态及其内在关系越来越受到关注,已是当今区域经济学研究的重点之一。随着区域经济的增长,城市空间形式将会如何表现?经济发达地区与经济欠发达地区的城市空间格局将有何不同?经济发展水平越高的地区,是否城市规模分布就越合理?城市空间格局的变化究竟如何影响区域经济的发展?在探索城市空间格局与区域发展的科学关系的过程中,还会引发诸多此类的考虑。本章着重从四省区域角度,剖析人口空间集聚、城市规模分布、城市空间集聚差异以及城市群的演变,研究在不同区域发展水平下城市空间格局的表现,并从区域发展角度分析城市空间格局差异的形成。

第一节 理论概述

理论界关于城市空间格局与区域经济发展关系的研究开始得较早。但是,这方面的系统研究则源于20世纪80年代以后的全球经济持续增长。由于不能仅从数量增长解释全新的区域发展格局,于是,空间经济学理论被催生,其后续的发展大大拓宽了人们对于城市空间格局与区域发展关系的研究视野。

一、城市是经济增长的极化反应

城市化是在空间体系下的一种经济转换过程,经济增长必然带来城市化水平的提高,而城市化水平的提高也会加速经济增长。兰帕德(E. E. Lampard)根据1981年美国人口咨询局的资料,研究不同经济类型的国家,认为加权人均国民生产总值与其相应的加权平均城市化水平之间确实呈现出显著相关性。他指出,"近百年来美国城市发展与经济增长之间呈现一种非常显著的正相关,经济发展程度与城市化阶段之间有很大的一致性",即人均GDP高的国家,城市化水平也高。

城市化的动力来自经济增长,城市是经济增长的极化反应。法国经济学家佩鲁(F. Perroux,1950)在《经济空间:理论与应用》一文中提出了"经济空间"理论。他用这个抽象的概念,解释了城市的成长过程,经济增长并非出现在所有地方,而是首先出现在一些增长点或增长极上,然后通过不同的渠道对外扩散,对整个区域产生影响。法国地理学家戈特曼(J. Gottmann,1957)从地域秩序入手,分析城市化的空间格局的变化与经济增长之间的相互关系,认为美国东北沿海地区城市化表现出"集聚"、"集中分散"、"优势度"等在经济增长过程中城市空间的不同阶段的特征。

二、城市是人口、经济集聚活动的表现

城市是人口要素在空间上集聚的产物,城市空间布局反映人口与产业集聚的区位特征。克鲁格曼(P. Krugman)认为,人口集聚所带来的收益递增是城市形成的重要原因,人口和经济向城市集中,是集聚经济和规模经济作用的结果。多个地区产生数量更少、规模更大的企业集聚、产业集聚,城市发挥出规模经济的集聚效应。当地理上的接近能为企业带来经济利益时,空间上集聚使得要素配置更为优化,并降低生产成本,产生集聚经济效益,进而促进区域经济增长。

人口集聚、产业集聚、经济集聚同步进行。当经济从低收入水平向高收入水平增长时,生产也随之日趋集中。随着城市规模的扩大和经济发展水平的提高,城市规模越大,集聚效应越高。集聚力会促使中心区位变化,经济活动向节点集中,这些节点在空间上的表现就是大、中、小城市。在城市发展的初期,资源向大城市的集中可以获得比较优势利益,随着城市规模的不断扩大,土地和劳动力等要素价格上升,原有的比较优势逐渐丧失,经济活动向周边中小城市和城镇转移,这些城市又形成新的优势。

三、城市空间格局随着区域经济发展而变化

随着城市人口规模的扩大和产业层次水平的提高,区域空间结构需经历从单一中心(单核)到多中心(多核)的城市分层及城镇体系过程。克鲁格曼等(M. Fujita & Krugman,1995)以空间经济模型为基础,概括了城市空间结构的均衡状态与区域人口规模、产业层次、企业发展、空间距离成本等因素之间的相互关系。根据空间经济学理论,集聚向心力作用会形成中心与外围模型,一个相对完整的区域经济系统常具有这样的倾向,即在相当长时期内,拥

有一个或几个核心地区,以其为中心,自组织化地形成多层空间结构,并由单纯的"中心—外围"空间结构逐渐变为多核心结构。多种核心之间的横向联系日益密切,城市之间的经济交流日益频繁。一般城市规模越大,其综合性就越强,吸引范围就越大;市域结构出现城乡边缘区和不同等级的核心,各核心之间的横向联系密切,但并不是所有的外围地带都得到了充分的开发,由于经济实力还不是很强大,空间结构仍处在变化之中。在一个较长的时期,曾经的周边地区会演化成为准核心地区或核心地区,从而形成新的经济空间分布格局。

经济增长是一个不稳定的变化过程。随着区域经济的发展,城市空间运动方向变成由内向外的扩散,经济增长对城市空间结构的改变并非均衡地推进。在城市化前期,各种资源、要素空间运动方向的特点是由外向内、由表及里的集聚。在城市化过程的中后期,当生产成本的上升超过交易费用的节省时,一些在产业集聚区域不再具有竞争力的企业与劳动力就会转移到成本相对更低的地区,形成产业扩散。在城市空间结构演变过程中,可以观察到其演变过程为先集中、后分散的趋势,这不仅适用于国家级别上的系统,而且也适用于较低级别的区域组织子系统,因为在国家级别和低于国家级别上,同样的空间力量在起作用(Geyer,1989,1990)。

进入21世纪后,城市在区域发展中的地位显得越来越重要,学术界对我国国内城市空间布局研究给予了高度关注。与国外相关研究不同的是,我国行政地理对于经济与社会发展的空间活动的定位起着重要作用,主要是以省际行政边界为经济活动单元,又称为"微观区域"或"自然区域"(Skinner,1985)的城市化,使一个大区域范围内的经济活动更加容易表现出在微观区域内的城市化差异性。

第二节 四省城市空间格局比较

以下以江浙皖赣四省为例,重点分析在不同地区经济发展水平下的城市空间格局差异。

一、从人口空间集聚看城市空间格局

在过去的30多年里,我国经历了前所未有的快速城市化过程,各地人口城市化水平全面提升,并且人口流动速度加快。这期间,地区内人口的空间集聚差别逐步拉大,人口由农村向城市的空间集聚,由中西部地区向东部地

区的空间集聚更加凸显。

人口流动主要是向城市集聚。以四省为例,城市化水平都经历了一个上升的过程,在这个上升过程中,人口向城市空间集聚发生了明显的变化。

首先,四省城市化水平增长存在差异。江、浙两省是我国近年来经济增长最快的东部地区省份。"十五"(2000～2005 年)时期,江苏省与浙江省 GDP 增长分别为 80.71％和 86.45％。2004 年,浙江省的人均 GDP 近 2900 美元,高于江苏省的 2500 美元,浙江省的 GDP 增速也高于江苏省。从理论上讲,浙江省吸引人口迁入的内在动力要强一些,其人口集聚程度高于江苏省。1990 年,两省的城市化几乎处在同一水平上,江苏省城市化率为 21.6％,略高于浙江省的 21.2％,差距仅为 0.4 个百分点。2000 年,浙江省的城市化率为 48.7％,江苏省的城市化率为 41.5％,浙江省的城市化率高出了江苏省 7.2 个百分点。2006 年,两省城市化率差距缩小至 4.9 个百分点。2009 年,浙江省城市化率为 57.9％,江苏省城市化率为 55.6％,差距进一步缩小至 2.3 个百分点。两省均是流动人口集中的地区,区域经济发展差距的缩小,使得人口空间集聚的差距进一步缩小。

1990 年,安徽省、江西省同江苏省、浙江省的城市化水平差距不大。2000 年,安徽省城市化率为 27.8％,江西省城市化率为 27.7％,两省的城市化几乎还处在同一水平上,这个时期两省的人口大规模流向东部地区。2000 年以后,跨省流动的人口数量减少,尽管人口向省外流出较多,但人口向省内城市流动的数量更多。安徽省、江西省城市化全面提速,2000～2007 年江西省的城市化率超出安徽省 7 个百分点。2008 年,安徽省城市化率为 40.5％,而江西省达 41.36％,两省差距缩小至 0.86 个百分点,城市化水平进一步接近。但是安徽省、江西省的城市化水平与江苏省、浙江省相比,差距却在 10％至 20％之间,低一个层次。

其次,人口集聚存在明显差异。人口向城市集聚,空间分布不均衡。这种非均衡特点不仅反映在省际之间,而且也表现在省内。人口快速集聚的城市,包括江浙两省的苏州、无锡、宁波、杭州、南京、常州和嘉兴,主要是大中城市,经济发展相对较快;人口微弱增长的城市,包括镇江、绍兴、湖州和台州;人口净减少的城市,包括南通、泰州、扬州、舟山。江苏省的南通、泰州和浙江省的衢州、丽水却是高强度的人口净迁出地区,65 岁以上人口比重分别高达 12.44％、10.30％、9.85％和 10.02％。人口快速移出的城市,包括安徽省的阜阳、亳州、六安、巢湖、安庆市(2005),以及江西宜春、新余、丰城等市,这些地区人口数量较多,经济发展水平中等。江西省大量转移出的农村劳动力实际上除了流向沿海大中城市外,还流向省内南昌、新余等城市,如宜春市2005年流出人口69.5万人,其中流向外省的57.7万人,占83%。

从以上可以看出,人口集聚既发生在经济发达地区,也发生在经济欠发达地区。省际人口与省内人口流动的叠加,反映在四省城市空间格局上,省际与省内差别都比较大。

二、从城市规模上看城市空间格局

一般来讲,经济发展水平越高的地区,城市数量越多,城市密度越大;经济发展水平越低的地方,城市数量越少,城市密度相对较小。江浙皖赣四省城市数量存在较大差异,江苏、浙江与安徽、江西城市数量比例大致为3∶1。从表7.1可以看出,江苏、浙江的城市数量超过安徽、江西约1倍,城市密度也是江苏、浙江高于安徽、江西1倍多。中小城市规模,四省之间也存在差距,江苏省略高,其次是浙江省。城市规模大小也是一个地方经济发展程度的表现。

表7.1 2006年四省城市数量、规模与密度表

省份	城市数量	城市密度	地级以上城市规模(万人)	县级市平均规模(万人)
江苏	40	3.90	183.34	28.77
浙江	33	3.24	131.23	13.61
安徽	22	1.58	104.89	11.00
江西	21	1.26	77.56	13.31

表7.2 2006年四省城市结构对比表

	浙江	江苏	安徽	江西
特大城市	2	1		
大城市	2	2	1	1
中等城市	5	5	5	
中小城市	17	24	7	9
小城市	7	4	9	11
总数	33	36	22	21

资料来源:《2007年江苏统计年鉴》、《2007年浙江统计年鉴》、《2007年安徽统计年鉴》、《2007年江西统计年鉴》,中国统计出版社。

如果一个省的城市体系是大中城市占有一定比重,小城市比重最高,则称为"倒金字塔形分布"。表7.2列出了四省大、中、小城市数量。浙江、江苏省大、中、小城市构成比例更为相似,以大、中城市突出。人口50万的中等以

上城市,浙江有9个,江苏有8个,分别占各省城市总数的27.3%、22.2%;人口100万以上的大城市和特大城市,浙江、江苏分别为4个、3个。江苏中、小城市数量是24个,而浙江有17个,分别占各省城市总数的66.7%、51.5%。安徽省与江西省的城市结构以中、小城市为主,与江苏、浙江相比,大城市数量明显减少,并且特大城市的规模不如它们。人口50万以下的城市的比例,安徽与江西分别为72.7%、95%。两省人口规模100万~200万的城市均只有1座,且规模远比不上浙江省和江苏省的第一大城市。安徽、江西两省人口规模介于超大城市和中等规模之间的城市数量少,这凸显了两省城市体系构架中的大城市缺乏、中心城市缺少,而且小城市也发育不充分、人口规模偏小。省内人口流动主要是向中小城市集聚,导致人口分布相对分散,经济活动集聚程度相比发达地区,有所减弱。

一般用城市首位度判定一个区域城市规模是否合理。"城市首位律"是由杰费逊(M.Jefferson,1939)提出的,也称"等级—规模法则"。这个法则说明了各个国家或地区的首位城市与其他城市相比普遍具有压倒性优势的人口数量,并且城市规模按照这个法则分布,第二大城市的人口将是第一大城市人口的1/2,第三大城市人口则是第一大城市人口的1/3,即符合首位分布规律。城市等级规模反映出人口与经济活动集聚的程度。

表7.3 2006年四省城市首位度比较表

省份	第一大城市人口数(万人)	第二大城市人口数(万人)	第二大城市/第一大城市	城市首位度
江苏	447.04(南京)	218.63(无锡)	0.489061	2.044733
浙江	256.42(杭州)	125.76(宁波)	0.490445	2.038963
安徽	160.54(合肥)	95.34(芜湖)	0.593871	1.683868
江西	173.75(南昌)	46.98(九江)	0.270388	3.698382

资料来源:《2007年江苏统计年鉴》、《2007年浙江统计年鉴》、《2007年安徽统计年鉴》、《2007年江西统计年鉴》。

表7.3比较了四省的城市首位度。江苏省、浙江省的城市首位度都在2左右,这是个合理界值,说明城市规模分布相对均衡。安徽的城市首位度是1.683868,低于2;江西省的城市首位度是3.698382,又高于2。当城市首位度过低时,大城市的规模不够大;当城市首位度过高时,则次等级的城市发展又不足了。

尽管城市首位度能反映城市规模大小之间的关系,但不能认为以城市首位度判定江苏省与浙江省城市规模结构就合理,安徽省与江西省的城市规模分布就欠合理,这需要进一步证实。本书采用"捷夫(Zipf)模式方法",城市人口规模不仅服从 Pareto 分布,而且 Pareto 指数趋近于 1。该结论被称作"Zipf 法则",用以判断城市空间分布的合理性。Auerbach(1913)发现,城市人口规模分布服从 Pareto 分布,即在一个区域内,一个城市人口规模与该城市在城市体系中所处的等级乘积近似地等于一个常数,即"城市位序—规模原则"。受各种社会和经济因素的影响,Pareto 指数在 1 左右摆动,从而形成一个分布区。应用 Pareto 指数分析四省的城市人口规模分布状况,函数式如下:

$$P_i = P_1 R_i^q$$

函数式中,P_i 是位序,是 R_i 城市的人口规模;R_i 是第 i 个城市的位序,P_1 是理论上的首位城市人口,q 就是"Zipf 维数",或"捷夫系数"。q 值接近 1,说明城市规模分布接近于捷夫理想状态;q 值大于 1,说明城市规模分布比较集中,大城市很突出而中小城市不足;q 值小于 1,说明城市规模比较分散,大城市规模不足够大,中小城市发育不足。

通过 OLS 最小二乘法计算出四省的"城市位序—规模"和"Zipf 维数"。

表 7.4　2006 年四省城市位序—规模分布表

省份	位序—规模表达式 $P_i = P_1 R_i^q$	Zipf 维数 q
浙江	$Y = 256.42 X^{1.097}$	1.09767
江苏	$Y = 447.04 X^{0.918}$	0.91760
安徽	$Y = 160.54 X^{0.719}$	0.71932
江西	$Y = 173.75 X^{0.628}$	0.62848

资料来源:《2007 年江苏统计年鉴》、《2007 年浙江统计年鉴》、《2007 年安徽统计年鉴》、《2007 年江西统计年鉴》。

四省城市位序—规模差别是明显的。浙江省、江苏省的 q 值接近于 1,城市规模等级体系比较接近捷夫理想状态,尽管这中间略有差异,浙江省 q 值高于 1,说明大、中、小城市分布相对集中,江苏省 q 值小于 1;江西省、安徽省 q 值偏离 1 较大,大城市的规模偏小,大、中城市的发育不足,城市规模体系还有待改善。江苏省、浙江省城市规模分布与安徽省、江西省相比,尤其是浙江省城市规模分布体系更显完整,这种城市规模分布的合理程度与区域经济发达程度有着一定的关系。

三、从空间自相关性上看城市空间格局

空间的"自相关系数"(Spatial Autocorrelation)表达空间的自相关性,

分为"全局自相关系数"与"局部自相关系数"。"全局自相关系数"反映该区域的自相关程度,研究整个区域的空间模式。局部自相关系数反映每一个空间单元与邻近单元在某一属性上的相关程度,一般用 Getis 系数来揭示空间参考单元与其邻近的空间单元属性特征值之间的相似性或相关性,识别空间集聚程度。这种局部自相关的测度可以判别出以城市为中心的区域内,城市作为空间单元对于区域经济增长作用的大小,是均衡式的,还是极化型的。公式如下:

$$G_i = \frac{\sum_{j=1}^{n} w_{ij} x_j}{\sum_{j=1}^{n} x_j}$$

式中,w_{ij}是研究范围内每一空间单元 i 与 j(i,j－1,2,…n)的空间相邻权重矩阵,以 1 表示 i 与 j 相邻,以 0 表示 i 与 j 不相邻。x_j为区域 j 的观测值。

以下是四省 2000 年、2006 年城市化局部自相关系数值:

表 7.5 四省城市化局部自相关系数表

省份	2000 年	2006 年
江苏	0.1999	0.1948
浙江	0.2255	0.2230
安徽	0.2022	0.2130
江西	0.2215	0.2264

资料来源:程开明:《我国城市化阶段性演进特征及省际差异》,载《改革》2008 年第 3 期。

从表 7.5 可以看出,区域在地理上与其他区域相接,城市空间也有明显的自相关性。四省城市的局部空间自相关系数随时间的变化而变化,江苏省与浙江省的自相关系数趋于下降,而安徽省、江西省略有上升,安徽省的上升幅度超出江西省。四省城市空间分布总体上呈集聚态势。江苏省与安徽省相邻,浙江省、安徽省与江西省相邻,江苏省的城市化局部空间自相关系数低于浙江省、安徽省与江西省,浙江省、安徽省和江西省的城市发展与周边地区具有较高的空间自相关性,江苏省城市化水平与周边地区的空间自相关程度略低,这既与地理位置有关,也与经济联系相关。

四、从城市群看城市空间格局

城市是最显著的空间单元,由城市组成的城市群是城市的集聚形态。目前,城市群已在我国城市化进程中壮大起来。

四省城市群呈现出不同状态。浙江省城市群形态呈多极化空间组织模式。以杭州、宁波、嘉兴、湖州、绍兴等城市为核心的环杭州湾、温台沿海、浙中三大主体城市群,在民营经济与农村工业化的强大动力作用下,县城(县级市)和小城镇等基本单元的功能很强,城镇网络化程度相对较高,嘉兴、绍兴、湖州与舟山等城市连片化、一体化发展日益加强。

江苏省的城市群分别以苏南、苏中、苏北三大地区为核心。苏南地区城市密布,以省会南京为中心的"南京城市群"、"苏锡常城市群",苏州、无锡、常州、镇江等四市所辖的县级行政区域中全是市的设置,城市间距较小,并由此形成"苏锡常都市圈"和"南京都市圈"。苏中地区是以扬州、镇江、南通、泰州为核心的城市群,沿长江呈"条"、"带"状分布,14座城市中有11座城市分布在江边。苏北地区是徐州城市群,苏北地区的城市呈"星点"状散落式分布,每万平方公里只有1.7座城市,只为苏南地区的27%、苏中地区的25%,城市布局相当稀疏。

安徽城市群是从由省域沿江8个城市组成皖江经济带开始,然后到近年来的以省会合肥为中心的"合肥经济圈",再扩大至"江淮城市群",围绕合肥市为中心的11座城市,占全省经济总量由不足1/2扩大到1/2以上。目前,"江淮城市群"各城市间的经济联系并不强,城市群的形成还处于要素集聚发展阶段。

江西省以省会南昌为核心,以九江、景德镇、赣州、吉安、上饶、鹰潭、新余、宜春、萍乡、抚州等城市为支柱,围绕"昌九经济走廊"着力打造昌(南昌)九(九江)景(景德镇)城市建设核心区,构建环鄱阳城市群,经济辐射范围距离为205.86公里,辐射影响至赣中北地区;作为次区域中心九江市和景德镇市与南昌的距离分别只有34.73公里和14.65公里(刘耀彬,2008)。

江苏省与浙江省的城市群是多核城市组团,城市体系分层组成,并且具有中心城市,而安徽省、江西省则是单核城市组团,分层城市体系中缺少有辐射力和带动力的中心城市,体现了四省城市群发展处在两个阶段。

第三节 城市空间格局差异的影响因素

城市空间格局的差异受多种因素的影响,既有区位因素,也有经济因素,但最主要的影响因素是区域经济发展状况。四省城市空间格局的差异表现在以下五个方面。

一、城市人口的集聚化

城市是人口与经济活动集聚的地方。人口流动引发城市空间格局上的变化,比经济活动所引发的城市空间格局的变动更为直观。一般而言,人口流动导致区域人口集聚中心的形成,人口高集聚地区通常经济繁荣,经济发展水平也高;人口低集聚中心区域经济相对欠发达。

苏锡常地区是长三角地区的经济核心区,人口集聚功能强,在1990～2000年两次普查间,人口密度从101.4人/平方公里提高到115.6人/平方公里,而嘉湖绍地区(嘉兴—湖州—绍兴)从98.7人/平方公里提高到103.1人/平方公里,分别提高了14.2、4.4个百分点。

嘉湖绍地区的人口集聚度比苏锡常地区低,无论是起始水平还是上升幅度都存在明显差距,嘉湖绍地区的市际人口迁入强度比苏锡常地区弱。浙东北地区6市迁入苏中南地区人口数与苏中南地区8市迁入嘉湖绍人口数之比为217∶100。苏锡常地区市际人口总迁入与嘉湖绍地区市际人口总迁入之比为331∶100。

从省际角度看人口集聚的空间分布,浙江省人口快速增长主要来自于省外,安徽省人口流入浙江省较多,所以浙江省人口集聚是跨区域的。而安徽省人口集聚多是省域内的,外省流入人口较少,省内大城市的外来人口增长来自中、小城市。这决定了安徽、浙江两省人口集聚程度的差异,浙江省要高出安徽省人口集聚度,因此,浙江的城市空间集聚度也是高的。

由此可见,任何一个地区都会存在人口高集聚与低集聚中心,并且人口流动的来源地也有很大差异。一个地区的人口集聚度是与该地区经济发展程度正相关的。地区人口数量不断增长会进一步强化经济增长势头,人口增长与区域发展之间有着自我强化功能。这种自我强化功能也会进一步提高城市的空间集聚程度。

二、城市空间的差异化

城市空间集聚反映了各省人口集聚程度的区域分化。江苏省与浙江省城市空间格局是"紧凑型"。江苏省人口集聚程度最高的是苏南地区,那里的城市与城市相邻,城市密度相当高。同样,浙江省城市密集分布在浙东北地区,那里经济发达、城市分布相对集中,空间格局紧凑;而经济发展相对较弱的浙中南地区,则维持人口负集聚,城市分布格局呈"松散型"。

当然,紧凑或松散是相对而言的,因为一个经济发达地区的"松散型"城市分布格局,在经济欠发达地区也可能算是一个"紧凑型"的格局,其中的界限可能并不是很明显。但经济发达地区的相对"紧凑型"城市分布格局,是空间"节约型"的,分布是成片、成块的,城市与城市间是相连的。经济欠发达地区,可能在大城市内部是紧密的,但是,城市与城市间的空间联系是较弱的,一般是沿线(交通干线与大江大河)的城市布局。安徽省与江西省的城市空间格局就是这样。江西省是以南昌为中心,以浙赣线和京九线为发展轴的"一核、二带"十字格局。安徽的城市格局分布除了省域内沿长江一带较密集外,北部与皖南地区城镇的格局则是沿铁路与公路沿线分布,是"一带两翼"的较为松散的分布格局。

城市发展政策要素对城市规模分布的影响是突出的。在一些经济欠发达地区,过分注重了城市的地域扩张,尽可能地把城市规划区、开发区的面积做大,而忽视了人口集聚以及经济活动集聚的要求,结果导致城市扩张同人口与经济活动的集聚不同步,甚至是相互脱节,城市发展对空间集聚化的需求被忽略。经济欠发达地区,城市发展需要注重的是城市区域分工、协作,建立起城市间密切的经济合作关系,而非盲目地扩大城市人口规模与城区面积。

三、城市分布的合理化

人口规模不同于城市的结构,大、中、小城市之间比例关系的变化,在很大程度上也取决于区域经济发展水平。

江苏省、浙江省的大、中、小城市分布代表着经济发展层次较高的城市体系,大城市规模大,中、小城市充分发育,尽管两省之间仍有差异。安徽与江西省代表着经济发展水平层次低一级的城市体系,特大城市缺乏,城市空间集聚力不足,经济集聚度有待提高。大、中、小城市比例并没有一个合理结构,在经济发达的江、浙两省的城市体系中,中、小城市所占的比重仍然较高,只是大、中、小城市的比例结构更协调。

发展大城市被看作提高人口与经济集聚度的主要途径。近年来,经济欠发达的省区政府极为关注大城市的发展,着意提高城市首位度,充分表达了在本省拥有特大城市的渴望。人们误把城市首位度当成在一个区域范围内首位城市的经济总量与地区经济总量的比值,认为比值越大,该城市的带动能力越强。城市分布的合理性显然不能只以经济总量或城市规模来衡量,城市的空间相关性也十分重要。无论是经济发达地区还是经济欠发达地区,都既要提升城市的空间集聚度,又要加强城市间的经济联系,两者应同等对待。

城市规模分布具有一定的分形性质,这是一个自组织的过程,受到某些自然规律的影响。政府不应过多地干预这一自组织过程。20世纪80年代以后,经济欠发达地区的城市化政策是从大力发展小城市,转变为以发展大城市为主导,追求大城市的集聚效益。这样,在经济发展还没有达到一定的水平时,一味强调扩张大城市或大都市的话,中、小城市发展的能力就会变弱,从而导致大、中、小城市分布更加不合理。

当然,根据城市规模来确定应采取限制还是鼓励的政策的做法是值得商榷的。合理的城市体系一定是大、中、小城市分布比例更趋于协调,与区域经济发展水平相一致。

四、"核心—外围"地区的发展非均衡化

江浙皖赣四省的城市空间分布呈现"核心—外围"地区多层空间结构。第一层是以上海市为中心城市,外围区是江苏省和浙江省,这两个部分组成了长江三角洲地区,包括上海直辖市、江苏省和浙江省的15个地级以上城市、40个县级市。这是目前中国经济实力最强的发达地区。第二层是以长三角地区为核心区,外围地区为泛长三角地区,包括安徽省、江西省在内,受长三角经济区的辐射影响很大。这是第二层次的核心与外围区的空间关系。第三层是安徽省、江西省,合肥、芜湖、南昌、九江四城市是核心区,在核心区外是第三层次的外围区。

由于多分层空间结构,集聚与扩散也就发生在核心区与边缘区之间。在区域发展过程中,核心区对边缘区有两种不同的作用:一是以前向联系为主的极化效应,边缘区的劳动力、资金等生产要素流入核心区;二是后向联系明显的扩散作用,核心区的发展向边缘扩散,使边缘区的要素得到集聚,向次级核心区演变,经济总量进一步提高,就业机会增多,这时次级核心区又会向下一等级的边缘区进行要素扩散。近年来,东部地区面临着劳动力成本与生产成本上升的压力,加速向外围地区转移出劳动力密集、技术层次较低的制造加工业产业。一些劳动密集型的制造加工业从江苏省与浙江省转移出来,安徽省与江西省承接这些产业转移的势头正猛。

在省际之间、省域范围之内,人口与经济的空间集聚趋向也是如此。即使在同一地区,集聚也有着很大差异,尽管扩散也在同时进行。正因如此,区域经济发展始终是在非均衡状态下推进的,通过城市空间结构分层,可以看出这种区域发展始终处于非均衡状态之中,而且要素也是相互流动的。

五、城市群的等级化

对城市发展的研究,不仅需要研究单个城市,而且需要研究多城市的空间结构。因为当人口的持续增长超过一定的临界值时,必然会随之出现更多的新城市。长三角的腹地将继续扩大,浙江、江苏、安徽一部分地区将融入长三角城市群的范围。

一些具有区位、资源和产业优势的区域达到较高的城市化水平,形成相对集中的城市群,而一些城市化水平较低的地区,城市的空间相关性不高。江、浙两省表现出的城乡一体化发展趋势非常强。江苏省的苏南地区、长三角地区的沪宁沿线,大、中、小城市密集,呈"集群"式分布,在近2.8万平方公里的面积上分布了18座城市,城市与城市之间距离只有几公里,甚至已为零,堪称"高密集城市化地区"。交通可达性提升了区位优势,城市间产业的互动与合作更加紧密。显然,城市群发展是城市化发展的成熟阶段。相比而言,江西省和安徽省已经存在的城市群,其共同特点是发育不足,缺乏大城市,城市间经济联系不强,不仅城市群数量少且规模小,难以与苏浙城市群相比。

近年来,各地大力推进城市化进程,将发展城市群作为区域发展的战略重点,纷纷打造各自行政区域内的城市群,目的是通过构建城市群提高本省区域内的经济集聚度,强化本省城市间的经济联系,从而使地区竞争力获得更大的提升。但由于整个地区发展受到省域、市域、县域的行政界限或地理局限困扰,经济的吸引和辐射作用局限在各自行政区所辖范围内。正因如此,这种人为划定的城市群,恰恰是对城市的分割,是对城市间经济联系进行的强制干预。

一个大城市群的构建以涵盖若干个不同等级的城市群为宜。如以沪苏浙为核心的长三角地区,城市群发展空间不断扩大,安徽省和江西省进入长三角城市群的范围内。通过共享交通基础设施、通讯设施、生活设施,降低了区域间的联系成本,并利用长三角城市群产业向外转移的发展机遇,积极培育多核心的地区中心城市,使区域经济协调发展。

第四节 本章小结

归根结底,城市化是区域经济发展的表现,城市空间格局与区域经济发展相互关联。随着区域经济的发展,人口向城市集中是必然的趋势。当区域人口增长到一定临界值时,人口会由单个城市向多个城市发展,城市群是多个城市空间集聚的具体表现。城市空间的集聚效应促进了区域经济增长,进一步加强了两者的联系。

经济发达地区的城市体系更为发达,大、中、小城市发育具备相应的人口集聚效应的规模。经济欠发达地区,特大城市缺乏,中、小城市数量多,城市规模小。但这并不意味经济发达地区具有合理的城市规模分布结构,而欠发达地区不具备合理的城市规模分布结构。城市空间格局会进一步影响区域经济发展。经济发达地区的城市空间格局属于"紧凑型"、"节约型",人口空间集聚程度高,城市与城市间的经济联系更为密切,集聚效应会不断提高;经济发展相对滞后的地区,城市空间格局属于相对"独立型"、"分散型",城市之间的相关性不强。

比较研究江浙皖赣四省的城市空间格局演变与区域经济发展,可以认为城市空间格局差异与区域经济发展差异互相影响。人口的空间流动与集聚不仅受到经济发展差异的影响,也塑造了各地区的城市空间布局。城市空间格局发展与城市规模分布、结构分布存在内在联系,还受到城市间的空间相关性与经济联系性的影响。城市群与多城市组成的空间体系是城市空间发展的重要体现,与城市空间格局互动发展。

造成江浙皖赣城市空间布局差异的因素众多,但主要体现为城市人口集聚程度差异、城市空间布局差异发展、非均衡发展,以及城市等级化发展等。随着经济的增长与交通条件的改善,江浙开始向人口集聚、扩大城市规模以及推动城市结构的合理化方向发展。大城市的带动作用与城市间的非均衡发展战略,将强化部分城市作为中心城市的功能,进一步优化城市结构与城市群结构。总而言之,江苏与浙江的城市空间布局发展经验值得安徽与江西两省借鉴。

第八章 制度发展与区域增长

制度是约束经济主体行为的一系列规则,包括正式规则和非正式规则。制度是促进地区经济增长的重要因素。市场体制是区域经济发展最为重要的制度之一。高效的市场体制,可以节约大量的交易成本,为区域经济绩效的提高提供制度保障。

本章主要分析制度因素对江浙皖赣四省经济增长的不同作用,分析江浙皖赣在所有制、市场化程度、对外开放程度等方面所存在的差异,及其对四省经济增长的作用有何差异。

第一节 区域发展的制度理论

一、制度与制度功能

在中国古代,"制度"的含义注重人与人、人与自然之间的和谐,强调人际关系的稳定。《诗经》中"天生蒸民,有物有则",指出"有人群就必有规则"。朱熹在《近思录》专辟"制度"一章,同时尊重"祖宗家法"及"其命惟新"。

关于"制度"的系统性研究,需要追溯到19世纪末20世纪初的制度学派代表人物凡勃伦、康芒斯、米契尔等对制度问题的研究。20世纪50年代,新制度经济学在新古典经济学基础上把交易费用纳入分析模型,力图揭示产权、制度的功能及其在资源配置与经济增长中的作用,逐渐形成较为完整的制度变迁理论。

Ménard&Shirley(2008)在《新制度经济学手册》中详述了新制度经济学和制度的含义。新制度经济学是研究制度以及制度与组织契约之间相互作用机制的学说体系。在新制度经济学中,"制度"的含义包括明文规定的规则和非明文规定的规则,还包括人类设计出来降低不确定性和控制环境的道德规范及约束。具体而言,制度可以解读成明文规则、控制合同关系及公司治理的契约;章程、法律及控制政治、政府、金融及其他社会层面的规则;不成文的管理规则、行为规范及信念。其中,组织契约是代理人实施生产和交换的不同控制模式集合,包括市场、企业及降低交易成本的其他组织模式,是为组织行动提供保障的合同契约,以及构成契约选择的行为特征等。

诺思(1994)在《制度、制度变迁与经济绩效》中认为:"制度是一个社会的游戏规则,或者更正式地,是定义人类交往的人为的约束。"根据这一定义,制度既包括法律、习俗、道德等社会规范,也包括组织模式、微观规则等。从微观角度看,如果规则安排的收益高于其成本,则可能引发制度创新。从宏观角度看,社会制度变迁则取决于社会利益集团之间的权力结构及社会偏好等。总的来说,在新制度经济学理解域中,制度变迁的目的是获得制度收益,即人为地设定某些规则以降低未来交易的不确定性。

新制度经济学是在批判新古典经济学不足的基础上发展起来的。坚持有限理性人的假设前提,使用具有多种功能内涵的制度概念(卢现祥,1996)。这些功能和内涵包括以下四个方面:

一是制度降低交易成本。通过明确规则,制度增加资源可得性,提高信息透明度,减少了市场经济中的不确定性因素,从而降低交易成本。

二是制度为经济提供服务。制度具有特定功能及价值,如市场可以提供信息、保险公司可以共担风险、政府可以提供公共产品等。

三是制度提供激励机制。新制度经济学的机制设计理论很好地解释了激励机制的重要性;在满足参与约束和激励相容约束条件下,"经济人"可以实施满足目标函数的行为,使得个人努力能同时满足个人利益与企业利益、个人利益与社会利益;激励机制进一步拓展了微观市场经济理论,为进一步研究微观经济打开了一扇大门。

四是制度提供合作条件。合作博弈理论指出,在社会分工与协作条件下,多次博弈达到的最终均衡将为当事人奠定稳定的合作基础,为社会交往提供一个稳定的交易框架及约束条件,降低市场经济中的不确定性,促进合作发展。

二、制度变迁对区域发展的作用

制度变迁是制度的替代、转换与交易过程。制度的替代、转换与变迁存在着种种技术的和社会的约束。制度变迁可以被理解为效益更高的一种制度(所谓"目标模式")对另一种制度(所谓"起点模式")的替代过程。制度变迁是行为模式及其共享意义的比较长期的演化过程,这个过程不是对于均衡的一次或者多次偏离,所以制度变迁不是多次博弈(汪丁丁等,2003)。

斯卡利(Scully,1988)研究了1960~1980年115个国家的经济增长率,检验了经济增长与制度因素之间的相关性,结果发现,制度安排对经济增长及经济效率有重大影响。由此可见,区域制度差异使得区域经济主体在一定阶段加速发展成为可能。一方面,同一时期不同地区的制度创新发展,使得制度变迁主体可以利用新制度获得较高的效率,而其他地区则表现为相对较低的制度效率。另一方面,区域竞争与制度仿效使得制度创新区域的制度收益逐渐下降,直到其他地区也完全实现新制度为止,使得整个区域的制度收益为0。

制度变迁通过降低交易费用、减少交易风险等,促进区域经济增长。基于制度边际收益,制度变迁可以通过新制度的安排,降低交易风险及不确定性,激励或约束交易行为,降低社会交易费用,保证交易的正常运行及交易效率的提高,从而有效地刺激经济增长。制度变迁可以提高区域贸易总量,通过降低贸易壁垒、贸易成本,增强贸易信任等方式,使得区域贸易活动效率提高。制度设计还可以提高专业化水平,促进企业分工和区域专业化发展。世界银行(1996)编制了近30个转型国家的自由度指数,转型国家自由度指数与国内生产总值增长率之间存在正向的相关关系。

制度安排与激励机制,能加快区域经济发展速度与提升经济发展质量。激励机制可以有效地调动企业、个人的生产积极性,提高企业和个人的努力程度,进而促进区域经济发展。同时,激励机制也反映了个人目标与社会目标的关系;不同的制度安排形成不同的激励机制;有效的激励机制能把个体努力程度与报酬、个人目标与社会目标紧密结合起来,在增进个体福利的同时增进社会福利;反之,个人目标与企业、社会目标脱节,则约束区域经济发展。从长期情况看,制度差异与激励差异确实是长期增长差异的重要因素。在发达地区,有效的经济组织、市场化制度、产权制度等,将个人努力与企业目标、社会目标紧密结合起来。

三、区域发展对制度变迁的作用

制度变迁是一个包括制度更替、创新的演进过程,通过规则、标准和实施的边际调整而实现。在新制度经济学中,制度变迁的主体是企业家,而制度变迁的来源是相对价格和偏好的变化。相对价格的变化包括要素价格比率的变化、信息成本的变化、技术的变化等。相对价格的变化改变了人们之间的激励结构,而讨价还价能力的变化成为重新缔约的动力。从区域经济角度看,区域经济发展对制度变迁有着多方面作用。

区域经济初始条件影响制度变迁。就同一个制度规则而言,区域初始条件不同,制度安排的收益与成本就不同。区域初始条件决定了这个区域制度变迁的启动点和发展方向。初始条件决定了何种主体将成为启动区域制度变迁的主导力量。如果经济相关主体在当地经济发展中的作用特别突出,体现为讨价还价能力强,则该主体必然会是制度变迁的主体或是制度变迁的混合主体中的一个重要组成部分。制度变迁的决定因素也会随着区域经济、社会、文化的发展而变化,区域制度安排也会因此而不断演化。同时,制度变迁的主体也会逐渐转化。随着经济的发展和社会环境的变化,不同的经济相关主体在经济发展中的地位与作用会随之发生变化,作为区域制度变迁主体的地位及作用也会随之改变,经济发展中的强势力量最终成为经济制度变迁的主体。

区域分工促进制度变迁。区域分工的深化能带来生产率的提高,但是也引起交易成本的增加。当知识的积累不足、生产效率低时,分工的收益尚不足以支付交易成本,因此社会将处在自给自足的阶段。通过在实践中学习,生产效率有了提高,可以支付更多的交易成本,扩大交易规模,提高交易效率,因而能促进高层次的分工和专业化水平的提高。而这会引起生产率的进一步提高,因而能支付较多的交易成本,扩大交易规模,提高交易效率。当区域之间处于合理的劳动分工状态,区域产业结构必然呈现出一种协调状态,并随着区域经济的发展,将打破原有的区域分工模式,诱使更高水平的区域分工模式的出现,区域产业结构也随之优化升级。

区域经济增长作用于制度变迁。区域经济增长会影响制度安排的效率,进而产生制度变迁。制度安排的基础和条件发生了变化,原有的制度安排就会变得不相适宜。为了对新的经济社会条件做出反应,社会成员就会尽力修正制度安排、惯例、所有权等。而采取什么样的制度变迁模式,是由不断变化的制度需求因素和制度供给条件共同决定的。区域经济增长产生了新的稀缺性,需要新的制度安排来配置资源,以尽可能消除这种稀缺性所带来的经济、社会损失。区域经济增长也会产生新的技术性机会,需要新的制度安排来使机会最有效地转变为经济效益。区域经济增长会为收入及财富带来新的再分配的需求,需要新的制度安排加以调整。

四、所有制、市场化与区域发展

具体而言,产权结构、市场化发育程度以及对外开放程度,均是制度变迁的具体载体,对区域发展具有重要作用。Alchian(1965)指出,私有产权的公司治理优于公有产权的公司治理。之后,有学者对产权所有制与企业绩效之间的关系进行了大量研究。部分研究表明,私有制企业的绩效优于国有企业

(孙永祥,2001;胡一帆、宋敏、郑红亮,2006)。也有部分研究表明,所有制与企业绩效之间不存在显著关系(Holz,2002)。方军雄(2007)根据1996~2003年国有工业企业和"三资"工业企业的分行业统计数据,发现国有企业的资本配置效率显著弱于非国有企业,但是市场化等制度环境的改善,有助于缩小资本配置效率的差距。企业是区域发展的细胞,由此可见,所有权结构对于区域发展的重要性。

市场经济是社会经济资源配置方式的基础性制度安排。市场化程度对区域经济发展具有显著作用。诺思(1994)指出,市场化发展是使更多的资源采用市场化手段调节,是制度变迁的一种,有力地促进了经济增长。市场化发展对经济增长的作用得到了大量研究理论支持。王文举、范合君(2007)通过对30个省市区的面板数据测算得出结论,中国市场化改革对经济增长的贡献率达14.22%。市场化水平的短期变化与经济增长之间没有显著的强相关关系,但是从长期来看,市场化发展与经济增长之间具有强显著关系(王立平、龙志和,2004)。改革开放前国有企业比重大的地区经济发展快,改革开放后国有企业比重高的地区经济发展慢(陈玉宇、黄国华,2006)。初始条件和市场化改革都是影响经济增长的要素,但是,市场化改革比初始条件更加重要,对经济增长的作用更为显著(洪名勇,2004)。总之,市场化发育程度对区域经济增长具有显著效应。

对外开放程度是促进区域经济增长的制度变迁又一种体现。由于对外贸易可以促使劳动力、先进技术和国际资本流动,促进了落后地区的技术进步、产业升级和劳动力素质提高,进而拉动了区域经济发展。罗伯特·J.巴罗和夏威尔·萨拉-伊-马丁(2000,中译本)通过对美国各州、日本各县和欧洲各地区对外开放性与区域增长相关性进行的经验分析,得出结论,即区域之间存在增长收敛现象。汪锋、张宗益、康继军(2006)认为,制度差异是区域经济增长差异的主要原因,对外开放程度与企业市场化同样对区域经济增长具有显著影响。对外开放也影响区域居民收入,对区域居民收入差距及行业收入差距具有拉动作用(鲁晓东,2007)。从产业发展角度看,贸易成本变化影响了制造业空间集聚,区域对外贸易成本的差异,促进了国内制造业向沿海地区集聚(陈秀山、张若,2007)。可见,对外开放程度是影响区域经济发展的重要因素。

第二节 四省制度发展比较研究

一、江浙皖赣所有制结构比较研究

1. 固定投资所有制结构比较

国有固定资产投资比重逐步下降。全社会固定资产投资所有制比重是考察所有制结构的重要指标。1980年,江苏省全社会固定资产投资国有制占比高达91.13%,安徽省为97.40%,江西省为64.51%,浙江省为48.09%;2007年,江苏省固定资产投资国有制占比下降到16%,安徽省下降到28.55%,江西省下降到32.27%,浙江省则为21.98%。由图8.1可知,1980~2007年,江浙皖赣全社会固定资产投资中国有经济成分逐年减少。

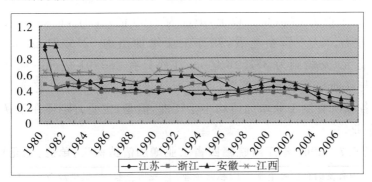

图8.1 1980~2007年江浙皖赣国有固定资产投资占比折线图
注:数据来源于四省各期统计年鉴。

固定资产投资所有制结构发展存在差异。1980~2007年,浙江省国有固定资产投资一直处于50%以下,说明浙江省非国有经济占主要优势。江苏省非国有经济发展迅猛,国有固定资产投资占比由1980年的91.13%下降到2007年的16%。皖赣固定资产投资中,国有经济依然占据重要地位,均处于30%左右,说明皖赣非国有经济发展不足。

由表8.1知,在2007年江浙皖赣四省固定资产投资结构中,江浙明显较低。江浙皖赣集体经济固定投资比重相差不大;私营个体固定资产投资占比均处于30%左右,江苏省明显占优势,达36%;在股份制固定资产投资中,浙江和安徽占有优势,均为33%;在外商及港澳台固定资产投资中,江苏省和浙江省占据显著优势。

表8.1 2007年江浙皖赣固定资产投资结构表

省份	国有经济	集体经济	私营个体经济	联营经济	股份制经济	外商投资经济	港澳台商投资经济	其他经济
江苏	0.16	0.03	0.36	0.00	0.24	0.12	0.07	0.01
浙江	0.22	0.02	0.28	0.01	0.33	0.07	0.06	0.02
安徽	0.29	0.02	0.28	0.00	0.33	0.03	0.03	0.02
江西	0.32	0.01	0.28	0.00	0.28	0.03	0.05	0.02

注:(1)数据来源于四省统计年鉴。
(2)数据取小数点后两位,加总为近似值。

2. 工业增加值所有制结构比较

各类所有制工业增加值存在量差。以2007年为例,江苏、浙江工业增加值总量是安徽和江西的3~5倍。从国有及国有控股企业看,江苏、浙江、安徽工业增加值均为1000亿元以上,江西仅为623.33亿元。从私营企业看,江苏工业增加值为3700亿元以上,浙江为2700亿元以上,而安徽、江西仅为600亿元左右。从三资企业看,江苏工业增加值为5256.81亿元,浙江为1993.87亿元,安徽则为377.46亿元,江西只有280.01亿元。从其他经济看,皖赣与江浙也存在巨大差距,其中浙江最高,为3187.22亿元。总体来看,皖赣各项所有制工业增加值均小于江浙,但是,主要差距还在于私营企业和三资企业。

表8.2 2007年江浙皖赣四省工业增加值结构表(单位:亿元)

省份	国有及国有控股企业	私营企业	三资企业	其他经济	工业增加值
江苏	1749.59	3727.51	5256.81	2282.93	13016.84
浙江	1134.97	2779.59	1993.87	3187.22	9095.65
安徽	1211.17	537	377.46	626.45	2752.08
江西	623.33	625.72	280.01	748.63	2277.69

注:口径为规模以上工业企业,数据来源于四省统计年鉴。

皖赣需要加速发展私营企业和三资企业。从2007年江浙皖赣工业增加值所有制企业占比结构看,江浙工业发展主要优势在于私营企业和三资企业。2007年,江苏工业增加值国有成分占0.13、私营企业占0.29、三资企业占0.40、其他经济占0.18,其中,三资企业和私营企业合占0.69。2007年,安徽省工业增加值中三资企业和私营企业合占0.34,江西省工业增加值中三资企业和私营企业合占0.39,均低于江苏省的0.69和浙江省的0.53。这说明,皖赣与江浙在工业发展上的主要差距缘于私营企业和三资企业的发展速度,需要进一步加速发展安徽与江西的私营企业和三资企业。

表 8.3 2007 年江浙皖赣工业增加值占比结构(%)

省份	国有及国有控股企业	私营企业	三资企业	其他经济	工业增加值
江苏	13	29	40	18	100
浙江	12	31	22	35	100
安徽	44	20	14	22	100
江西	28	27	12	33	100

注:口径为规模以上工业企业(下同),数据来源于四省统计年鉴。

3.工业所有制结构分类比较

四省工业所有制结构发展差距显著。从国有及国有控股企业看,2005~2007年,江苏省国有及国有控股工业发展迅速,其工业增加值由1200亿元逐步增加到1800亿元。浙江和安徽国有及国有控股工业发展几乎持平,其工业增加值由2005年的800亿元增加到2007年的1200亿元左右,发展速度不快。江西国有及国有控股工业发展滞后,其工业增加值由2005年的400亿元增加到2007年的600亿元。国有及国有控股工业企业发展绝对差距,体现了江浙皖赣的经济发展差距。

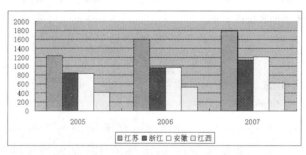

图 8.2 2005~2007 年江浙皖赣国有及国有控股工业增加值柱状图(单位:亿元)

注:数据来源于四省统计年鉴。

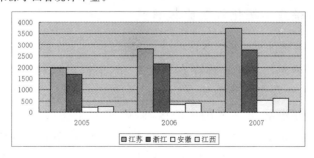

图 8.3 2005~2007 年江浙皖赣私营企业工业增加值柱状图(单位:亿元)

注:数据来源于四省统计年鉴。

从私营企业看,皖赣与江浙经济发展差距明显。2005~2007年,江苏省私营企业工业发展迅速,其工业增加值由2000亿元增加到3700亿元。浙江私营企业工业增加值由2005年的1700亿元增加到2007年的2700亿元。安徽省私营企业工业发展缓慢,其工业增加值由2005年的200亿元增加到2007年的500亿元左右。江西省私营企业工业增加值由2005年的300亿元增加到2007年的600亿元。由此可见,私营工业企业发展缓慢是皖赣落后的原因之一。

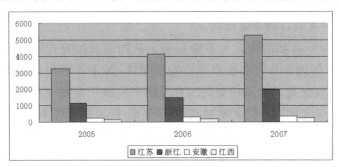

图8.4 2005~2007年江浙皖赣三资企业工业增加值柱状图(单位:亿元)

注:数据来源于四省统计年鉴。

从三资企业看,江浙皖赣的工业发展差异呈扩大趋势。江苏省三资企业工业发展迅速,其工业增加值由2005年的3200亿元逐步提高到2006年的4100亿元、2007年的5300亿元。浙江三资企业工业增加值由2005年的1100亿元提高到2006年的1500亿元、2007年的2000亿元。安徽省三资企业工业发展缓慢,其工业增加值由2005年的233亿元增加到2007年的377亿元左右。江西省三资企业工业增加值由2005年的129亿元增加到2007年的280亿元。由此可见,三资工业企业发展滞后严重制约了皖赣的经济发展。

二、江浙皖赣市场化程度比较研究

1. 绝对市场化进程比较

江浙皖赣绝对市场化进程存在较大差异,根据樊纲的研究(2007),2005年,江苏省市场化进程总指数为9.07分,浙江为9.90分、安徽为6.56分、江西为6.22分,江浙属于高市场化地区,皖赣则属于低市场化地区。2001~2005年,浙江省市场化程度位居首位,江苏省次之,江西省市场化程度最低。

江浙皖赣绝对市场化进程发展速度存在差异。江苏省市场化进程总指数由2001年的6.83分发展到2005年的9.07分,提高了2.24分;浙江省市场化进程总指数由2001年的7.64分发展到2005年的9.90分,提高了2.26

分；安徽省市场化进程总指数由 2001 年的 4.75 分发展到 2005 年的 6.56 分，提高了 1.81 分；江西省市场化进程总指数由 2001 年的 4.00 分发展到 2005 年的 6.22 分，提高了 2.22 分。由此可见，2001～2005 年，安徽省市场化进程发展速度最慢。

表 8.4 2001～2005 年江浙皖赣市场化进程总指数表（单位：分）

年份	江苏	浙江	安徽	江西
2001	6.83	7.64	4.75	4.00
2002	7.40	8.37	4.95	4.63
2003	7.97	9.10	5.37	5.06
2004	8.63	9.77	5.99	5.76
2005	9.07	9.90	6.56	6.22

数据来源：樊纲、王小鲁、朱恒鹏：《中国市场化指数——各地区市场化相对进程 2006 年报告》，经济科学出版社，2007。

2. 相对市场化进程比较

江浙皖赣四省相对市场化进程存在显著差异。其历年市场化相对排序是：2001 年，浙江省市场化相对进程排序为全国 31 个省市的第 2 位，江苏省为第 5 位，安徽省为第 14 位，江西省则为第 17 位；2005 年，浙江省市场化相对进程排序为全国 31 个省市的第 3 位，江苏省为第 4 位，安徽省为第 13 位，江西省则为第 16 位。

江浙皖赣四省相对市场化进程发展速度存在差异。各省市场化总指数在全国的相对排序情况如表 8.5。浙江省 2001～2004 年均为第 2 位，2005 年下降到第 3 位，落后于上海、广东。江苏省由 2001～2003 年的第 5 位上升到 2004～2005 年的第 4 位。安徽省 2001～2003 年位居第 14 位，2004 年下降到第 15 位，2005 年又上升到第 13 位。江西省 2001～2002 年位居第 17 位，2003 年上升到第 15 位，2004～2005 年下降到第 16 位。总体而言，江浙在高市场化程度上发展，皖赣则在低市场化程度上发展。

表 8.5 2001～2005 年江浙皖赣市场化相对进程排序

年份	浙江	江苏	安徽	江西
2001	2	5	14	17
2002	2	5	14	17
2003	2	5	14	15
2004	2	4	15	16
2005	3	4	13	16

数据来源：樊纲、王小鲁、朱恒鹏：《中国市场化指数——各地区市场化相对进程 2006 年报告》，经济科学出版社，2007。

3. 企业市场化进程比较

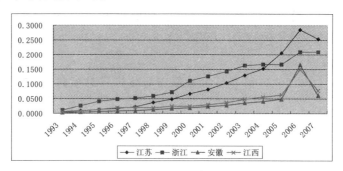

图 8.5　1993~2007 年江浙皖赣私营企业就业人数占比折线图

注：数据来源于四省各期统计年鉴。

江浙皖赣四省企业市场化进程发展迅速。企业是经济体系发展的细胞，企业市场化充分体现地区的市场化程度。以私营企业就业人数在城乡就业人数中占比衡量地区企业市场化程度。江浙皖赣私营企业就业人数占比情况参见图8.5。1993年江苏省私营企业就业人数占比仅为0.0047，浙江省为0.0113，安徽省为0.0024，江西省为0.0036。2007年，江苏省私营企业就业人数占比为0.2543，浙江省为0.2100，安徽省为0.0606，江西省为0.0784。2007年，江浙私营企业就业人数占比均达到25%左右，而皖赣则不到10%。

江浙皖赣四省企业市场化进程存在着显著差距。由图8.5知，皖赣与江浙的企业市场化进程之间的差距在逐年扩大。尤其2000年以后，江浙企业加速发展，逐步形成了企业高度市场化集团，而皖赣企业市场化进程发展滞后，逐步沦为企业低度市场化地区。从发展速度看，江苏省企业市场化进程发展最快。2004年，江苏私营企业雇佣劳动力占比超过浙江，成为四省中企业市场化程度最高的地区。从2007年相关数据看，江苏省已经成为四省中企业市场化程度最高的地区，而安徽的企业市场化程度最低。

三、江浙皖赣对外开放程度比较研究

1. 贸易开放程度比较

20世纪90年代，邓小平南方讲话之后，江浙皖赣四省对外贸易快速发展。以经营单位所在地货物进出口总额衡量各省外贸发展程度，1993年，江苏省外贸进出口总额为532.68亿元，浙江省为387.79亿元，安徽省为71.39亿元、江西省为67.27亿元（参见表8.6）。2007年，江苏省进出口总额达26573.83亿元，增长了近35倍；浙江省进出口总额为13447.47亿元，增长了

近35倍;安徽省进出口总额为1211.49亿元,增长了近17倍;江西省进出口总额为718.47亿元,增长了近11倍。

表8.6　1993～2007年江浙皖赣四省进出口总额(单位:亿元)

年份	江苏	浙江	安徽	江西
1993	532.68	387.79	71.39	67.27
1994	1013.29	774.58	135.01	112.65
1995	1362.04	961.18	167.69	110.50
1996	1720.84	1041.65	184.69	92.74
1997	1958.80	1180.65	197.09	110.45
1998	2180.85	1229.53	193.03	103.18
1999	2587.58	1515.39	219.25	108.76
2000	3777.96	2304.10	277.06	134.45
2001	4250.05	2714.58	299.23	126.72
2002	5817.78	3472.68	346.06	140.25
2003	9404.11	5082.97	492.30	209.25
2004	14140.83	7052.24	596.89	292.00
2005	18670.75	8797.04	747.03	332.96
2006	22638.19	11092.09	976.16	493.84
2007	26573.83	13447.47	1211.49	718.47

注:资料来源于各期《中国统计年鉴》。

外贸发展地区差异日益扩大。从进出口总额看,江浙皖赣四省的进出口总额差距较大。2007年,江苏省进出口总额高达26573.83亿元,江西省进出口总额最低,为718.47亿元。从进出口总额增速看,江浙发达地区进出口总额增速也高。对比1993年与2007年,江苏省进出口总额增长了近35倍,而江西仅增长了近11倍。从外贸依存度看,近年来,皖赣与江浙的外贸发展差距呈放大趋势(参见图8.6)。2005～2007年,江苏省外贸依存度超过100%,外贸进出口总额高于省内生产值。但是,1993～2007年,皖赣外贸依存度均在20%以下。

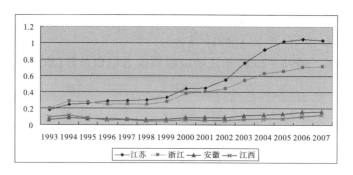

图 8.6　1993～2007 年江浙皖赣外贸依存度示意图

注:外贸依存度由《中国统计年鉴》相关数据折算。

总体而言,江浙皖赣四省对外贸易发展迅速,但发展速度差距不断拉大。1993～2007 年,江浙皖赣四省进出口总额均增长了 11 倍以上,但是,进出口贸易总额差异在不断扩大,尤其是 2001 年中国加入 WTO 之后,江苏和浙江对外贸易发展迅速,而安徽与江西对外贸易发展则比较缓慢。历年对外贸易依存度的发展,充分表现了皖赣与江浙对外贸易开放程度上的差距。

2. 投资开放程度比较

20 世纪 90 年代以来,江浙皖赣对外资开放程度日益提高。从外商直接投资(FDI)看,江浙皖赣在近 20 年内对外资的开放程度发展迅速。1990 年,江苏省外商直接投资额为 1.41 亿美元,浙江为 0.48 亿美元、安徽为 0.10 亿美元、江西为 0.06 亿美元,浙、皖、赣的外商直接投资额均处于 0.5 亿美元之下。2009 年,江苏省外商直接投资额高达 253.2 亿美元,浙江省为 99.4 亿美元,安徽省和江西省也分别达到 38.8 亿美元和 42.2 亿美元。

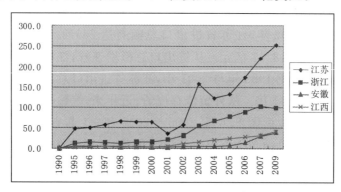

图 8.7　1990～2009 年江浙皖赣外商直接投资总额折线图(单位:亿美元)

注:数据来源于四省各期统计年鉴。

中国加入 WTO 之后,江浙皖赣的投资对外开放加速发展。由图 8.7 知,

2001年之后,江苏和浙江的外商直接投资明显呈加速发展趋势。以江苏省为例,2001年外商直接投资额为35.81亿美元,到2007年,上到了200亿美元的台阶。安徽省与江西省外商直接投资额也从4亿美元以下增长到40亿美元左右。

江浙皖赣投资对外开放程度差异显著。目前,根据对外资本开放程度不同江浙皖赣分化为两个集团,即为江浙和皖赣。由图8.7知,2007年末,皖赣外商直接投资趋于相同,明显低于江浙。江苏省外商直接投资额遥遥领先于浙江省、安徽省与江西省,1995年,已经达到了50亿美元,而浙江省则在2003年才达到,安徽省和江西省在2007年末才近40亿美元。从外商直接投资额增长态势看,江苏省增长势头明显,而皖赣则呈现平稳趋势发展。

加入WTO后,江浙皖赣对外投资开放程度的差距逐步扩大。由图8.7知,以2001年为临界点,1990～2001年,江浙皖赣四省外商直接投资大体为平行发展,2001～2007年,四省外商直接投资则呈发散状发展。江苏省和浙江省的外商直接投资快速增长,外商直接投资加速了本地区经济发展;安徽省与江西省外商直接投资增速缓慢,外商直接投资对本地的经济发展贡献度较低。当然,这只是反映了一种现象,而隐含在这种现象背后的原因是多方面的,尤其是沿海地区的政策扶持不能不认为是导致这种现象产生的重要原因之一,因而不能认为皖赣两省不努力。

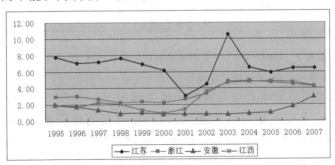

图8.8　1995～2007年江浙皖赣外资依存度示意图(单位:%)

注:数据来源于四省各期统计年鉴。

比较皖赣,江西省投资开放程度高于安徽省。以外商直接投资与GDP之比,作为衡量投资开放程度的另一指标。由图8.8知,江苏省外资依存度一直处于较高水平,1995～2007年,处于6%以上的水平,说明江苏省外资利用程度较高。以2001年中国加入WTO为临界点,1995～2001年,江苏省外资依存度在7%左右,远高于浙江、安徽和江西三省的外资依存度。2001年以前,安徽省、江西省和浙江省的外资依存度类似,均在2%左右;2001年以后,江西省和浙江省抓住机会,大力提高外资利用水平,其外资依存度达到5%左右,安徽省则在2005年开始提高其外资依存度,2007年末,达到3.1%。从外资依存度看,安徽省利用外商投资水平在四省中最低,而江西省与浙江省处于第二层次。

3. 资本开放程度比较

近年来,江浙皖赣四省资本开放程度逐年提高。以全社会固定资产投资中的利用外资额衡量资本对外开放的绝对程度,2004年,江苏省利用外资额为626.3亿元,到2007年达1255.9亿元,增长了近2倍;浙江省从2004年至2007年利用外资额由193.8亿元增长到318.9亿元;安徽省利用外资额从2004年的31.8亿元,提高到2007年的90.1亿元;江西省利用外资额从2004年的90.6亿元,提高到2007年的108.3亿元。

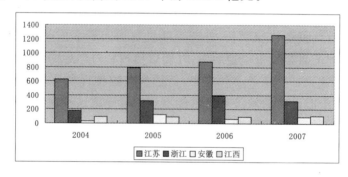

图8.9 2004~2007年江浙皖赣利用外资额柱状图(单位:亿元)

注:数据来源于各期《中国统计年鉴》。

江浙皖赣四省资本开放程度的地区差异明显。由图8.9知,2004年,江浙皖赣利用外资额的绝对值相差巨大,江苏省利用外资额是浙江省的3倍多,是安徽省的近20倍,是江西省的近7倍;2007年,江苏省利用外资额是浙江省的近4倍,是安徽省的近14倍,是江西省的11倍多。从增长速度看,江苏省在2004~2007年期间,利用外资额逐年提高,浙江省利用外资额增长不明显,安徽与江西利用外资额则在低位徘徊。从绝对量及增长速度看,江苏省利用外资的能力高于安徽省与江西省,说明安徽省、江西省确实与江苏省存在资本开放程度方面的明显差异。

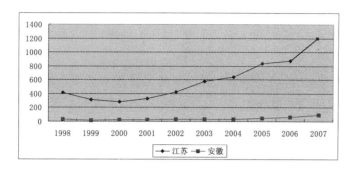

图 8.10　1998～2007 年江苏省与安徽省利用外资份额折线图(单位:亿元)
注:数据来源于相关省份各期统计年鉴。

对比江苏省、安徽省长期利用外资的份额,其对外资的开放程度差距很大。由图 8.10 知,江苏省利用外资额从 1998 年的 400 亿元,快速增加到 2007 年的 1200 亿元;而安徽省利用外资额 1998～2007 年一直在 100 亿元以下。从长时间段看,安徽省与江苏省利用外资的能力差距甚大,安徽省需要提高对外资的开放能力。

安徽省应加速发展外资经济。资本依存度是利用外资在全社会固定资产投资中占比,可以很好地衡量一个地方的对外资的开放程度。从资本依存度看,安徽省对外资的开放程度明显落后于其他三省。由表 8.7 知,2007 年,江苏省资本依存度为 0.0905,浙江为 0.0325,江西为 0.0309,安徽为 0.0173,安徽最低;而 2004～2007 年,江苏省基本维持在 0.09 以上,浙江和江西在 0.04 左右,而安徽则在 0.02 上下徘徊。因此,无论是从利用外资总量、利用外资增幅,还是从资本依存度看,安徽省对外资的开放程度都过低,发展滞后,这严重制约了安徽经济的发展。加快提高资本开放程度,提高利用资本投资水平,是安徽省的必然选择。

表 8.7　2004～2007 年江浙皖赣资本依存度

年份	江苏	浙江	安徽	江西
2004	0.0928	0.0309	0.0161	0.0530
2005	0.0925	0.0456	0.0487	0.0429
2006	0.0812	0.0459	0.0159	0.0348
2007	0.0905	0.0325	0.0173	0.0309

注:资本依存度由《中国统计年鉴》相关数据折算。

第三节 四省制度与增长的实证研究

为了进一步分析制度因素对江浙皖赣经济发展差异的影响,现采用面板数据的固定效应变系数模型,对江浙皖赣的制度变迁与经济增长之间进行计量分析。

一、对江浙皖赣经济增长趋势的分析

江浙皖赣经济持续增长。以人均 GDP 的增长率衡量地区经济增长。江浙皖赣 1978 年人均 GDP 设定为 100,经过可比价格折算,计算得到各地区实际人均 GDP 相对于 1978 年基值的增长指数,参见图 8.11。江苏省由 1993 年不到 500,增长到 2007 年的 2500 左右;浙江省由 560 增长到 2700;安徽省与江西省由 1993 年的 320 上下,增长到 2007 年的 1200 左右。这说明,近年来,江浙皖赣人均产值持续提高,且有加速提高的趋势。

江浙皖赣经济增长差距加大。由图 8.11 知,相对于 1978 年人均 GDP 基值,江浙皖赣在 1993 年差距较小,江苏省经济增长指数为 480,浙江省为 560,安徽省与江西省在 320 左右。但是,到 2007 年,江浙皖赣的增长差距扩大,江苏省增长指数为 2421,浙江省为 2746,安徽省为 1368,江西省为 1151;江苏省与浙江省的经济增长指数几乎平行提高,安徽省与江西省的经济增长指数也平行提高。其中,江苏省和浙江省成为第一层级,安徽省和江西省与其的差距逐渐拉大。江浙皖赣地区经济增长差距呈扩大趋势。

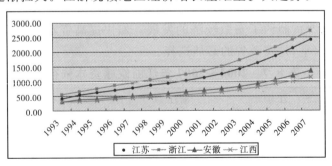

图 8.11　1993~2007 年江浙皖赣实际人均 GDP 增长率

注:数据来源于各省历年统计年鉴及相关折算。

二、实证研究设计

为了对制度与增长进行计量经济分析,首先要选取合适的变量进行分析。

经济增长指标用江浙皖赣各地区人均实际 GDP 的增长率表示,记为 y。对制度变量的选择,根据前面制度因素比较研究,采用 3 个指标:①所有制指标(ins1),为全社会固定资产投资中国有资产比重;②市场化指标(ins2),为私营企业就业人数占城乡就业总数的比重;③对外开放指标(ins3),为进出口总额占生产总值的比重即对外贸易依存度。数据区间为 1993~2007 年。以上指标,均来自于江浙皖赣各地区的统计年鉴。

考虑到江浙皖赣的地区差异,本书采用面板数据模型中的固定效应变系数模型,实证分析制度因素对江浙皖赣经济增长的影响。建立如下计量经济模型:

$$\log y_{it} = c + \alpha_i + \beta 1_i \log(ins1)_{it} + \beta 2_i \log(ins2)_{it} + \beta 3_i \log(ins3)_{it} + \varepsilon_{it}$$

其中,i 为地区代码,表示江苏、浙江、安徽、江西;t 为时间区间,1993~2007 年;c 是截距项;α 代表各地区无法衡量的个体差异;β 是待估计的系数。

三、变系数方程估计

由于江浙皖赣的制度环境、起始增长条件、资源禀赋等存在差异,导致在面板数据的"固定效应变系数模型"中,可能存在横截面异方差和同期相关等,故采用相应的"GLS 法"(cross-section SUR)对模型进行估计。详见表 8.7。

"固定效应变系数模型"较好地拟合了江浙皖赣的制度与增长之间的关系。由表 8.7 知,"固定效应变系数模型"中估计参数的 t 检验非常显著,说明制度因素对经济增长具有良好的解释力。方程估计的拟合优度 R^2 及其调整的 R^2 均达到 0.99 以上,表示该模型估计拟合度很高。在表 8.7 中,安徽省所有制与经济增长的估计系数不显著,江西省对外开放程度与经济增长的估计系数不显著。

表 8.7　固定效应变系数模型估计结果

地区 i	Variable	Coefficient	Std. Error	t-Statistic	Prob.
	C	7.5128	0.1920	39.1338	0.0000
江苏	β1	-0.2803	0.0352	-7.9526	0.0000
浙江		-0.4625	0.1622	-2.8513	0.0066
安徽		-0.1838	0.1614	-1.1389	0.2609
江西		-0.8926	0.3013	-2.9623	0.0049
江苏	β2	0.2843	0.0254	11.2098	0.0000
浙江		0.2395	0.0708	3.3814	0.0015
安徽		0.2402	0.0387	6.1979	0.0000
江西		0.2166	0.0609	3.5561	0.0009
江苏	β3	0.1322	0.0558	2.3673	0.0224
浙江		0.3871	0.1288	3.0041	0.0044
安徽		0.3860	0.1391	2.7757	0.0081
江西		0.0478	0.1118	0.4281	0.6707

注：$R^2=0.99$

四、计量结果分析

江浙皖赣的制度因素对经济增长作用具有明显的差异。从所有制因素对经济增长影响作用看，江浙的国有经济对经济增长的约束较小，而江西的国有经济对经济增长的约束较大。从所有制弹性系数看，江西的固定投资所有制对经济增长弹性系数的绝对值高达 0.8926，而江苏、浙江则为 0.2803、0.4625。

从市场化程度与经济增长看，市场化程度提高与各地区经济增长均成正相关关系。江苏省市场化对经济增长促进作用最高为 0.2843，其次是安徽省、浙江省、江西省，分别为 0.2395、0.2402、0.2166。

五、实证研究小结

结合江浙皖赣的经济增长差异及制度与增长的计量分析结果，可以揭示出江浙皖赣制度与增长之间的内在互动特征：

一是江苏省与浙江省发展经济的体制机制，转变为依靠非国有企业所有制改革以及经济市场化程度。

二是安徽省与江西省的经济发展，依然受制于国有企业改革及对外贸易，对外贸易对皖赣经济增长的贡献逐渐突出。

第四节 本章小结

本章在制度经济学、区域经济学及其相关理论的基础上,通过大量数据及指标,较为翔实地比较和分析了江浙皖赣四省的制度变迁情况,并采用"固定效应变系数模型",深入研究了制度与经济增长之间的关系。得到的主要结论有:

(1)江浙皖赣的制度发展存在较大差距。从所有制结构看,无论是固定资产投资、工业增加值,还是工业各所有制主体结构,均显示出江浙皖赣的国有比重正逐步下降,但是,依然存在差距,并且,这种差距是显著的、突出的。从市场化程度看,市场化指数及企业市场化程度等指标,均表明江苏与浙江的市场化发展较好较快,而安徽与江西的市场化发展则较差较慢。从对外开放程度看,进出口总额、外商直接投资、利用外资的固定投资等指标,表明江浙皖赣的绝对开放程度在提高,但相对差异仍很大,江浙对外开放程度高,皖赣对外开放程度低。从外贸依存度、外资依存度、资本依存度等指标看,安徽与江西确实需要进一步快速提高对外开放程度。

(2)制度差异对江浙皖赣经济发展的作用显著。从实际人均 GDP 增长率看,皖赣与江浙的经济发展水平差距逐步扩大,江苏与浙江成为第一层级,安徽与江西成为第二层级。所有制环境对江浙皖赣经济发展的作用存在差异,国有企业改革对江苏和浙江的经济发展具有较大正面影响,但江西的经济发展受到国有企业改革的制约。市场化程度对江浙皖赣的经济影响具有差异,江苏与浙江是高市场化水平与高经济增长并存,江苏的市场化发展对经济增长作用最为显著。对外开放程度的不同造成了江浙皖赣的经济发展差异,江苏与浙江同时具有较高的外贸依存度和较高的经济发展水平,安徽与江西则对外开放程度低、经济发展水平低。

(3)江苏与浙江已经建立了以市场机制为基础的经济发展模式。市场化指数及企业市场化程度,清晰表明江苏与浙江已经处于较高水平的经济市场化水平。从所有制看,江苏与浙江的经济发展水平已经较少地受到国有企业改革的制约,非国有经济对江苏与浙江的经济发展的推动作用愈加明显。从市场化看,企业市场化对江苏和浙江的经济发展的作用越来越强。外贸依存度对江苏和浙江的经济发展的相对重要性在下降,说明江苏和浙江的经济发展模式已经从过度依赖对外贸易,逐步转变为主要依托市场机制。

(4)促进制度改革是安徽与江西发展经济的有效途径。江苏与浙江的发展经验表明,制度环境的改变对于地区经济发展具有强大的促进作用。安徽与江西都具有私营经济发展不足、市场化程度不高、对外开放程度低的制度特征,与其经济增长缓慢并存。研究表明,国有制经济比重与地区经济增长率成负相关关系,市场化程度、对外开放程度与地区经济增长率呈正相关关系。因此,加速制度环境改革是促进安徽与江西经济快速发展的有效途径。

案例:嘉兴城市发展的制度分析

在地区经济发展中,制度无疑是众多驱动因素中最为关键的因素。制度不仅可以改变投入要素的组合效应,也可以激发劳动创新和技术进步。制度在微观层次上表现为企业组织模式、员工行为准则等,在区域经济上表现为企业所有制、对外开放程度。在特定的转型经济环境中,制度因素对地区经济具有极大的促进作用。在我国,地区发达体现在民营经济发达和外贸经济发达上,而中西部等落后地区则表现出民营经济和外贸经济欠发达。嘉兴市是浙江一个典型的发达城市,会不会表现出经济发展的制度因素?且见下文分析。

一、嘉兴市发展概况

图 8.12 嘉兴市地理位置图

嘉兴市为浙江省省辖市,下设南湖区、秀洲区,辖嘉善、海盐2个县以及平湖、海宁、桐乡3个市(县级市)。嘉兴市有建制镇47个、街道24个、城市社区218个、城镇社区108个、居委会9个、行政村858个。2009年末,全市户籍人口为339.60万人,全市生产总值为1917.96亿元。

嘉兴市地处长江三角洲的杭嘉湖平原,位于东经120°18′至121°18′,北纬30°15′至30°31′,东北邻上海,西南连杭州,西北接湖州、苏州,东南濒杭州湾、钱塘江口,北倚太湖,拥有121公里海岸线,可建港口的海岸线达数十公里,是上海经济区的黄金地带之一。

国民经济稳定增长。"十一五"以来,嘉兴市经济运行总体保持平稳增长的良好态势,综合实力和经济增长质量进一步提高。2009年,全市GDP达1917.96亿元,比2005年增长了65.4%,年平均增长13.4%,高于国家规划目标0.4个百分点。其中,第一产业增加值为107.01亿元,年平均增长6.1%;第二产业增加值为1111.74亿元,年平均增长13%;第三产业增加值为699.21亿元,年平均增长15.5%。人均GDP按户籍人口计算,由2005年的34706元提高至2009年的56605元,比2005年增长63.1%,年平均增长13%,折合美元已达8286美元。2009年,全市财政收入为279.35亿元,其中地方财政收入为141.7亿元,同"十五"期末相比,均增长1.1倍;地方财政支出161.11亿元,同"十五"期末相比,增长1.2倍。

社会事业全面进步。2005年以来,在经济快速增长的带动下,各项社会事业全面进步。2009年,全市城市居民人均可支配收入为24693元,农民人均纯收入为12685元,年均分别增长11.1%和12.2%,城乡居民人均收入比由2005年的2.02:1缩小到2009年的1.95:1。2009年,全市工业企业、民营科技企业、软件开发单位等各类企业共筹集科技活动经费达64.26亿元,比上年增长5.3%,全市科技活动经费支出达63.64亿元,增长9.5%,其中用于研发的科技经费支出(R&D)达到35.24亿元,增长9.6%,全市研发经费支出占GDP的比例由去年的1.77%提高到1.84%。2009年,全年获得市级以上各类科技成果109项,专利授权量5234项,比2005年增长2.6倍。全市高标准普及15年教育,高等教育不断取得进步,高考上线率全省领先。全年全市获省级以上荣誉的各类文艺作品180余件,其中《种植新文化,建设新农村》荣获国家级奖项。2009年,全市拥有医疗卫生机构1370个,医院及卫生院床位数为1.28万张,医生与注册护士数为1.48万人,分别比2005年增长了83.6%、15.0%、38.7%。

二、对非公经济发展的分析

制度是一系列规则,可以节约交易成本,是经济发展的重要因素。在微观层面上,制度因素常常表现为企业的所有制。在区域层面上,区域制度则表现为经济所有制,包括国有制、集体制和私人制等。在此,我们从工业、固定资产和劳动力就业三个角度分析嘉兴经济发展中的制度变化。

1. 工业经济的制度分析

嘉兴市工业发展迅速。改革开放以后,嘉兴市工业迅速发展。1985年嘉兴市区500万元以上工业总产值仅为15.9亿元,到1990年工业总产值为34.6亿元,1999年突破百亿元大关。2007年嘉兴市规模以上工业总产值达到801亿元。改革开放30多年来,嘉兴市的工业得到了巨大发展。

制度转变推动了工业发展。在工业得到巨大发展的同时,嘉兴市的企业制度结构也发生了变化。从某种程度上看,制度变革推动了嘉兴市的工业发展。一方面,国有经济和集体经济的产值比重在不断下降,另一方面,以个体、民营、外资为主体的所有制经济的产值比重在不断提高。改革开放之初,与全国各地类似,嘉兴市的公有经济比重高。1985年嘉兴市区规模以上工业总产值中,国有经济占比为52.68%,集体经济占比为46.77%,而其他经济占比仅为0.55%。1992年以前,在邓小平南方讲话之前,嘉兴的非公有制经济发展均较慢。1992年,嘉兴市区规模以上工业总产值中非公成分占比为7.39%,到1993年该比重提高到14.96%。此后,嘉兴的非公经济得到了快速发展。1999年嘉兴市区规模以上工业总产值的非公经济比重为56.61%,2004年该指标达到了历史最高,为98.74%。2007年嘉兴市市区规模以上工业总产值的非公经济比重达87.44%。历史经验表明,制度变革和嘉兴市的工业发展成就是分不开的。

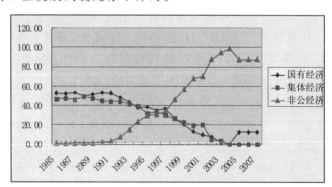

图8.13 1985~2007年嘉兴市区500万元以上工业总产值的制度结构图

注:1995年数据为新规定,单位:%。

非公工业企业发展良好。2007年,嘉兴市500万元以上独立核算其他经济类型工业企业单位个数为5916个,其中亏损单位仅为629个,年末资产总计29773570万元,年末负债总计18115795万元,平均资产负债率为60.8%,利润总额为1555731万元,利税总额为2577450万元。2010年,嘉兴市第二次经济普查结果表明,在工业企业法人单位中,国有企业及国有独资公司有47个,占0.2%;集体企业有237个,占0.9%;私营企业有23570个,占86.1%;港、澳、台商投资企业有1032个,占3.8%;外商投资企业有1414个,占5.2%;其他类型企业有1060个,占3.9%。

2. 固定投资的制度分析

嘉兴市固定资产投资加速发展。20世纪90年代以来,嘉兴市固定资产投资进入了快速发展时期。1990年,嘉兴市全社会固定资产投资完成额为24亿元,市区全社会固定资产完成额为7.66亿元。1998年,嘉兴市全社会固定资产投资完成额提高到172亿元,市区全社会固定资产完成额为96亿元。之后,嘉兴市的固定资产投资呈现了加速发展的趋势。2007年,嘉兴市全社会固定资产投资完成额为900亿元,市区全社会固定资产完成额为320亿元。

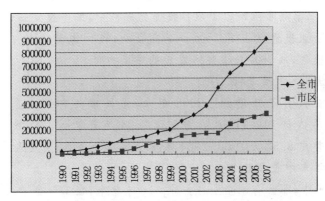

图 8.14　嘉兴市全社会固定资产投资完成额度图

注:数据来自嘉兴市统计年鉴,单位:万元。

表 8.8　2007 年嘉兴市投资项目固定资产投资额度表

项目	金额(万元)	占比
国有控股	1936779	0.2683
集体控股	372257	0.0516
私人控股	3299565	0.4571
港、澳、台控股	536050	0.0743
外商控股	1073808	0.1488
投资合计	7218459	1.0000

注:数据来自《嘉兴市统计年鉴》。

固定投资的非公因素地位显著。在嘉兴地区,非公经济在工业发展中占据了显著的地位,民营经济和外资经济占据了重要地位。同样,在社会固定资产投资中,非公经济也起到了重大作用。2007年,嘉兴市投资项目固定资产投资额为7218459万元。其中,国有控股为1936779万元,集体控股为372257万元,私人控股为3299565万元,港、澳、台控股为536050万元,外商控股为1073808万元。数据表明,私人控股在嘉兴市投资项目固定资产投资额中占一定比重,其所占比重为45.71%,港、澳、台控股和外商控股的投资项目固定资产投资额分别为7.43%和14.88%。2009年,嘉兴市非国有经济固定资产投资(全社会中扣除纯国有投资部分)达887.1亿元,占全社会固定资产投资比重是71.9%。由此可见,非公经济已经成为嘉兴市固定投资的主要力量。

2007年,嘉兴市限额以下项目投资完成额为562180万元,国有及国有控股企业投资为46382万元,非国有投资为515798万元,其中民间投资有479412万元。2007年,嘉兴市限额以下项目投资完成额中,民间投资占85.28%,国有及国有控股企业投资仅占8.25%。事实证明,民间力量主导了嘉兴市的社会固定资产投资,成为嘉兴市经济发展的中坚力量。

3. 劳动就业的制度分析

工业就业人员不断增加。2008年末,嘉兴市共有工业企业法人单位27360个,从业人员119.77万人,分别比2004年末增长了43.8%和13.9%。工业个体经营户8.52万户,比2004年末下降了1.4%,从业人员达35.6万人,比2004年末增长了0.2%。

工业企业中,非公有制企业占主导。2004年末,在工业企业法人单位就业人员中,国有企业及国有独资公司占0.8%,集体企业占1.7%,港、澳、台商投资企业、外商投资企业占27.6%,私营企业占57.6%,其他类型企业占12.3%,非公有企业法人单位就业人员合计占比为97.5%。2008年末,在工业企业法人单位从业人员中,国有企业及国有独资公司占0.6%,集体企业占0.5%,私营企业占57.5%,港、澳、台商投资企业占10.9%,外商投资企业占20.2%,其他类型企业占10.3%,非公有企业法人单位就业人员合计占比98.9%。这表明,在工业企业法人单位从业人员中,非公有制企业占据主导地位。

在建筑业法人企业单位就业人员中,非公有制企业占绝对主导地位。2004年末,嘉兴市共有建筑业法人企业单位535个,就业人员有10.86万人;建筑业个体经营户有5159户,就业人员有2.87万人。2008年末,嘉兴市共有建筑业法人企业单位774个,从业人员有19.76万人;建筑业个体经营户有8366户,从业人员有3.59万人。

2004年末,建筑业企业法人单位就业人员中,国有企业及国有独资公司占0.7%,集体企业占2.5%,私营企业占69.8%,其他有限责任公司占19.1%,其他类型企业占7.9%。2008年末,建筑业企业法人单位从业人员中,国有企业占0.3%,比2004年下降了0.4个百分点;集体企业占0.5%,比2004年下降了2个百分点;私营企业占81.2%,比2004年上升了11.4个百分点;其他有限责任公司占9.6%,其他类型企业占8.4%。由此可见,嘉兴建筑业法人单位就业人员中,私营企业等主导地位日益突出。

在第三产业就业中,非公企业地位显著提升。2004年末,嘉兴市共有房地产企业法人单位754个,房地产个体经营户507户,就业人员791人。2004年末,在住宿和餐饮业企业法人单位从业人员中,非公企业占比为93.5%,其中国有企业占3.5%,集体企业占3.0%,私营企业占58.6%,港、澳、台商投资企业占3.5%,外商投资企业占3.2%。2004年末,在批发和零售贸易业法人企业就业人员中,非公企业占比为83.1%,其中国有、国有联营和国有独资公司共占6.6%,集体、集体联营和股份合作企业共占10.3%,私营企业占58.2%,港、澳、台商投资和外商投资企业占0.2%,其他类型企业共占24.7%。到2008年末,在批发和零售业企业法人单位从业人员中,非公企业占比为93.8%,其中国有企业占2.9%,集体企业占3.3%,私营企业占65.5%,港、澳、台商投资企业占0.9%,外商投资企业占1.3%。

三、对外开放发展分析

对外开放对发展中地区具有特别意义。一方面,对外贸易提高了地区开放度,促进技术和管理的转移;另一方面,对外开放增加了地区资本投入,引导人力资源合理流动和企业资源重新配置。对外开放在微观上表现为资源的国际配置,在宏观上表现为地区的制度革新。对外贸易、外资投资、利用外资等直接推动了地区的快速发展,这在浙江等地区早已被证明。

1. 贸易开放分析

近年来,嘉兴市对外贸易量不断提高。1997年,嘉兴市进出口总值为13.86亿美元,1999年提高到17.83亿美元,之后进出口值不断上升,2006年,突破100亿美元,达到126.53亿美元,2007年,嘉兴市进出口值达到161.1亿美元。2008年,进出口总值为198.33亿美元,增长了23.1%。1997年以来,嘉兴市对外贸易总量不断突破新目标,有力地促进了该地区的经济发展,成为该地区经济增长的主动力。

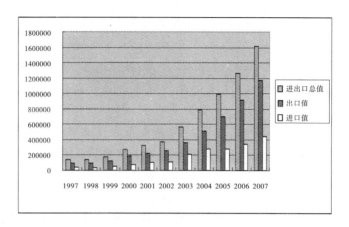

图 8.15 1997～2007 年嘉兴市进出口值图

注：单位：万美元。

进口和出口贸易量也不断攀升。1997年，嘉兴市进口值为9.37亿美元，出口值为4.49亿美元；2001年，嘉兴市进口值超越20亿美元，达到22.17亿美元，出口值突破10亿美元，提高到10.52亿美元。之后，嘉兴市进、出口值一路攀升，2003年，嘉兴进、出口值分别超过36亿美元和20亿美元，2006年，嘉兴进、出口值分别超过91亿美元和34亿美元，2007年，嘉兴进、出口值分别提高到116亿美元和44亿美元。2008年，全市出口总值为141.04亿美元，增长了20.8%；进口总值为57.29亿美元，增长了29.1%。从总体上看，嘉兴市出口大于进口，出口是该市对外贸易的主要形式。进出口总量不断提高，充分带动了嘉兴市产业的不断发展和经济快速增长。

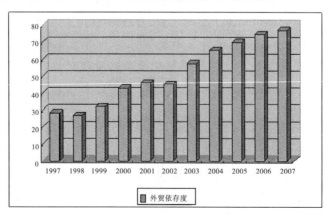

图 8.16 1997～2007 年嘉兴市外贸依存度柱状图

注：单位：%。

外贸依存度快速提高。外贸依存度是进出口总值与GDP的比值,可以很好地衡量地区对外经济发展水平。1997年,嘉兴市外贸依存度不足30%,1999年,该市外贸依存度提高到32%以上,2000年提高到43%,2003年该指标提高到57%,2004年提高到63%,2007年上升到77%以上。近年来,嘉兴市对外贸易依存度不断提高,这说明,对外贸易已经是嘉兴市经济增长的主动力,是嘉兴市发展的基本来源,也说明对外开放程度在不断地提高。嘉兴市的经济发展与对外贸易存在根本联系。

受金融危机影响,近来嘉兴的对外贸易量有所下降。美国金融危机引发的经济危机,促使部分国家实行贸易保护政策,严重影响到国际贸易的发展。2009年,嘉兴市进出口总值为172.05亿美元,同比下降了13.3%,其中出口总值为123.41亿美元,下降了12.5%;进口总值为48.64亿美元,下降了15.1%。

2. 投资开放分析

利用外资水平加速上升。1990年,嘉兴市实际利用外资额仅为133万美元,之后不断提高,但是增长有限。直到1997年嘉兴实际利用外资数额也十分有限,仅为1.45亿美元。1998年和1999年受到亚洲金融危机影响,实际利用外资额有所下降。进入21世纪,嘉兴市实际利用外资水平不断上升,2001年实际利用外资额2.7亿美元,2002年提高到4.4亿美元,2003年上升到7.9亿美元,2004年为10.22亿美元,2007年达到16.23亿美元。嘉兴市实际利用外资出现了两个特点,一是实际利用外资总量不断攀升,一是近年来的实际利用外资额出现了加速上升的情况。对外资本开放程度加速提高,必将为嘉兴市的产业升级、企业管理水平的提高等提供支撑。

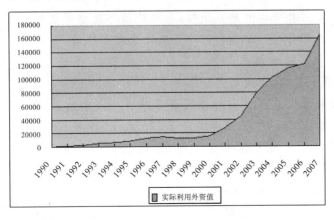

图8.17 1990~2007年嘉兴市实际利用外资值示意图

表 8.9 嘉兴市实际利用外资总量与结构表

年份	实际利用外资额（万美元）				比重（%）		
	总量	第一产业	第二产业	第三产业	第一产业	第二产业	第三产业
2003	79683	162	75173	4348	0.20	94.34	5.46
2004	102187	637	96667	4883	0.62	94.60	4.78
2005	115666	1350	104548	9768	1.17	90.39	8.45
2006	122178	125	105424	16629	0.10	86.29	13.61
2007	166228	2860	143753	19615	1.72	86.48	11.80

实际利用外资的产业结构不断优化。从2003年到2007年，嘉兴市实际利用外资投放产业主要集中于非农产业，尤其是第二产业。2003～2005年，嘉兴市实际利用外资额投放在第二产业的比重达90%以上，2006～2007年，第二产业实际利用外资占比也高达86%。2003～2007年，嘉兴第一产业实际利用外资比重最低，徘徊于1%左右，第三产业实际利用外资比重在5%～13%之间波动。工业是嘉兴市利用外资的主要产业，外资为嘉兴市工业发展和区域经济增长作出重要贡献。

对外资本依存度呈现新趋势。对外资本依存度是实际利用外资与当年GDP的比值，能充分衡量对外资本开放水平。1990年以来，嘉兴市对外资本依存度呈现了四个阶段。第一阶段是低水平提高，1990～1997年，嘉兴市对外贸易依存度不断提高，但是处于3%以下的水平，这一时期的对外资本开放程度较低。第二阶段是1997～2000年，这一时期受到亚洲金融危机影响，延缓了嘉兴市对外资本开放的进程，其对外依存度水平仍然低于3%。第三阶段是2001～2005年，嘉兴市对外资本开放水平提高，由不到4%快速提高到8%以上，其顶峰达到8.44%。第四阶段是2005年以后，对外资本依存度有所下降，趋于平稳，但是处于高位运行。

国际金融危机对嘉兴市对外投资开放有一定影响。2008年，全市新批外商投资企业有242家，比上年减少了175家；2009年，全市新批外商投资企业有255家，比上年增加了13家。2008年，全市合同利用外资额为22.87亿美元，下降了33.0%，到2009年合同利用外资额为26.23亿美元，同比增长15.0%。2008年，嘉兴实际利用外资额为13.60亿美元，增长了13.0%，但是到2009年实际利用外资额为13.35亿美元，下降了2.0%。

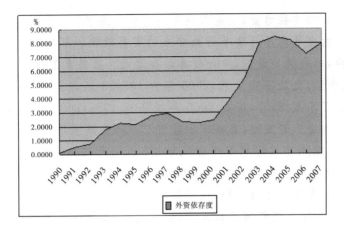

图 8.18 1990～2007 年嘉兴市外资依存度示意图

四、总结

从早期的制度学派到当世流行的新制度主义,都把目光集中到制度的经济效应上。在经济发展的不同阶段,不同类型的制度对经济增长的促进效应是不同的。从历史的角度看,马克思早已详细地论述了制度在经济历史中的演变。从国际角度看,发达国家的经济制度也不尽相同,制度是一系列复杂的体系。在我国发展历程中,制度与地区经济发展的关系也出现了重大的变化。嘉兴是我国改革开放较早的城市,制度变革与经济发展的经验可以为落后地区带来一些启发。

嘉兴市也度过了一个经济体制转型的阶段。早在 1985 年,嘉兴就是个典型的国有经济比重大的城市,在其市区规模以上工业总产值中,国有经济占比为 52.68%,集体经济占比为 46.77%,而其他经济占比则为 0.55%。小平同志南方讲话之后,嘉兴市抢抓机遇,其非公有制经济快速发展。1993 年,嘉兴市区规模以上工业总产值中,非公成分占比提高到 14.96%,1999 年,达到 56.61%,2007 年为 87.44%。从城市固定资产投资方面看,嘉兴市非公经济已经起到支柱作用。2009 年,嘉兴市非国有经济固定资产投资(全社会中扣除纯国有投资部分)为 887.1 亿元,占全社会固定资产投资比重为 71.9%。非公经济也是劳动就业的主要去处。2008 年末,在工业企业法人单位从业人员中,嘉兴市非公有企业法人单位就业人员合计占比为 98.9%。同样,非公经济在建筑业、第三产业等领域也是吸纳劳动就业的主要力量。事实表明,如今嘉兴市的非公经济不仅是促进工业发展的主推力量,是社会固定资产投资的支柱力量,也是解决劳动力就业的主导力量。

嘉兴市的发展离不开改革开放带来的贸易政策。早期嘉兴市与其他国内城市一样,对外贸易量低,对外贸易依存度低。嘉兴市1997年进出口总值为13.86亿美元,之后不断上升,2008年为198.33亿美元。1997年,嘉兴市外贸依存度还不足30%,但是2000年提高到43%,2007年上升到77%以上。在实际利用外资方面,嘉兴市也经历了一个由低水平到高水平的发展过程。1990年,嘉兴市实际利用外资仅为133万美元,2001年则达到2.7亿美元,2007年提高到16.23亿美元。嘉兴市实际利用外资的结构也经历了一个工业优先到发展农业的过程,说明利用外资的水平和质量不断在提高。总体上,嘉兴市利用外资经历了低水平、快速增长、高位稳定的过程。良好的对外贸易发展与本地区的经济发展能起到互相促进、互为补充的作用。

第九章 区域政策分析

城市化是一个国家或地区经济社会现代化进程中重要的结构转换,反映了人口集聚与产业集聚等状况,也是城市发展与经济增长在空间上的具体表现。城市化的速度提升体现了区域经济增长的活力和发展势头。因此,区域经济增长与城市化进程呈现相互促进的累积效应。

城市化的进程与区域经济政策联系密切。区域经济政策作用的对象也主要以聚集在某一区域的城市为载体,城市化进程是区域经济发展的核心。因此,城市化是区域经济政策的效果之一,积极的区域经济政策可以促进城市化的进程。同时,城市化带来的城市经济具有辐射作用,城市经济不仅对所在区域具有凝聚力和吸引力,按照社会分工的要求,对周围区域还产生辐射和带动作用。

第一节 区域经济政策功能

一、区域政策、区域发展及相互关系

"区域政策"是一个被广泛使用而理论上又没有严格界定的概念。从各种文献来看,至少存在以下三种不同的认识:一种是,凡是政府采取的对不同地区的发展具有不同影响,进而对区域发展格局的形成发挥重大作用的政策,都可归属为区域政策。这是最广义的认识,按照这种认识,不仅具有明确区域空间限定的政策属于区域政策,而且一些全国普适性政策也可能会被包含进来。另一种是,凡是政府针对部分地区实施的政策,都属于区域政策。相比第一种,这个界定的范围有所缩小,基本剔出了那些属于全国普适性但对不同区域有不同影响的政策,更多关注政策对象的空间范围,而不是政策实施的背景、目的或效果。第三种是特指政府针对一些特殊区域的问题、矛盾或困难所采取的政策。相比而言,这个定义范围更窄,它把那些具有明确区域范围限定但又不是为解决区域特殊问题所施行的政策排除出去,比如改革开放过程中实行的各类特区、开发区政策等。从中国的实际情况出发,我们采用第二种界定来概括、总结中国区域政策的内容、效果和前景。

按照这种认识,我们可以把中国改革开放以来的区域政策分为三类:一类是作为国家总体发展战略重要组成部分的区域政策,比如东部率先发展、西部大开发、东北振兴及中部崛起等。另一类是作为改革开放先行区和试验田的区域政策,比如改革开放初期对广东、福建两省实行的"特殊政策,灵活措施",以及经济特区、经济技术开发区、高新技术开发区等各类开发区政策等。再就是针对各类问题区域、特殊功能区域实行的政策,比如针对自然保护区、水源保护地、资源枯竭型地区、贫困区域的政策等。

分析区域发展主要有两个角度:一是区域之间的关系,二是特定区域的发展状况。区域之间的关系包括区域之间发展差距的情况、区域产业分工合作的情况和国家区域发展重心、格局等。对特定区域发展情况的分析也可以从不同的角度、根据不同的目的进行分类考察,比如重点区域发展状况、特殊功能区发展状况等。

另外,分析区域政策不能仅从区域发展格局的结果来考虑,因为并非所有的区域差距都是区域政策实施的结果。比如,可以设想,即使改革开放初期不采取有利于东部沿海地区加快发展的改革和开放政策,沿海地区的发展也会快于西部地区,这是由区位特点、自然条件、历史社会因素等所决定的。倾斜式区域政策的实施,无疑加大了这种发展条件上的差距。再比如,由于发展基础、发展条件等的不同,即使是完全普适性的宏观调控政策,往往也会对不同区域的发展产生不同的影响。

二、区域经济政策功能

区域经济政策总体上可以区分为宏观区域政策与微观区域政策。宏观区域政策,指的是国家从全局、战略的高度所制定的区域政策,宏观区域政策侧重于从区域经济总体发展的角度,对区域经济发展的指导思想与方针、产业结构,以及实现发展目标的步骤、政策措施等,进行谋划与决策。

具体地说有以下三个方面:

第一,区域经济政策的基本功能就是对全国经济发展进行统筹和协调,指导各个区域的经济发展,把每个区域都纳入全国经济发展之中,充分发挥地区间的优势和潜力,为全国经济发展作贡献。

第二,根据局部利益服从全局利益、短期利益服从长远利益的原则,协调各个区域的经济发展与全国经济发展的关系,以及重点发展区域与其他区域发展的关系;根据平等互利、分工合作、共同发展的原则,协调区域之间经济发展关系,推动区域之间的分工与合作。

第三,根据增强国家凝聚力、促进经济发展和社会进步协调的原则,协调经济发达区域与经济欠发达区域之间的关系,促进欠发达区域的经济发展。

相对于国家层面制定的区域政策,各省、市、县政府也可根据中央的政策制定相应的具体政策,这种政策我们称之为"微观区域政策"。微观区域政策主要体现在弥补市场失灵和规范地方政府行为等方面。

1. 弥补市场在调节区际发展关系上的缺陷

这是微观区域经济政策最基本、最重要的功能。市场对区域经济的调节不可避免地存在着功能缺陷和机制失灵。市场机制失灵主要表现在以下几个方面:

第一,市场机制不能很好反映非竞争性或公共性区域经济活动的社会成本与效益。例如,区域基础设施建设、环境保护等,其个别成本及效益与社会成本及效益的差别往往很大,市场却反映不出这种差异。非竞争性、公共性区域经济活动对区域经济整体发展、可持续发展具有特殊的重要意义,对其巨大的社会成本和效益若不能全面地加以反映,势必影响有关产业投资的积极性。

第二,那些资源耗费量大、对环境有长期负面影响的区域经济活动,其昂贵的社会成本或代价也不可能通过市场直接地反映。

第三,由于区域市场经济主体众多,仅靠市场机制,很难保证各个区域和全社会供求关系自动保持大致的平衡。

还有一个更为重要的方面,即市场机制不能自动控制或消除区际差异和实现比较充分的就业。

2. 规范地方政府对区域经济的调控和管理行为,协调区际关系

区域经济政策由于其规范性和法制化,能够对地方政府的经济管理和调控行为进行明确的规范,从而可以较为有效地避免或防止地方政府在本地区经济发展的管理与决策中,因地方局部利益的驱动而出现损害全国整体或其他地区利益的行为偏差。

在这方面,市场显然是无能为力的。市场机制这只"看不见的手",对于全国及各地区资源的优化配置和利用,对于发挥各个区域的优势,对于区域产业结构的升级与优化,以及区域产业组织的合理化等等,虽具有基础性的、自动调节的功能,但总是带有一定的盲目性、时滞性。而通过区域经济政策进行直接的有效干预和调控,则可以加快各区域经济发展的进程,并使之做到有序化。可见,推动和加快区域经济的健康有序运行和发展,是区域经济政策的重要功能。

第二节 区域经济政策措施

区域经济政策是国家宏观经济政策在地方尺度上的延伸。其目标是追求经济效率与社会公平之间的平衡。在促进地区经济发展的总目标下，并在具体目标选择与中央政府制定的各项经济政策保持一致的情况下，地区经济政策必须立足于当地资源禀赋条件和特点，充分发挥区域比较优势，发展特色区域经济。换言之，每个地区在选择其地方经济政策的具体目标时，都必须充分考虑到，要使之与当地所处的经济发展阶段相适应。

上述区域经济目标，需要制定一系列的政策措施去实现。主要包括以下几种：

一、区域补偿政策

区域补偿政策是指为解决区域发展不平衡问题，由中央政府对于欠发达地区财政资金的转移支付和使用地区开发基金的扶持政策。转移支付的核心内容是通过中央财政，以补贴的形式向国内落后地区或问题地区的地方政府提供一些额外的财政资金，弥补这些地区财政能力的不足，为这些地区的居民生活水平的提高和经济增长提供一定程度的帮助。

财政转移支付是世界众多国家和地区用于缩小地区差距的重要手段。我国财政转移支付的主要功能体现在：一是调控地区发展不平衡，支持不发达地区发展和老工业区的改造；二是中央政府借此协调中央与地方的经济关系，缓解中央财政与地方财政发展中的不平衡矛盾；三是中央政府借此进行宏观调控。

二、区域投资政策

与投资相关的区域政策包括财政投资、税收管理、金融信贷、外经外贸等政策，还包括国家直接投资政策、国家间接投资政策。其中，涉及基础建设方面的投资政策，被称为"公共投资政策"。

政府直接投资是拥有基础设施及生产性项目建设投资决策权的中央政府惯用的一项区域经济政策。国家区域投资政策的制定和实施，需要与国家区域产业政策相协调。特别是通过国家区域投资政策建设的生产性项目，只有符合国家区域产业政策的要求，才能收到较为理想的效果。

区域税收政策是世界上大多数市场经济国家的中央政府经常采用的一

种国家区域经济政策。它的核心内容是,在某些特定地区,主要是中央政府希望其得到更快发展的那些地区,通过国家税务部门对这些地区的全部企业或部分企业实行税收减免,为这些地区有关企业的发展提供较好的外部条件、更多的机会,并且增强这些地区对外来投资的吸引力。由于国家区域税收政策不会直接给中央政府带来额外的财政负担,所以在经济发展水平不高、中央财政能力较弱的国家,它往往成为一种最重要的国家区域经济政策。由于国家区域税收政策所支持的对象是某些特定地区的企业,它的实行不仅是以减少中央财政收入为代价,而且会导致不同地区的企业之间的不平等竞争。因此,它只能作为一项临时性的国家区域经济政策来实行。

三、区域产业布局政策

区域产业布局政策是一些国家的中央政府,为了把国家的产业政策区域化而采取的一项国家区域经济政策。国家区域产业政策的基本内容是,中央政府通过对有关区域产业活动的投资和经营的直接或间接干预,将国家产业政策的意图落实到特定地区。最终目的是,促进形成符合中央政府愿望的区域产业分工格局。从本质上讲,产业布局合理化就是建立合理的地区分工关系。产业布局政策从纵向上构成产业政策体系中的重要内容,在横向上表现为区域政策体系上的重要部分。

在市场经济条件下,国家的产业布局政策并非要替代市场机制在资源配置中的基础作用,而是要加强国家宏观调控,以弥补市场机制自身的缺陷。因而除了国家直接投资与基础设施的产业布局导向性政策外,应综合运用各种间接手段,包括编制规划、制定产业政策和各种财政金融政策等一整套以利益为诱导的政策体系去引导、规范、调节和补救企业的投资决策,从而为企业的发展和地区的产业结构调整创造良好的外部环境。在产业布局规划中,确定地区分工要与地区的比较优势结合起来,生产要素配置的疏密程度应该与地区比较优势的分布结合起来。同时,区域比较优势的地区分工还要站在国际分工的视野中来考察。

四、区域发展的影响因素

区域经济发展的因素一般可分为内部增长因素和外部增长因素两大部分。影响区域经济发展的内部因素包括供给因素、需求因素和空间结构三个方面。供给因素就是生产要素的增加。生产效率的提高,一般包括劳动力、资本、技术三个因素,劳动力素质的提高、生产管理的改善、储蓄的增加、技术的进步,都会促进经济增长。需求因素包括消费和投资两方面,消费与投资之和为区域总需求。区域空间结构对经济效率具有制约作用。充分利用集聚经济、区位经济,建立合理的经济结构,可提高经济效率,促进经济增长。

影响区域经济发展的外部因素包括区际生产要素流动和区际贸易。前者包括劳动力迁移、资本流动、技术知识扩散等。影响劳动力迁移的非经济因素(如区位偏好、地理、气候等)与经济因素同等重要,但由于非经济因素难以把握,一般就只考虑经济因素,一个高收入的区域将吸引劳动力迁入。资本则一般由低资本收益率区域流向高收益率区域,当然,资本存量及其不可分割性也会阻碍资本的流动。技术知识则从高度发达地区扩散到其他区域,教育和通讯的改善将有助于技术知识的传播。

本章通过对江浙皖赣四省区域经济发展的因素分析发现,影响区域经济发展的原因主要包括以下几个方面:

(1)劳动力和资本要素的流动性差异。与古典经济学假设不一致的是,劳动力并不能对工资差异迅速做出反应,其反应往往缓慢。工业化地区与农业地区间的差异就是根据这样的观点进行解释的,因为工业产品的收入弹性高于农产品,工业对劳动力的需求增长也就比农业快得多,由于劳动力的这种相对稳定性,这些需求差别可能会导致区域收入长期存在很大差异。同时,资本是最活跃的生产要素,具有较高的流动性。按照这种假设,该区域与其他区域之间出现工资差异,其他区域能以比该区域低的成本进行生产,企业家则会立即在生产要素价格较低的区域寻求劳动力和资本。但是,就劳动力而言,它对生产成本差异的反应存在着极强的刚性,其流动性也非常低。

(2)地理因素的差异。从广义上讲,形成区域差异最普遍的解释当然是地理条件和资源禀赋。经济落后的外围地区在经济发展方面可能存在平均运输成本较高、远离城市中心、缺乏市场信息和与消费者的联系等多方面的劣势。自然资源状况也是相当重要的方面,某些地区曾经或者现在能够从丰富的煤炭、铁矿、原油、天然气以及其他地下矿产资源上获益。若以经济的部门组成而言,每个地区都有其典型的经济结构。经济结构中以滞胀或衰落部门为主的地区会产生严重的就业问题,经济结构中以增长部门如机械制造、化工、电子、银行等为基础的地区,在通常情况下对劳动力的需求增长得相当快。

(3)其他方面的差异。除了上述因素外,还有其他很多因素对区域不平衡发展产生影响,包括外部性、人口状况、环境因素等等。仅从新古典经济学中寻找原因是不够的,制度因素、社会结构、历史文化背景等都可能对区域经济发展产生关键性的影响。合理的制度安排,可以促进生产要素的流动,发挥其内在平衡机制;而均衡分配公共产品,促进基础设施建设,发展教育卫生事业,也会有助于区域经济和城市化的发展。

正是以上诸多因素作用的结果,造成区域经济发展不平衡,从而使各区域处于不同的经济发展梯度,使不同城市的竞争力不同。在市场机制的作用下,生产要素大量地向东部地区流动,但产业由东部地区向中西部地区的梯度转移并没有实现,经济发展绝对差距不断扩大。在地区差距日渐扩大的背景下,受地方利益的驱使,各地方政府或以公开的形式、或以隐蔽的形式实行地方保护主义,通过贸易壁垒和行政壁垒,互相实行资源、技术、人才、商品的垄断和封锁等,以保护本地区的利益。这不仅造成了流通渠道堵塞,各种商品和生产要素不能自由流动,而且使地区、行业、企业间的优势无法互补,造成资源浪费,并最终导致竞争、开放、统一的国内大市场难以形成,难以做到资源的优化配置及经济融合。

在"兴地富民"的客观压力下,一些地方政府同质竞争现象愈演愈烈。以长三角城市群为例。从主导产业选择来看,长三角各地争相把电子、汽车、机械、化工、医药等作为未来发展的主导产业。在长三角15个城市中,选择汽车为主导产业的有11个城市,选择石化的有8个城市,选择通信产业的有12个城市。从工业行业完成产值情况看,排在前十位的主要工业大类,上海与江苏的雷同率达90%,上海与浙江的雷同率也达70%。这不仅抑制了地区经济比较优势的发挥,丧失了地区分工效益和规模经济效益,而且影响国民经济整体效益的提高。

第三节 区域发展政策、主体行为与区域绩效

本节从转型中对经济发展起决定作用的市场主体的角度考察不同主体的发展战略和行为选择对经济发展路径差异的影响。基于我国的体制特征,采用区别对待两种层级的政府分析框架,将政府分为中央政府和地方政府。

一、中央政府发展政策区别化

中央政府的政策目标是强国富民。改革开放以来,中央政府以经济建设为中心,一心一意谋发展。在中国的渐进式改革过程中,"摸着石头过河"是渐进式改革的显著特征。中央之所以选择渐进式的改革方式,其根本原因就是在既定的约束条件下,对市场经济制度性质及演进过程中的风险缺乏足够

的知识(杨瑞龙,2000)。这一特征意味着"试点"、对外开放的层次性、不同区域之间的区别对待等不是偶然因素。实际上,这正是中央承认经济行为人的有限理性,在不确定情况下对特定方式的改革开放是否会成功、能否推广的一种尝试,这是"摸着石头过河"的深层次原因。

从中央政府来看,对不同地区的发展要求也不同:

首先,中央关注的重点地区是改革开放的先发地区、试点地区。为在维持原有制度的前提下改革、试验新的发展模式,国家有选择地划定了经济特区、开放沿海城市,以及建立沿海经济开放区,作为递进式的改革开放过程。对这些地区,要求有创新、有突破。同时,也允许有偏差,甚至给地方"尚方宝剑",鼓励其突破与创新。

其次,一般区域(例如中部地区),实际上也是主体区域。对于这些主体区域,国家的要求是基本保持原有体制,未经中央认可,原则上不可擅自变革制度和政策。也就是说,以稳定为前提,在渐进发展中求创新,在正常的发展中加以巩固。

最后,中央对敏感区域(例如一些少数民族聚居地、边远地区)的要求是:稳定大于一切,稳定中求发展。

二、国外政府推进城市化的三种模式

从政府角色来看,我们选择了美国(市场主导型)、日本(政府和市场相结合型)、巴西(政府主导型)作为代表来观察政府对推进不同城市化模式的影响。

美国是当今世界最发达的资本主义国家,也是市场经济的典型代表,在其城市发展的过程中,市场发挥着至关重要的作用。美国东部城市最初以手工业、商业和航运业为主,后逐渐转向工业和服务业。美国西部的很多城市,是随着铁路的延伸而兴建起来的,采矿业和重工业是这些城市的基础,这些产业带动了粮食和食品加工、建筑等许多行业的发展,为人们提供了充足的就业机会。美国政府通过州际高速公路和铁路等交通网络建设,加强了城市群之间的联系。在市场的引导下,美国形成了不同的城市类型。有的城市成为全国性中心城市,如芝加哥;有的成为地区性中心城市,如匹兹堡;有的则成为一般的专业性城市,如圣地亚哥。不同规模、不同类型的城市,分布状况日趋改善,逐渐形成了综合性与专业性城市相结合、全国性城市与地区性城市相结合、大城市与中小城市相结合的城市体系。

以日本为代表的新兴工业化国家,通过法律、行政和经济手段,政府在城市化进程中发挥了主导作用。第一,根据国家分工和自身比较优势选择主导产业。日本在经济起飞过程中,选择了发展劳动密集型产业和出口导向战略。这种选择在保持经济高速增长的同时,也创造了众多的就业机会,从而加速了农村劳动力向非农产业转移,推进了城市化发展。第二,运用法律、行政、财税、规划等政策措施,确保人口、土地、资本等生产要素能够自由流动和配置。通过制定和实施国家城市化战略和公共政策,引导城镇化与市场化、工业化互动发展,加快城市化进程。

巴西城市化的特点是大城市化,迁移人口主要集中在大都市。2003年,巴西城市化水平高达83%。全国51%的人口居住在10万以上人口的城市中,其中9个大都市占全国人口的29%。由于片面追求赶超,巴西工业化不仅没有带动整个国民经济的增长,而且自身的发展也出现了衰退和停滞,更难以拉动城市就业的持续增加,造成工业化和城市化脱节。同时,由于忽视改造传统农业和农村发展,以及土地高度集中,从而造成农村发展机会的减少,导致劳动力大量涌向城市。在城市就业机会严重不足的情况下,不仅带来了严重的失业和贫困现象,也诱发了社会犯罪问题。

在这三种政府角色类型中,市场主导型的城市化时间跨度相对较长,政府和市场相结合类型确实能够起到加速城市化的作用,政府主导型的城市化虽然时间较短,但由于忽视市场规律,效果较差。美国、日本以及巴西政府在推进城市化进程中的做法是值得我们借鉴的。

三、地方政府发展目标差异化

对地方政府类型与地方经济发展的关系的描述,是本章的一个重点。现有的观点认为,财政分权的经济激励和以 GDP 为主的政绩考核机制(Li,Zhou,2005)是促使地方政府推动经济发展的主要原因。实际上,经济分权还不足以构成地方政府发展经济的全部激励(王永钦等,2007),政绩也不是省级官员升迁的主要依据(Sonja,Stefan,2007)。在这种情况下,一方面财政分权给地方政府发展本地经济带来了动力,这可以从财政分权后各地经济获得的长足发展中得到印证。但另一方面,也是本课题所强调的,由于对官员的考核机制等因素限制,这种财政分权不足以激励地方政府官员"一心一意谋发展"。

在分析地方政府官员行为选择与政府类型的关系时,可先作如下假定:

(1)中央鼓励地方政府官员大胆地试、大胆地闯,提倡"摸着石头过河",运用一切手段促进经济发展,所有这些对于物质性目标的激励,都鼓励地方政府官员进行创新。

(2)在中央没有表态许可的前提下,对主体及边远区域,维护政策、体制的稳定是基本前提,因此,这些地区的地方政府的每一步突破都是有风险的。

(3)尝试突破的风险:尝试如果失败,将导致地方政府主要官员遭受处分。

(4)尝试突破的收益:创新如果成功,地方经济将得到更好的发展,地方政府财政资金可以更灵活地运用,有较大可能得到上级的肯定。

虽然中国的地方政府需要层层向上负责,但他们作为一个独立的社会经济单位的特征却一直得到很好的维持,中央在进行决策的时候往往需要照顾地方上的特殊利益。这一点可以从中央与地方财政收入的分割中看出。除了在新中国成立初期实行高度集中的计划经济以及统收统支的财政体制的情况以外,地方财政收入的比重均高于中央的比重(1994年以后的情况有所变化)。在1971~1978年实行"定收定支、收支包干"、"收入按固定比例留成、超收另定分成比例、支出按指标包干"、"增收分成、收支挂钩"等一系列的政策以后,地方的财政收入比重继续增加,一度为85.65%。由此可见,中国的地方政府一直具有比较明显的作为相对独立的社会经济管理实体的特点。这使得地方政府不仅仅是中央政府的派出机构,而且具有相对独立的目标,需要为自己的目标而努力。

根据对地方政府官员行为选择的分析,可以区分出三种不同的政府官员类型:

(1)创新型政府官员:有突破原有体制以获得更好发展的意愿和行动的地方政府官员。创新型的政府官员把辖区当作企业来经营,他们的目标就是想方设法发展本地经济,积极创新理念,变通方法促进地方经济的发展。

(2)守成型政府官员:基本维持原有政策不变的政府官员,这是一种普遍状态,因为在中央政府没有要求他们改革突破的情况下,率先改革实际上是有风险的,稳定可能是一种更为普遍的政策选择。因此,对于追求稳定型的政府官员来说,维持原有政策稳定、不求突破都是首选。此外,当创新型的官员受到条件约束(例如改革的上下阻力过大、自身年龄等因素)时,也会向守成型政府官员转变。

(3)僵化型政府官员:传统的计划经济思维方式入心入脑,反对创新,因循守旧。这类地方政府官员基本上不考虑如何发展经济,或者总是用计划经济的思维来考虑经济发展问题,当现实条件受到约束时,总是通过各种手段一平二调。

地方政府官员面临的激励和约束条件主要有两方面的特点：一是地方政府官员具有"循规蹈矩"的特征，面对政治利益方面的激励或约束，他们为了自己的升迁和政治前途而不敢越雷池半步；二是地方政府官员具有"相对独立"的特征，面对经济利益方面的激励或约束，他们需要筹集政府运作所需要的财政资源，决定财政支出的方向。创新型政府官员体现了"相对独立"的特征要求，守成型政府官员体现了"循规蹈矩"的特征要求，而僵化型政府官员则与这两种特征要求相距甚远。

四、区域微观主体类型差异化

在现有理论关注地方政府对地方经济发展作用的基础上，我们将地方微观主体、普通民众，纳入同一框架中，以此来研究这三方主体在改革开放的制度变迁过程中，不同战略类型和行为，对于区域经济发展的不同作用和影响。

给定外部条件，区域内的制度变迁与经济发展是由区域内经济主体的行为决定的，而所有经济主体的选择行为都会受到一组特定约束条件的制约，因此，区域的制度变迁与经济发展的启动一定与该区域内当时的一组初始选择条件的约束有关。在这一组初始约束条件中，区域的自然禀赋与历史禀赋是两个最重要的选择约束条件（史晋川，2005）。自然禀赋和历史禀赋一定程度上决定和限制了要做什么及能做什么。自然禀赋决定了当地有为生存而创新的激励，历史禀赋决定了这种创新的根据和渊源。从有利于发展市场经济的角度看，历史禀赋就是该区域居（农）民从事手工业制造和商业贸易活动的历史传统及相应的区域商业文化传统。因此，可以将不同地区的传统文化、习俗和背景对市场经济的起步和发展的影响，划归为微观主体的不同类型。

综上所述，微观主体划分为：①有商业传统、商品经济比较活跃的地区民众，对原有旧体制存在突破和冲击的原始动力，称为"强突破型"；②存在商品经济，有少数突破原有体制的自发性创新民众，称为"弱突破型"；③比较封闭，没有或较少商品经济意识的边远区域群众，称为"封闭型"。

五、主体类型组合与区域绩效

结合地方政府与区域微观主体的类型对于区域经济发展的不同影响，我们将不同类型的地方政府官员与不同区域的微观主体的不同结合状况用表9.1来表述。

表 9.1　地方政府官员与区域微观主体的结合类型

		地方政府官员类型		
		创新型(H)	守成型(M)	僵化型(L)
微观主体类型	强突破型(H)	(H, H)	(H, M)	(H, L)
	弱突破型(M)	(M, H)	(M, M)	(M, L)
	封闭型(L)	(L, H)	(L, M)	(L, L)

中央政府的区域政策可划分为：国家政策倾斜地区、基本维持原有政策地区和政策不变地区。据此得出如下结论：

1. 国家政策重点支持区域

改革开放是中国摆脱贫困落后、走向繁荣富强的唯一而有效的途径。在改革开放初期，我国存在明显的"供给主导型制度变迁方式"（杨瑞龙，1993）。中央政府作为整个国家的领导者，其政策及资源分配对地区经济发展有着决定性的影响。根据地理位置、区域优势、人文关系等情况，中央政府选择了几个试点地区作为改革开放的先发地区。改革开放的先发地区首先获得了国家的政策支持，加上自身的区位优势和较好的商业传统，当地经济较快地获得长足发展，并保持了先发优势。这是沿海东部地区经济发展快于内地最主要的原因。得到国家政策重点支持的地区，无论地方政府和微观主体是什么类型，区域经济都将得到极大发展。究其缘由，国家政策是首要决定因素。

2. 中央政府要求政策保持稳定的主体区域

在给定国家政策保持稳定、不求创新的前提下，在地方政府官员的不同追求和约束条件下，地方政府官员的不同作为以及不同区域微观主体的类型对于区域经济发展的影响不同，分析如下：

（1）创新型政府与强突破型微观主体的结合（H, H）。这种结合最能够带来经济的高速发展。在没有外部强有力支持的情况下，微观主体由于当地的自然禀赋和历史禀赋的因素，有强烈改变现状的冲动和欲望；他们自发地创新各种提高生活水平的"挣钱方式"，区域内个体能够通过各种非官方规定的方式发财致富，这使得创新文化在本区域内大面积传播和效仿。这时的地方政府类型就成了关键因素。在创新型政府官员辖区内，政府会鼓励和支持民间的这种自发性致富方式，也就是民间拉动加政府推进；民间诱致性拉动力量与政府增进式推动力量的互动，使得非国家政策倾斜地区的经济保持了领先和高速的增长。

(2) 创新型政府官员与弱突破型微观主体的结合(H,M)。在这种结合方式下,区域经济的发展更多呈现出的是政府推动型的发展模式。政府官员的政治追求、个人信念,使得他有突破原有体制的束缚、发展本地经济的强烈愿望。地方政府想方设法培植地方经济的增长点,扩大地方政府投资,兴办乡镇企业;引进外资,发展新兴产业;承接发达地区的企业和产业转移。地方政府通过这些方式,使当地在未获得中央政府认可的情况下领先其他地区,推行了新的发展模式,从而使非中央政策倾斜地区获得了领先发展的机会。一般而言,领先发展能带来先发优势,从而使这些地区保持较高速的发展。

(3) 守成型政府官员与强突破型微观主体的结合(M,H)。如果存在这种结合,那么,两者必然会发生激烈冲突。冲突的结果有二:一是由于地方政府官员得到中央政府要求维护稳定的支持,抑制了微观主体的"变革"冲动,使微观主体无法大面积创新,这类似于改革开放前的局面;二是由于微观主体的变革意识强烈,只要地方政府官员不采取行动加以扑灭,微观主体的创新便会实现,这些创新活动就会促进地方经济的发展。这种突破原有体制束缚的创新模式,由于得不到地方政府官员的支持只能处于"地下",这导致微观主体的自发性创新模式不能迅速有效地展开和推广。因此,区域经济有增长但能量不能全部释放,经济增速有限,相较于前两者,经济发展要差一些。

综上分析,我们可以剖析几种不利于当地经济快速发展的结合方式。一是守成型政府官员与弱突破型微观主体(M,M);二是守成型政府官员与封闭型微观主体(M,L);三是僵化型政府官员与弱突破型微观主体(L,M);四是僵化型政府官员与封闭型微观主体(L,L)。这几类结合方式,既没有微观主体突破原有体制束缚的冲动和自发性创新的贡献,又没有地方政府发展经济的有利推动,在两个支撑条件一个都没有的情况下,难以促进当地经济的快速发展。从整体看,虽然改革开放后各地区经济也有发展,但这些地区经济发展的速度要远落后于前述几类地区。

地方政府类型与地方微观主体类型截然相反的结合模式是创新型政府官员与封闭型微观主体的结合(H,L)、僵化型政府官员与强突破型微观主体的结合(L,H)。以下我们来重点探讨这两种结合方式。

首先,一般来说,地方政府类型和当地的历史传统和区域文化有一定的关系。同时,区域微观主体的类型很大程度是由区域自然禀赋和历史禀赋决定的,所以地方政府的类型和区域微观主体的类型往往具有同质性,要么都具有突破现状的动性,要么都具有维持现状的惰性。或者说,地方政府类型与当地微观主体的类型具有一致性,至少不会偏离很多。出现不一致的一个重要原因就是地方主要官员的选择。由于地方政府官员并不一定是从地方产生的,因此,上级选择的主要地方政府官员的执政理念就很有可能与当地的文化观念不一致,而导致地方官员类型与当地微观主体类型的不一致。另一方面,地方政府的绝大多数官员都来自当地,地方大多数官员的思想理念和当地的区域文化是一致的,也就是说,地方大多数官员与微观主体的类型是一致的。

因此,对于创新型政府官员与封闭型微观主体的结合(H,L)来说,即使政府主要领导有强烈改变现状的愿望,但由于受到地方官员和地方微观主体的普遍抵制,新政也难以推行。况且,在中央未给予这些区域领先变革政策的大环境下,政府主要领导也是孤掌难鸣。

其次,上级任命所导致的结果是,地方政府官员与地方微观主体不一致的另一种结合,即僵化型政府官员与强突破型微观主体的结合(L,H)。但在这种情况下,地方的内在基础、发展动力始终存在。由于地方微观主体以及地方大多数官员具有相同或相似类型,都具有创新和突破原有体制的冲动,只是由于当地主要领导落后,反对变革,因此,一旦外部力量稍有变革,区域内的经济活力就将喷涌而出。

上述分析结合本课题,可揭示不同的结合方式对于江浙皖赣区域经济增长的贡献差异。如下表所示:

表 9.2　江浙皖赣区域发展主体的类型比较

增长类型	高增长型	中低增长型
组合方式	中央政策重点支持区域、(H,H)、(M,H)组合区域	(M,M)、(M,L)、(L,L)、(L,M)、(H,L)组合区域
代表性区域	沿海沿江开放地(江浙)	中部省份(皖赣)

归根结底,国家发展战略的不同、区域历史禀赋和自然禀赋的差异,以及地方政府官员的异质性,导致了在不同区域三类主体的目标追求、偏好、行动的不同,从而呈现出不同的组合。不同的组合意味资源的配置方式和效率、要素的投入质量、要素的使用效率、空间格局变动都会有差异,因此,形成了区域间的巨大发展差异。

第四节 本章小结

一般而言,区域政策是支持区域战略实现的工具。在区域政策的引导下,通过主体甄别和政府的集中安排,有目的地对某些类型的问题区域实行倾斜,可以改变由市场机制作用所形成的空间结果。因此,区域政策是政府调控区域经济发展和协调区域经济关系的系统性手段,它涉及利益的转移和再分配。从区域经济的整体考虑,区域政策又必然外显为区域经济政策和区域发展政策。区域政策是后者发挥作用的基础和保障条件,区域经济政策则是前者的深化和具体着力点。由区域经济政策转向区域发展政策的实施过程,就是逐步缩小区域差距、进行科学协调的经济发展过程。

各种区域经济政策都体现于一定的政策措施之中,在实际应用中往往交织在一起,形成有机的体系。总结国内的实践,并借鉴国外有益的经验,在我国社会主义市场经济条件下,为协调区域经济发展,调节和控制区际差距,可以选择和结合采用多种区域政策、措施,达到标本兼治的功效。"十一五"规划纲要提出"健全区域协调发展的互动机制",其核心点是健全市场机制,通过促进生产要素的自由流动,实现资源在空间上的优化配置。因此,完善区域政策,首要的是充分发挥市场配置资源的基础性作用,消除阻碍生产要素自由流动的各种制度和人为因素,通过自由流动实现各区域利益的最大化。同时,为了弥补市场机制的不足,政府要发挥应有的作用。

为此,江浙皖赣地区在城市化进程中可以依据各地实际,分别采取不同的区域政策:

第一,明确区域经济发展中的产业导向。当前,我国产业结构政策的目标是形成以高新技术产业为先导、基础产业和制造业为支撑、服务业全面发展的现代产业体系。重点内容包括6个方面:①振兴和巩固已有支柱产业(装备工业、原材料工业),提升其国际竞争力;②加快发展高新技术产业群(信息、新能源、新材料、生物、航天航空、医药、节能环保等),培育战略性新兴产业;③利用高新技术、先进适用技术改造,提升钢铁、化工、建材、纺织等传统产业,推进信息化与工业化的融合;④大力发展生产型服务业,推动生产型制造向服务型制造转变;⑤发展具有比较优势的劳动密集型产业,积极扩大就业;⑥淘汰落后生产能力,推进节能减排和循环经济发展。

第二,制定、完善法律法规,保障区域协调发展政策的有效实施。国外政府在解决区域发展不平衡问题时,通常会设置一个专门的机构,以此来统一领导和协调地区的发展。在我国,各相关部门虽各有一定的资源,却没有一个协调区域政策行动的机构。

第三,区域的协调发展必须有法治保障和稳定的法制环境,政府必须提供有效的制度支持。但是目前,我国还没有稳定的区域政策制度基础。虽有许多中央部门涉及地方的援助,但几乎无一部门拥有"立法"意义上的区域政策资源。

鉴于江浙皖赣地区的实际,我国应该设立国家级有权威的区域经济领导机构,加强组织机构建设,并通过法律制度建设,明确界定中央政府和地方政府的权责范围,保障国家关于区域协调发展政策的出台和顺利实施。

第十章　一体化的区域经济发展

在世界经济发展进程中,区域经济一体化已经成为世界经济发展的主要趋势之一。欧盟、亚太地区、上海合作组织等国际经济组织的发展,是其中较为典型的代表,国内长三角地区、珠三角地区、京津唐地区等区域一体化发展也在提速。江浙皖赣,人缘相亲、地理相近、经济结构互补,故研究江浙皖赣的区域一体化发展尤为重要。

本章从区域一体化与区域增长极理论的视角,深入研究了区域一体化与增长极化发展的内在联系,重点分析了江浙皖赣四省各自区域内部的极化程度,以及四省作为整体的极化程度,最后通过空间计量经济模型,分析了江浙皖赣四省经济发展的区域协同效应及空间效应。

第一节　区域经济一体化与增长极化

一、"区域经济一体化"定义

迄今为止,国际上没有一个关于区域一体化的非常明确和统一的定义,实际使用的"区域一体化"的定义与内涵,会随着实践活动的变化而变化。

如果追溯上去,早期瑞典经济学家赫克歇尔就使用过"经济一体化"一词,其意即"将各个独立的经济结合成为一个更大的经济区域"。20世纪40年代,"经济一体化"概念传入美国,并且在1949年的欧洲经济合作组织大会上首次公开使用。"经济一体化"概念对西欧经济走向一体化起了推动作用。随着西欧各国经济的逐步融合,"经济一体化"逐渐转变和扩展为"地区经济一体化"、"区域经济一体化"、"国际经济一体化"等概念,一体化的含义也就更加宽泛了。

从内容上看,地区经济一体化主要体现为产品和要素市场的一体化。也就是说,为了保障贸易、投资、就业的跨区域有效运行,在地区之间建立统一的经济体系,在利益上形成统一的经济共同体。通过推进经济一体化,地区之间可以发挥各自的比较优势,实现专业化分工,使得参加经济一体化的各方都能获益。

就一个国家而言,经济一体化是产品市场和生产要素市场在地区之间、城乡之间的一体化。产品和生产要素的充分、自由流动是保证市场一体化的前提条件。从过程上看,有两个方面因素制约着产品市场和生产要素市场的一体化:一是来自道路、交通、通讯等物质方面的制约,使得产品和生产要素流动形成较高的交易成本,或者无法将本地市场与外地市场在供求信息上连接起来,造成了产品和生产要素流通不畅。二是来自地区壁垒、政策限制等体制性的因素,造成产品和生产要素在进入和退出上面临障碍,会限制一体化程度的提高。

新古典增长理论指明,地区之间的经济增长存在着有条件趋同现象。也就是说,受边际报酬递减规律支配,发达地区的经济增长速度下降、落后地区的经济增长速度上升,为落后地区追赶经济发达地区提供了可能。如果各个地区所面临的条件相同,那么,在产品和生产要素自由流动的条件下,带来了地区间价格均等化,地区之间的经济增长就变成无条件趋同,这只是一种理想化状态。

同时,区域经济一体化也是一种政治制度性过程,区域内相邻或相近的地区之间,为实现各自利益最大化,以政府的名义采取合作方式,通过谈判协商等互惠互利,进而提高区域经济的整体水平。

二、区域经济一体化的形成机制

1. 市场机制与区域经济一体化

在传统新古典理论体系中,市场机制是促进区域一体化的主要政策。新古典区域经济增长与发展理论认为,经济增长具有内在的均衡倾向,依靠市场机制可以实现要素自由流动与区域差别的消除,达到区域均衡发展与区域一体化发展。传统的新古典增长理论均以完全竞争市场结构为基础,忽视空间位置对区域经济的作用。

比较优势理论是建立在无交易成本上的要素自由流动经济体系理论。李嘉图模型研究的是在完全一体化条件下,各国专业化生产与产业集聚的贸易经济,各国专门生产自己机会成本最低的产品,从而实现完全专业化和产业集聚。在李嘉图模型中,各产业相互作用的上下游联系与运输成本、区域位置等没有直接关系,这种模型只是一种理想的简单一体化生产布局;在区域完全一体化条件下,各地区会根据机会成本高低选择适合资源禀赋与技术的专业化生产产业。赫克歇尔—俄林模型则认为,各国之间的贸易流量取决于各国的资源禀赋,进口本国稀缺要素产品、出口本国富裕要素产品,都要通过要素商品流动达到两国之间的要素报酬均等。

传统的新古典理论以理想的完全市场体系为基础,没有讨论实际情况需要解决的空间位置、交易成本、区域专业化、产业集聚、经济增长极等问题,这恰恰为后来的区域一体化理论发展提供了基础与动力。

2. 增长极化与区域经济一体化

极化理论是在同新古典增长理论斗争中形成的一种开放的接近现实的具有共同特点的综合性理论。与新古典的均衡发展理论不同,极化理论指出区域经济发展具有非均衡性趋向,认为经济发展过程不是导致均衡,而是强化区域差别,这为区域经济一体化发展的过程与结果提出了不同的观点。

极化理论采用归纳分析法,将各种现实证据、案例、经验细节等归入同一的分析框架中。极化理论分析框架的共同假设前提包括:①生产要素非同质性及部分不可流动性;②市场是不完全的;③信息传播是需要成本的。

缪尔达尔(G. Myrdal)和赫尔希曼(A. O. Hirschman)较早地系统讨论了导致区域极化发展的内在机制,以及区域一体化发展的经济结果。他们通过揭示两对相对的效应来描述区域之间相互作用关系:扩散效应、回流效应与渗透效应、极化效应。扩散效应与渗透效应,是指对相邻区域形成积极的推动,把发展的刺激在空间上向外扩散,包括所有发展刺激向空间扩散的机制。相反,回流效应和极化效应包括积极发展刺激本区域对周边区域造成的消极影响,比如繁荣区对周边地区的劳动力吸引、创新力削弱等。在一体化的区域经济体系中,发展的进程是趋于均衡还是极化,取决于扩散效应占优势还是回流效应占优势。缪尔达尔认为极化效应占优势,尤其发展中国家如此。赫尔希曼则认为,从长期来看,区域经济体系呈现均衡状态。

缪尔达尔只看到了极化发展的消极面,增长极理论则看到了极化发展的优势。在增长极理论中,增长极快速发展到一定程度,其扩散效应相对于吸收效应必将占优势,从而促进区域经济体系的整体发展,增长极是区域经济发展的发动机。布代维尔(J. R. Boudeville,1966)和拉塞(J. R. Lasuen,1973)把区域和空间经济联系纳入增长极理论中,强调增长极的发展功能与城市的聚集体系模式联系在一起,增长极的形成离不开城市聚集优势。增长极应该处于经济增长的中心,并且遵循中心地等级扩散,从最高级别的中心城市逐渐向低一级地扩散。在经济发展的空间模式上,区域经济体系由增长极主导的吸收效应逐渐转变为扩散效应,刺激区域经济体系一体化均衡发展。

"中心—外围"理论则更加明确细致地描述了区域经济一体化发展的过程。费里德曼(J. R. P. Friedman,1972)把区域经济增长的特征与经济发展的阶段联系起来,把区域经济一体化作为区域经济发展的最后阶段,真实描述了区域经济发展阶段,包括前工业化、"中心—外围"第一阶段(初级工业化)、"中心—外围"第二阶段(成熟工业化)、空间经济一体化阶段(后工业化)。由此可见,"中心—外围"是区域经济发展过程的主要形式,通过中心的创新集聚或扩散资源要素,引导和支配外围区,最终走向区域一体化。

表 10.1 区域增长特征与发展阶段

阶段 特征	前工业化	初级工业化	成熟工业化	空间经济一体化
资源要素流动状态	较少流动	外围区资源要素大量流入中心区	中心区要素高度集中,开始回流到外围区	资源要素在整个区域内全方位流动
区域经济典型特征	已存在若干不同等级的中心,但彼此缺乏联系	中心区进入极化过程,少数主导地带迅速膨胀	中心区开始对外扩散,外围出现较小中心	多核心区形成,少数大城市失去原来主导地位,城市体系形成

引自陈秀山、张可云(2003)。

3. 倒 U 模型与区域经济一体化

无论是新古典的均衡发展论,还是极化发展论,都对区域经济一体化发展的结果提出了不同的观点,在区域经济一体化发展中,中心与外围之间差距缩小抑或扩大的问题存在巨大分歧,这为区域一体化发展及其政策提出了不同建议。

新古典均衡论坚持认为,由于区域内资本积累和区域间要素产品的流动机制,可以达到区域的均衡增长与发展,政府干预必须以维护市场机制为前提。缪尔达尔则认为,区域非均衡发展的前景是区域发展差距扩大。赫尔希曼指出,政府的适当干预可以缩小区域发展差异。费里德曼在中心—外围理论中则预言,区域经济空间一体化发展是区域经济体系发展的最终模式,但必须经历中心—外围发展阶段。直到"倒 U 曲线"的出现,对区域一体化发展的空间结果有了一个经验总结。

"倒 U 曲线",是指经济增长与区域发展平衡之间呈现的倒 U 型曲线。威廉姆逊(J. G. Williamson,1965)指出,在国家经济发展的早期阶段,区域间成长的差异将会扩大,趋向不平衡成长;之后随着经济的发展,区域间不平衡程度会趋于稳定;在经济发展成熟阶段,区域间成长差异将逐渐缩小,趋向均衡成长。"倒 U 模型"将时间序列引入区域空间结构变动分析,具有长期动态均衡的特征。在"倒 U 模型"中,在经济欠发达的起始点上,区域经济不均衡程度较低;在经济开始起飞的初期阶段,区域差异逐渐扩大;当经济发展到成熟阶段,随着区域市场一体化的发展,发达地区投资收益递减,资本、人力等要素向欠发达地区回流,区域差距趋于缩小。

"倒 U 模型"理论,揭示了经济增长与区域发展不平衡之间的依存关系,为制定区域发展战略提供了理论依据。"倒 U 模型"不仅调和了区域均衡发展论与区域不均衡发展论,还说明了扩散效应和回流效应的强弱关系及渗透效应和极化效应的影响力作用。当扩散效应大于回流效应、渗透效应大于极化效应时,则趋于均衡发展;当回流效应和极化效应占主导效应时,则区域经济体系发展趋于非均衡发展。这为不同地区根据其经济发展阶段制定相应的发展战略提供了理论依据。

4. 交易成本与区域一体化

区域经济发展不同于新古典理论预言的一个重要原因是,区域之间存在不同的交易成本,包括交通运输成本、规模经济、交易费用等。新地理经济学从垄断竞争的市场结构与区域之间的交通运输成本角度,讨论了区域经济一体化与地区专业化分工、地区产业集聚之间的问题。在加速地区间市场一体化过程中,区域一体化可分为三个阶段:

第一阶段为经济一体化从低级向中级水平提高阶段。产业集聚发生,呈现了"中心—外围"空间模式,制造业中心与农业外围并存,从而也使得地区专业化水平提高。

第二阶段为经济一体化进程推向高级阶段。制造业中心发生有序地扩散,各地区制造业结构差异性也由于制造业的扩散而有所增强。

第三阶段为经济一体化处于较高水平。原制造业中心的制造业平均集中率会下降,原农业外围区域的制造业平均集中率上升。

范剑勇(2004)认为,长三角经济一体化的现阶段处于第三阶段,即一体化带来制造业的空间转移和地区结构差异性增强,浙江与上海参与长三角内部地区分工的程度高于江苏,长三角区域的制造业发生了激烈的空间调整。

因此,降低区域内交易成本是区域一体化发展的重要动力。区域经济一体化是市场一体化的过程,包括产品市场、生产要素市场及经济政策统一化,促进区域内市场的交易成本降低,达到产品、生产要素的自由流动;区域一体化带来的交易成本下降,也促进了区域产业分工,促进了地区生产力发展(屈子力,2003)。

区域一体化是分工经济的必然体现。陈建军、吕猛(2005)从企业内地域分工,解释区域经济一体化,认为企业内地域分工是以企业为载体推动区域经济一体化的重要方式,其与区域一体化不同阶段相适应,并指出伴随长三角区域经济一体化,区域内企业立足于长三角实现企业内地域分工的愿望愈发强烈。安筱鹏(2004)指出,企业的空间扩张降低了区域分工的交易成本,推动了区域要素市场、商品市场与服务市场体系的建立,加强了区域内地方政府间的合作。

另一方面,张毓峰等(2007)从劳动空间分工及其协调机制视角,强调城市区域的空间组织特征主要为多尺度劳动空间分工叠加,中国转轨时期城市区域一体化发展中劳动空间分工不足,市场、组织和政府之间协调机制存在缺陷。

5. 区域经济一体化中政府的作用

从理论和国外发展经验来看,在推进城市化和城乡一体化过程中,政府应做好以下几个方面的工作:一是科学地制定社会经济发展规划和城市发展规划,合理选择产业发展布局,推动工业化与城市化协调发展。二是按照城乡一体化原则统筹城乡就业和社会保障,加强城乡之间、地区之间劳动力市场的一体化建设。三是加强劳动力职业教育和培训,提高转移劳动力的就业能力。四是深化户籍制度改革和农村土地制度改革,协调城乡经济发展,促进农村劳动力有序流动。五是明确划定政府和市场的行为边界,规范政府行为,充分发挥市场机制的作用。

第二节 四省增长极化效应研究

一、江浙皖赣增长极比较

极化理论指出,扩散效应占主导地位时区域趋于均衡发展,回流效应占主导地位时区域差异则增大。江浙皖赣人文相亲、地理相近、经济互补,区域一体化程度在加大,区域经济联系逐步增强。在这里,我们首先研究江浙皖赣四省区域内的经济增长极与极化效应。

表 10.2 1999～2008 年江浙皖赣极化度

年份	江苏省(亿元)	苏州(亿元)	苏州占比(%)	年份	浙江省(亿元)	杭州(亿元)	杭州占比(%)
1999	7697.82	1358.43	17.65	1999	5364.89	1225.28	22.84
2000	8582.73	1540.68	17.95	2000	6036.34	1382.56	22.90
2001	9511.91	1760.28	18.51	2001	6748.15	1568.01	23.24
2002	10631.75	2080.37	19.57	2002	7796.00	1781.83	22.86
2003	12460.83	2801.56	22.48	2003	9395.00	2099.77	22.35
2004	15403.16	3450.00	22.40	2004	11243.00	2543.18	22.62
2005	18305.66	4026.52	22.00	2005	13437.85	2942.65	21.90
2006	21645.08	4820.26	22.27	2006	15742.51	3441.51	21.86
2007	25741.15	5700.85	22.15	2007	18780.44	4100.17	21.83
2008	30312.61	6701.29	22.11	2008	21486.92	4781.16	22.25

续上表

年份	安徽省(亿元)	合肥(亿元)	合肥占比(%)	年份	江西省(亿元)	南昌(亿元)	南昌占比(%)
1999	2908.59	293.00	10.07	1999	1962.98		
2000	3038.24	324.73	10.69	2000	2003.07		
2001	3290.13	363.44	11.05	2001	2175.68		
2002	3569.10	412.81	11.57	2002	2450.48	552.37	22.54
2003	3972.38	484.96	12.21	2003	2830.46	641.02	22.65
2004	4812.68	589.70	12.25	2004	3495.94	770.46	22.04
2005	5375.12	853.57	15.88	2005	4056.76	1007.70	24.84
2006	6148.73	1073.76	17.46	2006	4670.53	1184.57	25.36
2007	7364.18	1334.20	18.12	2007	5500.25	1390.10	25.27
2008	8874.20	1664.84	18.76	2008	6480.30	1660.08	25.62

数据来源：各省统计年鉴及统计公报。

在区域工业化初期及成熟期，由于极化效应与回流效应占主导优势，经济发展呈现较强的"中心—外围"空间模式。在"中心—外围"空间模式中，经济中心总量的发展直接决定了回流效应向扩散效应的转化程度。以各省区域内经济增长量最高的城市占全省经济总量比重，即为区域经济首位度，衡量各省区域经济增长的极化效应。

由表10.2知，江浙皖赣四省中心城市的极化效应逐年增加。江苏省经济增长量占首位的是苏州市，而非省会城市南京。苏州经济总量占比由1999年的17.65%，发展到2008年的22.11%。1999~2008年，合肥经济总量占比也由10.07%上升到18.76%；南昌则由2002年的22.54%增长到25.62%。从时间序列看，安徽经济极化效应发展较快，合肥经济总量占比提高幅度最高为8个百分点。浙江经济极化效应发展不变，杭州经济总量占比几乎呈水平状态。

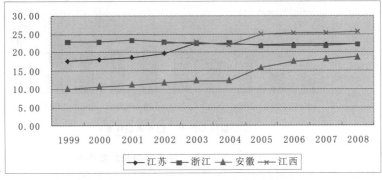

图10.1　1999~2008年江浙皖赣极化度

从横截面看,合肥经济中心地位不明显。2008年,合肥经济首位度为18.76%,明显低于苏州的22.11%、杭州的22.25%、南昌的25.62%。由图10.1知,从1999年到2008年,江浙皖赣城市经济首位度的差距总体上在缩小。但是,必须看到的是,江苏、浙江与安徽、江西的区域经济发展空间模式是不同的。江苏的经济发展较多地依靠苏州、无锡、常州,浙江则依靠杭州、宁波等地,而安徽与江西的经济增长极较小,过多地依赖省会城市合肥、南昌。

从江浙皖赣四省内部区域看,各自存在不同数量和不同级别的增长极。从江浙皖赣四省区域一体化发展角度看,江、浙可以作为四省区域发展的最大增长极。由表10.3知,江浙两省在江浙皖赣区域中占据主导地位。1999~2008年期间,江浙皖赣经济增长均快速发展,但是,江浙经济总量占比依然呈现上升趋势(见图10.2、图10.3)。

表10.3 1999~2008年区域极化度表(单位:亿元)

年份	江苏	浙江	安徽	江西	总和	江浙占比(%)
1999	7697.82	5364.89	2908.59	1962.98	17934.28	72.84
2000	8582.73	6036.34	3038.24	2003.07	19660.38	74.36
2001	9511.91	6748.15	3290.13	2175.68	21725.87	74.84
2002	10631.75	7796.00	3569.10	2450.48	24447.33	75.38
2003	12460.83	9395.00	3972.38	2830.46	28658.67	76.26
2004	15403.16	11243.00	4812.68	3495.94	34954.78	76.23
2005	18305.66	13437.85	5375.12	4056.76	41175.39	77.09
2006	21645.08	15742.51	6148.73	4670.53	48206.85	77.56
2007	25741.15	18780.44	7364.18	5500.25	57386.02	77.58
2008	30312.61	21486.92	8874.20	6480.30	67154.03	77.14

数据来源:各省统计年鉴。

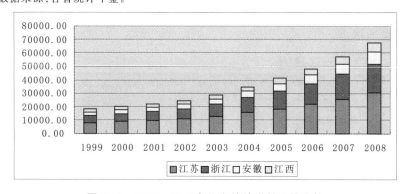

图10.2 1999~2008年江浙皖赣增长总量比较

1999年,江浙皖赣经济总量分别为7697.82、5364.89、2908.59、1962.98亿元,江苏和浙江两省经济总量占比为72.84%。截至2008年末,江浙皖赣经济总量增长到 30312.61、21486.92、8874.20、6480.30 亿元,四省经济总量达 67154.03 亿元,江苏和浙江两省经济总量占比则提高到 77.14%,其增幅为近 5 个百分点。这说明,江浙皖赣四省在经济增长的同时,江浙与皖赣的区域差异可能呈扩大趋势,江浙皖赣区域内的极化效应在进一步提高。由此推断,江浙皖赣区域一体化进程依然处于中心—外围阶段,并且,江浙对皖赣的极化效应依然占主导地位。

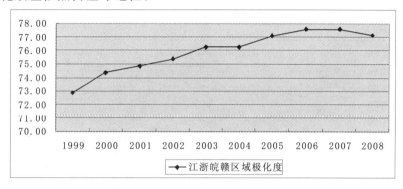

图 10.3 1999~2008 年区域极化度图

二、地区差异比较研究

在江浙皖赣区域一体化加速推进的过程中,判断江浙皖赣区域经济发展差异是扩大还是缩小,是非常重要的。如果江浙皖赣区域经济发展差异处于扩大阶段,则说明江浙皖赣区域一体化还处于极化效应、回流效应占主导地位的阶段。否则,可以认为江浙皖赣区域经济一体化的渗透效应、扩散效应占据主导地位。这为江浙皖赣区域一体化发展战略提供了重要决策依据。

表 10.4 1999~2008 年江浙皖赣经济总量及极值比表(单位:亿元)

年份	江苏	浙江	安徽	江西	江苏/江西
1999	7697.82	5364.89	2908.59	1962.98	3.92
2000	8582.73	6036.34	3038.24	2003.07	4.28
2001	9511.91	6748.15	3290.13	2175.68	4.37
2002	10631.75	7796.00	3569.10	2450.48	4.34
2003	12460.83	9395.00	3972.38	2830.46	4.40
2004	15403.16	11243.00	4812.68	3495.94	4.41
2005	18305.66	13437.85	5375.12	4056.76	4.51
2006	21645.08	15742.51	6148.73	4670.53	4.63
2007	25741.15	18780.44	7364.18	5500.25	4.68
2008	30312.61	21486.92	8874.20	6480.30	4.68

以江浙皖赣区域内经济总量最高与经济总量最低省份之比的极值,即以江苏与江西经济总量之比,衡量江浙皖赣经济发展差异。由表10.4知,1999年,江苏经济总量为7697.82亿元,江西则为1962.98亿元,其极值比为3.92,2008年极值比上升到4.68,说明江浙皖赣经济增长总体上处于扩大阶段。1999~2008年,江浙皖赣区域内的极化效应占据优势。由图10.4知,江浙皖赣的极值差率也在不断地增加,图10.4形象地描述了江浙皖赣区域一体化进程中极化效应、回流效应的主导地位。

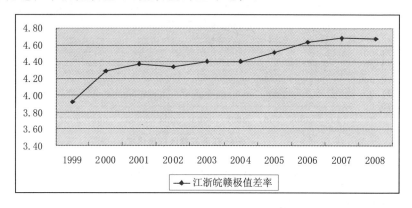

图10.4　1999~2008年江浙皖赣极值差率图

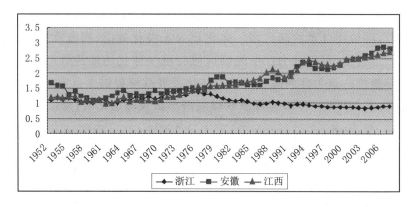

图10.5　1952~2007年江浙皖赣地区经济发展差异图

从地区人均GDP角度衡量江浙皖赣区域经济发展差距。以江苏省人均GDP为分母,除以浙江、安徽、江西人均GDP,得到衡量江浙皖赣区域经济发展差异的相对比值。由图10.5知,在1952年到2007年的长区间内,江苏与浙江的经济发展差异较小,一直处于围绕比值1上下波动;直到20世纪90

年代初期,江苏的经济发展开始超过浙江,但是,依然围绕比值1上下波动,说明江苏和浙江经济发展差异较小,其经济一体化程度也较高。

江浙与皖赣的区域经济发展差异逐步扩大。在20世纪70年代末之前,安徽、江西与江苏、浙江的经济发展差异较小,江苏与浙江、安徽、江西的人均GDP比值长时间在1上下波动。但是,20世纪70年代末改革开放以来,江苏、浙江与安徽、江西的经济发展差距开始扩大,并且这种扩大具有持续的趋势。由图10.5知,江苏与安徽、江西的比值,与江苏浙江比值的缺口越来越大,说明江浙与皖赣的经济发展差异处于扩大阶段。这进一步说明,江浙皖赣区域内的经济发展处于极化效应占主导地位的阶段。江浙与皖赣的经济发展差异,呈现出"倒U型曲线"形状。

第三节 四省区域协调增长的空间计量分析

为了进一步研究江浙皖赣区域协调与区域一体化发展,本课题将地区间相互关系引入基本模型,建立体现空间特性的空间计量经济模型。

$$\log Y_{it} = C + \log W_{it} + \log Y_{1it} + \log Y_{2it} + \log Y_{3it} + \varepsilon_{it}$$

其中,Y为各地GDP;W是空间滞后因变量,体现地区间相互关系;Y_1、Y_2、Y_3表示三次产业增加值;i为地区,包括江苏、浙江、安徽、江西;t为时间,包括江浙皖赣各省2000~2008年的相关数据。

一、空间权重矩阵设定

设定空间权重矩阵是进行空间计量分析的第一步。关于如何构建空间权重矩阵,实践中存在很多方法,主要有二元相邻(binary-contiguity)空间地理权重矩阵与空间距离权重矩阵。

设江苏省、浙江省、安徽省、江西省的区域代码为1、2、3、4,令空间权重矩阵为w,其元素为w_{ij}。其中,对角线上的矩阵元素均为0(i=j)。在二元相邻空间地理权重矩阵中,具有共同边界的不同区域的矩阵元素设定为1,其余设定为0。在空间距离权重矩阵中,空间权重矩阵元素为$w_{ij}=1/r_{ij}$。其中,r为两地省会城市之间最短公路里程。本课题选择二元相邻空间地理权重矩阵进行空间计量分析。并且,对空间权重矩阵w进行标准化处理,将每个元素除以该行元素之和(见表10.5)。

表 10.5　空间权重矩阵表

代码	空间权重矩阵 w				标准后的空间权重矩阵 w			
	1	2	3	4	1	2	3	4
1	0	1	1	0	0.00	0.50	0.50	0.00
2	1	0	1	1	0.33	0.00	0.33	0.33
3	1	1	0	1	0.33	0.33	0.00	0.33
4	0	1	1	0	0.00	0.50	0.50	0.00

二、面板数据单位根检验

单位根检验是估计协整方程的第一步,防止回程方程出现伪回归。用标准化之后的空间权重矩阵 w 与经济增长变量 Y 相乘,得到空间滞后因变量 W=Yw。采用 LLC 检验方法,所有变量取自然对数之后的单位根检验结果表明,$\log Y_3$ 属于一阶平稳,因变量 $\log Y$、空间滞后因变量 $\log W$、$\log Y_1$、$\log Y_2$ 属于平稳面板数据,满足协整方程估计(见表 10.6)。

表 10.6　面板数据单位根检验结果表

检验变量	(C,T,P)	LLC 检验值	LLC 伴随概率	检验结果
$\log Y$	(C,T,0)	−7.2295	0.0000	平稳
$\log W$	(C,T,0)	4.6683	0.0000	平稳
$\log Y_1$	(C,T,0)	−3.4187	0.0003	平稳
$\log Y_2$	(C,T,0)	−9.0680	0.0060	平稳
$\log Y_3$	(C,T,0)	−0.8827	0.1887	非平稳
$d(\log Y_3)$	(C,T,1)	−5.5601	0.0000	平稳

注:(C,T,P)表示在单位根检验方程中有常数项和趋势项,P 表示滞后项;滞后项 P 的选择以 AIC 和 SC 值最小为标准。

三、区域增长的协同效应

首先检验江浙皖赣的区域经济增长的协同效应。不考虑空间相互影响效应,仅仅回归三次产业与地区经济增长得到残差。对残差面板数据采用 LLC 检验单位根方法,得到 LLC 检验值−1.87663,其伴随概率为 0.0303,残差面板数据属于平稳面板数据。因此,可以认为江浙皖赣的区域经济增长存在协同效应。

$$\log Y_{it} = 0.3199\log Y_{1it} + 0.3137\log Y_{2it} + 0.5264\log Y_{3it} + \varepsilon_{it}$$

由表 10.7 知，t 检验和拟合优度均表明回归方程的因变量解释能力强，回归拟合度高。在江浙皖赣面板数据中，第三产业对区域经济增长的弹性最高，为 0.53，第一、第二产业对区域经济增长的弹性相近，分别为 0.32、0.31。从江浙皖赣区域经济增长看，第三产业的最高，而第二产业作用强度不是非常明显。

表 10.7 区域增长的回归方程

Variable	Coefficient	Std. Error	t-Statistic	Prob.
$\log(Y_1)$	0.3199	0.0184	17.3725	0.0000
$\log(Y_2)$	0.3137	0.0520	6.0354	0.0000
$\log(Y_3)$	0.5264	0.0601	8.7520	0.0000
R-squared	0.9965	Meandependentvar		8.7619
AdjustedR-squared	0.9962	S.D.dependentvar		0.7142
S.E.ofregression	0.0438	Akaikeinfocriterion		-3.3407
Sumsquaredresid	0.0632	Schwarzcriterion		-3.2087
Loglikelihood	63.1325	Hannan-Quinncriter.		-3.2946
Durbin-Watsonstat	0.1335			

四、区域增长的空间效应

以 logY 为因变量回归方程，基于变截距面板数据模型，得到方程估计结果（见表 10.7）。对方程的残差进行单位根检验，得到 LLC 检验值 -3.1139，其伴随概率为 0.0009，属于平稳面板数据，说明该方程为协整方程。

$$\log Y = 1.1570 - 0.2343\log W + 0.1722\log Y_1 + 0.5355\log Y_2 + 0.5435\log Y_3$$

由表 10.7 知，该方程的拟合优度 R^2 高达 0.9999，调整之后的 R^2 也达到 0.9998，说明该方程的拟合程度非常高。滞后因变量 W 对区域经济增长的弹性系数为 -0.23，说明江浙皖赣的空间效应为负外部效应，还没有形成区域经济发展的空间相互作用力。第二产业和第三产业对区域经济增长的弹性作用均在 0.54 左右，第一产业对区域经济增长的作用强度最低，其弹性系数为 0.17。

表 10.8　区域增长的空间效应

Variable	Coefficient	Std. Error	t—Statistic	Prob.
C	1.1570	0.1174	9.8553	0.0000
log(W)	−0.2343	0.0407	−5.7530	0.0000
log(Y_1)	0.1722	0.0388	4.4409	0.0001
log(Y_2)	0.5355	0.0223	24.0105	0.0000
log(Y_3)	0.5435	0.0255	21.3366	0.0000
R—squared	0.9999	Meandependentvar		8.7619
AdjustedR—squared	0.9998	S. D. dependentvar		0.7142
S. E. ofregression	0.0097	Akaikeinfocriterion		−6.2371
Sumsquaredresid	0.0026	Schwarzcriterion		−5.8852
Loglikelihood	120.2678	Hannan—Quinncriter.		−6.1143
F—statistic	27013.8000	Durbin—Watsonstat		0.9040
Prob(F—statistic)	0.0000			

五、计量分析的主要结论

将江浙皖赣各地区间相互关系引入基本增长模型，根据四省 1999～2008 年面板数据的空间计量分析结果，得出以下结论：

第一，江浙皖赣的区域经济增长具有协同效应，但是协同效应中第二产业对经济增长的贡献度较低。

第二，空间滞后因变量 logW 的回归系数为−0.23，说明区域增长具有负的外部效应，江浙皖赣的空间整合能力有待提高。

第三，从空间计量结果看，第二、第三产业的贡献系数为 0.54，高于第一产业的 0.17。

第四节　本章小结

本章立足区域经济增长与发展的相关理论，尤其是区域经济增长的极化与一体化理论，比较分析江浙皖赣区域经济发展及极化增长的情况，在此基础上，将地区间相互关系引入空间计量模型中，深入研究了江浙皖赣区域经济发展的协同效应与空间效应。主要结论及政策建议有：

（1）江浙皖赣区域经济发展的极化效应日渐明显。从江浙皖赣四省的局部区域经济发展情况看,江浙与皖赣的区域经济发展的极化模式是存在区别的。皖赣的极化效应,立足于各自省会城市的壮大与发展。2008年,合肥经济首位度为18.76%,南昌为25.62%;2002～2008年,合肥经济首位度增幅近7%,南昌的增幅达3%。与皖赣不同的是,江苏的经济增长极为苏州、无锡、常州等城市经济带,而不是以省会南京为经济增长极;浙江杭州的经济首位度在近十年内几乎没变,浙江的经济发展依靠的是杭州、宁波等少数大城市带动。

从江浙皖赣整体区域看,江浙的极化效应也日益增强。1999～2008年,江浙两省经济总量占区域比重由72.84%增加到77.14%。在江浙皖赣经济快速发展的同时,江浙的极化效应不减反增,也进一步说明江浙中心地位的强化。

(2)江浙与皖赣的区域差异存在扩大趋势。从经济总量的比重看,江苏与江西的极值率由1999年的3.92增加到2008年的4.68,总体上说明江浙与皖赣的经济增长的差距是不断扩大的。从经济发展人均产出比重看,江苏与浙江的经济发展几乎不存在差异,而江浙与皖赣的经济差异较大。

1952～2007年,江苏与浙江的人均产出几乎一直保持在水平状态。新中国成立后到20世纪70年代末,皖赣与江浙的人均产出比也在比值1上下波动,江浙皖赣经济发展差距较小。20世纪80年代初之后,江苏与安徽、江西的人均产出的极值比则呈现"倒U型曲线",且处于"倒U型曲线"的左半边的上升阶段,说明改革开放之后皖赣落后于江浙的经济发展的差距,正在不断扩大。

(3)江浙皖赣区域一体化的协同正效应与空间负效应并存。从协同效应看,江浙皖赣的经济增长存在协同效应,区域一体化进程在加速。

从空间效应看,在空间计量模型中,空间滞后因变量logW的回归系数为−0.23,说明江浙皖赣的区域增长具有负的外部效应。引入空间相互关系之后,发现第二产业与第三产业对江浙皖赣整体区域的经济增长贡献率最高,均超过0.53。

江浙皖赣区域经济增长存在正的协同效应和负的空间效应,说明强化江浙皖赣经济联系是当务之急。

(4)有差别、有梯度地推进江浙皖赣区域一体化发展。从江浙皖赣区域发展看,必须加速推进区域一体化进程,加速实行交通体系、人力流动、资本流动等改革措施,转变区域空间负效应为空间正效应,促进区域极化效应向扩散效应的转化。

另一方面,江浙皖赣的区域一体化又必须以区域差别化为前提。极化效应促进了产业集中,但是,产业集中必须是适度的,产业集中的临界点应是拥挤效应等于溢出效应。

极为关键的一点是,在推进区域一体化进程中,安徽与江西必须建立各自区域内的经济增长极,积极参与江浙皖赣区域内的产业分工与产业协调发展,约束各自的产业过度集中与过度的极化效应。

主要参考文献

[1]谢文蕙,邓卫.城市经济学.北京:清华大学出版社,1996.

[2]西蒙·库兹涅茨.现代经济增长.北京:北京经济学院出版社,1989.

[3]霍利斯·钱纳里,莫伊斯·塞尔昆.发展的型式1950—1970.北京:经济科学出版社,1988.

[4]费景汉,古斯塔夫·拉尼斯.劳动剩余经济的发展——理论与政策.北京:经济科学出版社,1992.

[5]鲁道夫·吕贝尔特.工业化史.上海:上海译文出版社,1983.

[6]色诺芬.经济论——雅典的收入.北京:商务印书馆,1961.

[7]威廉·配第.政治算术.北京:商务印书馆,1978.

[8]保罗·克鲁格曼著,张兆杰译.地理与贸易.北京:北京大学出版社,1995.

[9]魏后凯.现代区域经济学.北京:经济管理出版社,2006.

[10]王小鲁,樊刚.中国地区差距:20年变化趋势和影响因素.北京:经济科学出版社,2004.

[11]胡培兆,陈其林主编.科学发展观与中国新型工业化.厦门:厦门大学出版社,2006.

[12]李清娟.产业发展与城市化.上海:复旦大学出版社,2003.

[13]何一峰,杨建华主编.2008年和谐长三角.北京:社会科学文献出版社,2008.

[14]李培祥.城市与区域相互关系的理论与实践.北京:经济管理出版社,2006.

[15]刘乃全.劳动力流动对区域经济发展的影响分析.上海:上海财经大学出版社,2005.

[16]王缉慈.创新的空间:企业集群与区域发展.北京:北京大学出版社,2003.

[17]郑长德.现代西方城市经济理论.北京:经济日报出版社,2007.

[18]梁琦.产业集聚论.北京:商务印书馆,2004.

[19]藤田昌久,保罗·克鲁格曼,安东尼·J.维纳布尔斯著,梁琦主译.

空间经济学.北京:中国人民大学出版社,2005.

[20]诺思.制度、制度变迁与经济绩效.上海:上海三联书店,上海人民出版社,1994.

[21]世界银行.1996年世界发展报告:从计划到市场.北京:中国时政经济出版社,1996.

[22]卢现祥.西方新制度经济学.北京:中国发展出版社,1996.

[23]罗伯特·J.巴罗,夏威尔·萨拉-伊-马丁.经济增长.北京:中国社会科学出版社,2000.

[24]陈建军.产业区域转移和东扩西进战略——理论和实证分析.北京:中华书局,2002.

[25]张可云.区域经济政策.北京:商务印书馆,2005.

[26]崔功豪.区域分析与规划.北京:高等教育出版社,1999.

[27]冯之浚等.区域经济发展战略研究.北京:经济科学出版社,2002.

[28]王一鸣.中国区域经济政策研究.北京:中国计划出版社,1998.

[29]杨云彦.区域经济的结构与变迁.郑州:河南人民出版社,2001.

[30]周起业,刘再兴.区域经济学.北京:中国人民大学出版社,1989.

[31]库兹涅茨.现代经济增长:发现与思考.中译本见郭熙保主编.发展经济学经典论著选.北京:中国经济出版社,1998.

[32]郭熙保.经济发展理论与政策.北京:中国社会科学出版社,2000.

[33]孙久文,叶裕民.区域经济学教程.北京:中国人民大学出版社,2003.

[34]赫尔希曼.经济发展战略.北京:经济科学出版社,1991.

[35]樊纲,王小鲁,朱恒鹏.中国市场化指数——各地区市场化相对进程2006年报告.北京:经济科学出版社,2007.

[36]《中国统计年鉴》2008年,"中国统计公报"2009.

[37]江浙皖赣四省1978年至2007年统计年鉴、城市统计年鉴,2008年统计公报。

[38]杨瑞龙.论我国制度变迁方式与制度选择目标的冲突及其协调.《经济研究》1994年第5期.

[39]杨瑞龙.我国制度变迁方式转换的三阶段论——兼论地方政府的制度创新行为.《经济研究》1998年第1期。

[40]李善同,许召元.析中国区域差距的现状与趋势.《国研视角》2008年1月22日。

[41]王永钦等.中国的大国发展道路——论分权式改革的得失.《经济研究》2007年第1期。

[42]周黎安.中国地方官员的晋升锦标赛模式研究.《经济研究》2007年第7期。

[43]陈秀山,徐瑛.中国区域差距影响因素的实证研究.《中国社会科学》2004年第5期。

[44]林毅夫,刘培林.中国的经济发展战略与地区收入差距.《经济研究》2003年第3期。

[45]蔡昉,都阳.中国地区经济增长的趋同与差异.《经济研究》2000年第10期。

[46]徐现祥等.地方官员与经济增长.《经济研究》2007年第9期。

[47]刘强.中国经济增长的收敛性分析.《经济研究》2004年第7期。

[48]孙永祥.所有权、融资结构与公司治理机制.《经济研究》2001年第1期。

[49]胡一帆,宋敏,郑红亮.所有制结构改革对中国企业绩效的影响.《中国社会科学》2006年第4期。

[50]李胜兰.外向型城市化发展模式研究,《中山大学学报》(社会科学版)2004年第5期。

[51] Opper, Sonja and Brehm, Stefan, 2007, "Networks versus Performance: Political Leadership Promotion in China", Lund University, working paper[D].

[52] Li, Hongbin and Li—AnZhou, 2005, "Political Turnover and Economic Performance: the Incentive [21] Roleof Personnel Control in China", Journal of Public Economics[J], 89, 1743~1762.

[53] Barro, Robert J. and XavirerSala_I—Martin, Economic Growth[M], Magraw—Hill, 1995.

[54] Baldwin, R. E. and P. Martin(2003), Agglomeration and Regional growth[C], in V. Henderson and J. F. Tisse, eds., Hand book of Regional and Urban Economics: Cities and Geography.

[55] Crozet, M. (2004): Domigrants follow market potential? Anestimation of a new economic geography model[J], Journal of Economic Geography4(2004), 439~458.

[56] Jian, T., J, Sachs, AWamer, Trends in Regional Inequality in China

[R],NBER working paper 5412,1996.

[57] Krugman, Paul R. (1991), Increasing returns and Economic geography[J],Journal of Political Economy,99:483~499.

[58]New Perspectives[J],Journal of Public Economics 59,1996:239—263.

[59]Taylor,Alan M. and Jeffery G. Williamson(1994),"Convergence in the Age of Mass Migration"[R],NBER Working Paper 4711. April 1994.

[60]U. Walz(1996),Transport Cost,Intermediate Good,and Localized Growth[J],Regional Science and Urban Econimics 26,671—695.

[61]Williamson,J. G,Regional Inequality and the Process of National Development:A Description of the Patterns[J],Economic Development and Cultural Change,1965,Vol. 13,No. 4,pp3—45.

[62]Gilles Duranton,Diego Puga,"Diversity and specialization in cities:why, where,when does it matter?"[J], working paperUT—ECIPA—DPUGA,1992,(2):2.

[63] Fischer, M. M&C. Stribock (2006), Pan—European regional income growth and club—convergence insights from aspatial econometirc persepctive, Annals of Regional Science,40:693—721.

[64]Menard,C. and M. Shirley,2008,Hand book of New Institutional Economics,Springer—Verlag Berlin Heidelberg,pp. 1—2.

[65]Picot, A. and Th. Kaulmann, 1989, Comparative of government—owned and privately—owned industrial corporations:empirical results from six countries. Journal of Institutional Theoretical Economics 145:298—316.

[66] Scully, G. W. 1988, The institutional framework and economic development. Journal of Political Economy 96:652—62.

[67]Alchian,A. ,1965,Some Economics of Property Rights,Politico,30(4),pp. 816—829.

[68] Holz, C. A. , 2002, Longlive China's state—owned enterprises: deflating them yth of poor financial performance,Journal of Asian Economics 13:493—529.

[69]DwightH. Perkins,"The Challenge China ps Economy Poses for Chinese Economists",China Economic Review,Vol. 13,No. 4(2002),pp. 412—418.

［70］G. Myrdal, 1957. Economic Theory and Undeveloped Regionen, London: Duck worth.

［71］J. R. Boudevile, 1966, Problems of Regional Economic Planning, Edinburgh.

［72］J. R. Lasuen, 1973, Urbanisation and Development, the Temporal Interaction between Geographical and Sectoral Cluster, Urban Studies, Jg. 10.

［73］J. R. P. Friedman, 1972, A General Theory of Polarized Development. In: N. M. Hansen, Growth Centers in Regional Economic Development, New York: The Free Press.

［74］J. G. Williamson, 1965, Regional Inequality and the Process of National Development: A Description of the Patterns, Economic Development and Culture Change, Vol. 13, No. 4, Part2.

后 记

诺贝尔经济学奖得主、美国经济学家斯蒂格利茨(Joseph E. Stiglitse)曾断言,21世纪有两件事对世界产生的影响最大,其中之一就是中国的城镇化。国家统计局于2012年1月17日发布了2011年中国人口总量及结构变化情况,截至2011年末,中国城镇人口比重达到51.27%,首次超过农村人口。国内外专家普遍认为,一个具有几千年农业文明历史的农民大国,进入市民社会为主的新成长阶段,这是具有里程碑意义的一件大事,将对世界发展进程产生巨大而深远的影响。

城镇化是由以农业为主的传统乡村社会向以工业和服务业为主的现代城市社会逐渐转变的历史过程。现阶段,我国正处于工业化、城镇化快速推进的重要时期,进入新世纪以来,我国城镇化率每年以1.35个百分点的速度增加,城镇化已经成为并将继续成为中国经济持续健康增长的重要引擎。城镇化的快速推进将深刻地改变人们的生产方式和生活方式,值得我们高度关注。

江浙皖赣同属于中国的华东地区,四省人口占全国总人口的18.38%,区域面积占整个国土面积的5.35%,国内生产总值占全国的22.54%,四省相互毗邻,地形地貌、气象气候、历史文化、风土人情等各种因素接近,但四省的发展水平存在较大的差异。因此,深入地研究江浙皖赣四省的区域发展与城市化的历史进程,对于探讨中国城镇化发展规律以及加快中西部地区城镇化进程具有重要的理论意义和现实意义。通过总结江浙的经验和皖赣的实践,既有助于我们深入了解区域发展的内在动力及机理,也能为国家制定科学合理的宏观区域政策提供决策参考,因地制宜、分类指导不同区域的经济社会发展,加快中西部地区发展,逐步缩小业已存在并有不断扩大趋势的区域发展差距。

本书是国家社科基金项目的研究成果,全书总体思路和结构框架由我构思,并拟定写作提纲,撰写绪论和进行统稿。安徽大学经济学院胡艳教授除担负部分章节的撰写之外,还协助我进行了大量的协调和统稿工作。参加撰写的同志还有:安徽省社科院经济所王可侠研究员、林斐研究员,以及中国人民大学梁欣然博士、王元凯博士、费太安博士、陶希晋博士,对于他们的辛勤劳动表示衷心感谢,但文中可能出现的不足甚至错误,则完全由我承担。安徽大学出版社有限责任公司康建中社长、谈菁副社长、朱丽琴副总编为本书的出版给予了鼎力支持,责任编辑刘强先生、马晓波女士为本书的出版付出了辛勤劳动,提出了很多建设性的意见和建议,在此一并致谢。

  从立项到 2010 年结项,再到现在成书出版,其间历经波折、艰难。由于本人学识有限,加上工作调整,一拖再拖,现在书稿总算面世了,有一种如释重负的感觉。当然,也有不少缺憾,有些问题很想展开论述,但总不能集中精力进行系统的思考。还有由于资料的可得性问题,有些支撑数据还不够全面,也不能使用最新的数据加以说明。同时文字还比较粗糙,参考文献标注也可能存在着挂一漏万的情况,对于上述存在的问题,表示深深的歉意。

韦 伟
2012 年 2 月